Le mariage

Timothy Keller
& Kathy Keller

Le mariage

Un engagement complexe
à vivre avec la sagesse de Dieu

*Dédié à
Adele et Doug Calhoun
Jane et Wayne Frazier
Louise et David Midwood
Gayle et Gary Somers
Cindy et Jim Widmer
...nos amis depuis 4 décennies.
Nos chemins nous ont conduits dans des lieux différents
Mais nous sommes restés fidèles les uns aux autres,
L'un à l'autre
Et à notre premier amour.*

Introduction

Que Dieu, le suprême faiseur de mariages,
Confonde vos cœurs en un seul.

William Shakespeare, *Henry V*

Un livre pour les personnes mariées

Imaginez ce livre comme un arbre tirant sa substance de trois racines profondément enfouies dans le sol. La première racine représente les 37 ans de mariage avec ma femme, Kathy[1]. Elle s'est investie à mes côtés dans l'écriture de cet ouvrage, et le chapitre 6, « Épouser l'Autre » est né sous sa plume. Au chapitre 1, je mets en garde mes lecteurs sur la manière dont notre culture contemporaine définit « l'âme sœur » en tant que « partie parfaitement compatible ». Pourtant, dès nos premières rencontres, nous nous sommes rendu compte que nos cœurs se répondaient d'une façon étonnante. J'ai rencontré Kathy grâce à sa sœur Susan, étudiante comme moi à l'université de Bucknell. Susan parlait souvent de moi à Kathy et vice versa. Kathy a découvert la foi chrétienne très jeune en lisant *Les chroniques de Narnia* de C.S. Lewis[2]. Elle m'en a chaudement recommandé la lecture, au travers de Susan. Je me suis plié à sa volonté et j'ai été profondément touché par ces volumes, ainsi que par d'autres œuvres de Lewis que j'ai étudiées par la suite. En 1972, nous nous sommes inscrits à la même université, l'Institut Théologique de Gordon-Conwell, dans la banlieue nord de Boston. Nous avons rapidement constaté que nous partagions ce « fil secret » qui fait de deux personnes, selon Lewis, des amis intimes, voire plus.

> Vous avez peut-être observé que les livres que vous aimez vraiment sont reliés entre eux par un fil conducteur secret. Vous savez très bien quelle est la qualité commune qui vous fait les aimer, bien que vous ne puissiez l'exprimer. [...] Les amitiés qui durent toute la vie ne naissent-elles pas au moment où nous rencontrons une autre créature possédant une vague notion [...] de ce quelque chose dont nous avons apporté le désir en naissant [...][3] ?

Notre amitié a évolué vers l'amour, les fiançailles, puis un mariage fragile au début, qui s'est par la suite consolidé et a résisté à l'épreuve du temps. Mais pour en arriver là, il a fallu passer par le discours des « perles aux cochons », le « Grand conflit des couches usagées », l'affaire de « la casse de la porcelaine de mariage », ainsi que d'autres événements tristement célèbres dans notre saga familiale qui seront relatés dans ce livre. Tous ces éléments constituent des étapes importantes sur la route chaotique qui mène à la joie d'une union réussie. Comme la plupart des jeunes couples modernes, nous avons découvert que vivre ensemble était bien plus difficile que prévu. L'hymne entonné à l'issue de nos noces s'intitulait *Quel solide fondement*. Nous ignorions alors à quel point certaines de ses paroles allaient s'appliquer au travail ardu et douloureux que représente la construction d'un mariage robuste.

> Quand tu traverseras de dures épreuves sur ton che-
> min,
> Ma grâce suffisante sera ton soutien.
> Je serai avec toi pour bénir tes souffrances
> Et sanctifier en toi tes plus dures doléances[4].

Par conséquent, ce livre s'adresse aux conjoints qui ont dé-couvert combien la vie commune est un défi quotidien, et qui cherchent des ressources concrètes pour survivre aux « épreuves torrides » parfois insurmontables de cette union, pour en ressortir grandis. L'expérience du mariage vécue par notre société nous a donné l'expression « la fin de la lune de miel ». Cet ouvrage est destiné à ceux qui l'ont littéralement vécue et sont peut-être retombés sur terre avec un bruit sourd.

Un livre pour les célibataires

La deuxième racine de ce livre vient d'une longue expérience de service pastoral dans une ville qui compte des millions d'adultes célibataires (et une Église qui en comporte des milliers). Notre assemblée, l'Église presbytérienne Redeemer à Manhattan, est un cas particulier. Il s'agit d'une très grande église composée depuis longtemps d'une majorité de célibataires. Il y a plusieurs années, alors que notre communauté avoisinait les 4 000 personnes, j'ai demandé à un éminent expert-conseil auprès des Églises: « Combien connais-tu d'Églises de cette taille avec 3 000 célibataires? » Il m'a répondu: « À ma connaissance, ton Église est unique en son genre ».

Alors que nous exercions un ministère au centre-ville de New York à la fin des années 1980, Kathy et moi étions constamment frappés par la profonde ambivalence avec laquelle la culture occidentale perçoit le mariage. Nous avons alors entendu parler des différents arguments que l'on retrouve encore aujourd'hui dans notre société: à l'origine, le mariage était une question d'héritage, mais il est désormais en proie à des changements. Le mariage anéantit l'identité individuelle, opprime les femmes, étouffe la passion et n'est pas adapté à la réalité psychologique. Il n'est « qu'un morceau de papier » dont la seule utilité est de compliquer l'amour, tout cela, et bien d'autres choses encore. Mais ces objections philosophiques cachent un enchevêtrement d'émotions conflictuelles personnelles, issues de nombreuses expériences conjugales et familiales négatives.

Pendant notre ministère dans la ville de New York, à l'automne 1991, j'ai prêché et donné des conférences sur le mariage durant 9 semaines. Il s'agit depuis de la série la plus écoutée dans l'Église. J'ai dû expliquer au préalable à notre assemblée, composée principalement de célibataires, pourquoi nous allions consacrer des semaines d'enseignement à la vie de couple. Mon argument principal reposait sur le fait que les jeunes d'aujourd'hui ont besoin d'une vision brutale, réaliste, et pourtant éclatante de ce qu'est, et peut être, le mariage. Ce que j'ai dit à l'époque reste vrai pour les célibataires d'aujourd'hui et ce livre leur est donc également destiné.

Pour préparer ce travail de rédaction, j'ai lu une multitude de livres chrétiens sur le mariage. La plupart avaient pour objet d'aider les couples à venir à bout de problèmes spécifiques. C'est également le cas de cet ouvrage, mais son but principal est de donner à chacun, marié ou célibataire, une vision biblique du mariage. Il permettra aux époux de corriger certaines perceptions erronées susceptibles de menacer leur union, et aux célibataires de cesser de se focaliser à outrance sur le mariage de manière destructrice, ou, tout aussi destructeur, de l'éliminer de leur vie. Un tel livre, fondé sur la Bible, aidera également le lecteur à mieux discerner ce qu'il doit attendre d'une union potentielle.

Un livre sur la Bible

La troisième racine est la plus fondamentale par rapport aux deux autres (l'expérience de l'auteur du mariage et du ministère pastoral). Elle est ancrée dans les enseignements de l'Ancien et du Nouveau Testament. Il y a presque 40 ans, lorsque nous étions étudiants en théologie, Kathy et moi avons étudié les enseignements bibliques sur les relations sexuelles, le genre (masculin/féminin), et le mariage. Les 15 années suivantes, nous les avons appliqués dans notre propre mariage. Puis, au cours de ces 22 dernières années, nous avons utilisé ce que nous avons appris des Écritures et de notre expérience, pour guider, encourager, conseiller et enseigner de jeunes adultes citadins en ce qui concerne les relations sexuelles et le mariage. Nous vous livrons ici le fruit de ces trois sources d'inspiration.

Mais la Bible en demeure le fondement.

On y trouve trois institutions humaines qui se distinguent de toutes les autres : la famille, l'Église et l'État. La Bible ne dit rien quant à la manière dont doivent fonctionner les écoles, bien qu'elles soient indispensables à la prospérité d'une société. Elle ne se prononce pas sur les entreprises, les musées ou les hôpitaux. En fait, il existe toutes sortes de belles institutions et initiatives humaines, mais la Bible reste silencieuse à leur sujet. Nous sommes ainsi libres de les inventer et de les administrer selon les grands principes de vie que la Parole de Dieu nous offre.

Mais pour le mariage, c'est différent. Comme le dit le *Livre du culte collectif presbytérien*, Dieu « a établi le mariage pour le bien-être et le bonheur de l'humanité ». Le mariage ne s'est pas développé vers la fin de l'âge de bronze pour définir les droits de propriété. L'apothéose du récit de la création dans la Genèse nous montre Dieu amenant une femme à un homme afin de les unir dans le mariage. La Bible commence par des noces (celles d'Adam et Ève) et se termine, dans le livre de l'Apocalypse, par des noces (celles de Christ et de l'Église). L'idée du mariage vient de Dieu. C'est également une institution humaine reflétant les caractéristiques de la culture dans laquelle il est ancré, mais le concept et les racines du mariage humain font partie de l'acte même de Dieu. Ce que dit la Bible sur le dessein de Dieu concernant le mariage est par conséquent primordial.

C'est pourquoi l'on déclare, lors de la cérémonie nuptiale dans une Église presbytérienne, que le mariage est « institué par Dieu, réglementé par ses commandements, béni par notre Seigneur Jésus-Christ ». Ce que Dieu fonde, il le réglemente. Si Dieu a inventé le mariage, alors ceux qui le contractent devraient faire tous les efforts possibles pour comprendre les buts du Créateur et s'y soumettre. Ce réflexe nous est naturel dans bien d'autres domaines de notre vie. Imaginons que vous achetiez une voiture : une machine bien trop complexe pour que vous puissiez la créer vous-même. Vous allez certainement consulter le manuel de l'utilisateur et respecter les instructions du constructeur en matière d'utilisation et de maintenance. Les ignorer serait de la folie.

Nombreux sont ceux qui, ne connaissant ni Dieu ni la Bible, vivent pourtant des mariages heureux. Qu'ils s'en rendent compte ou non, ils suivent, de manière générale, les desseins de Dieu. Il est de loin préférable d'en être conscient. Nous découvrirons ces desseins en sondant les textes des Écritures.

Peut-être abordez-vous ce livre sans être convaincu que la Bible est la révélation de Dieu qui fait autorité ? Vous avez un certain respect pour elle, mais vous ne lui faites pas confiance en ce qui concerne les relations sexuelles, l'amour et le mariage. Sur ces sujets, la sagesse ancienne est en grand désaccord avec les conceptions occidentales contemporaines. Par conséquent, la Bible est perçue comme étant « rétrograde » en la matière. Nous voulons vivement vous conseiller d'offrir une chance à ce livre. Kathy et moi avons beaucoup enseigné sur le mariage et j'en ai parlé lors d'innombrables cérémonies. Nous avons constaté que la plupart des gens qui ne partagent pas notre point de vue sur la Bible, voire notre foi chrétienne, sont souvent frappés par l'acuité de la perspective biblique du mariage et sa pertinence par rapport à leurs situations personnelles. On m'a souvent dit, à l'issue d'une cérémonie : « Je ne suis pas du tout croyant, mais c'était l'explication la plus utile et la plus concrète que j'aie jamais entendue ! »

Il est difficile de se faire une idée claire du mariage. Chacun de nous le voit à travers l'objectif inévitablement déformé de sa propre expérience. Si vous venez d'une famille exceptionnellement stable, dans laquelle vos parents vivent une union magnifique, vous aurez l'impression que « c'est facile ». Mais une fois marié, vous pourriez être très surpris de découvrir ce qu'il en coûte de forger une relation durable. Inversement, si vous avez été confronté, enfant ou adulte, à un mauvais mariage ou à un divorce, vous aurez certainement une vision du mariage pessimiste et remplie de méfiance. Vous vous attendrez peut-être *trop* à des problèmes relationnels et, lorsqu'ils surgiront, vous penserez tout de suite « et voilà, ça (re)commence » et vous abandonnerez. Autrement dit, quels que soient vos antécédents, vous risquez d'y être mal préparé.

Où se tourner, alors, pour obtenir une vision d'ensemble du mariage ? De nombreux guides pratiques, souvent écrits par des thérapeutes, peuvent s'avérer utiles. Pourtant, quelques années après leur publication, ces ouvrages paraissent désuets. La Bible présente un enseignement éprouvé par des millions de personnes, pendant des siècles et dans de multiples cultures. Existe-t-il une meilleure ressource ?

Le plan du livre

Le contenu de cet ouvrage s'inspire du grand texte de Paul sur le mariage en Éphésiens 5, tout d'abord à cause de sa richesse et de son exhaustivité, mais surtout, parce qu'il entre en résonance et développe un autre texte, le plus important de la Bible sur le sujet, en Genèse 2. Au chapitre 1 de notre livre, nous replacerons le discours de Paul dans le contexte culturel d'aujourd'hui et présenterons deux des enseignements les plus fondamentaux de la Bible sur le mariage : il a été institué par Dieu, et il a été conçu pour refléter l'amour salvateur de Dieu pour nous en Jésus-Christ. C'est pourquoi l'Évangile nous aide à comprendre le mariage et le mariage nous aide à comprendre l'Évangile. Au chapitre 2, nous exposerons la thèse de Paul, selon laquelle tout couple marié a besoin de l'œuvre du Saint-Esprit dans sa vie. C'est lui qui fait de l'action salvatrice du Christ une réalité dans nos cœurs, nous donnant une aide surnaturelle contre l'ennemi principal du mariage : le péché de l'égocentrisme. Si nous voulons être serviteurs l'un de l'autre, comme nous sommes censés l'être, nous avons besoin de la plénitude du Saint-Esprit.

Le chapitre 3 nous amènera à la raison d'être du mariage : l'amour. Mais qu'est-ce c'est l'amour ? Nous étudierons la relation entre sentiments d'amour et actes d'amour d'une part, et entre passion romantique et engagement dans l'alliance, d'autre part. Le chapitre 4 analysera le *but* du mariage : il permet à deux amis spirituels de s'entraider dans leur voyage sur terre, afin de devenir les personnes que Dieu a prévu qu'ils soient. Nous verrons aussi qu'un nouveau bonheur, plus intense, accompagne la sainteté. Au chapitre 5, nous présenterons trois compétences de base permettant le soutien mutuel des conjoints durant ce voyage.

Le chapitre 6 examinera l'enseignement chrétien selon lequel le mariage est le lieu où chaque individu accepte l'autre dans sa différence sexuelle, apprend et mûrit à travers elle. Le chapitre 7 est écrit pour aider les célibataires à utiliser le contenu de ce livre de façon à bien vivre leur vie et à avoir une réflexion sage par rapport à leur propre recherche d'un conjoint. Enfin, le chapitre 8 traitera des relations sexuelles, de la raison pour laquelle la Bible les limite au mariage et, si l'on adhère à la vision biblique, des effets de cette limitation dans la vie du célibataire comme dans celle des gens mariés[5].

Nous présenterons la compréhension chrétienne du mariage. Elle est fondée, comme nous l'avons dit, sur une lecture simple et honnête des textes bibliques. Cela signifie que nous définissons le mariage comme une relation monogame pour la vie, entre un homme et une femme. Selon la Bible, Dieu a conçu le mariage comme un miroir de l'amour salvateur qu'il nous porte en Christ, pour émonder notre caractère et créer des communautés stables où puissent naître et grandir des enfants. Il accomplit tout cela en appelant deux sexes complémentaires à une union durable jusqu'à la mort. Précisons ici que cette conception chrétienne du mariage ne peut être réalisée par deux personnes du même sexe. C'est la lecture unanime des auteurs bibliques et celle que nous choisirons par conséquent, même si nous n'aborderons pas directement le sujet de l'homosexualité.

L'enseignement de la Bible sur le mariage n'est pas simplement le reflet d'une culture ou d'une époque. Les Écritures bousculent le discours de notre culture occidentale contemporaine qui prône la liberté individuelle comme seul chemin vers le bonheur. Elles font également la critique des cultures traditionnelles qui perçoivent l'adulte non marié comme un être inférieur et non pleinement développé. Le livre de la Genèse dénonce radicalement la pratique de la polygamie, même si elle était une pratique culturelle répandue à l'époque. Il décrit de façon saisissante la misère et les ravages qu'elle occasionne dans les relations familiales, ainsi que la douleur qu'elle suscite, chez les femmes en particulier. Les auteurs du Nouveau Testament ont déconcerté le monde païen en présentant le célibat de longue durée comme un style de vie tout à fait légitime[6]. Autrement dit, l'enseignement des auteurs bibliques a toujours défié les croyances de leurs propres cultures : ces auteurs n'étaient pas simplement le produit d'anciennes mœurs et pratiques. Nous ne pouvons donc réduire la vision biblique du mariage à une unique dimension régressive ou la tenir pour culturellement obsolète. Au contraire, elle fourmille de principes pratiques et réalistes sur le mariage, et de promesses à couper le souffle, tantôt sous forme d'argumentations claires, tantôt au travers d'histoires extraordinaires et de poésies émouvantes[7]. Si vous faites le choix d'observer le mariage au travers des lunettes de vos craintes, de votre romantisme, de votre expérience personnelle ou des mentalités bornées de votre culture plutôt qu'au travers des lunettes des Écritures, vous ne serez pas en mesure de prendre des décisions éclairées quant à votre avenir conjugal.

Ephésiens 5.18-33

[18] Ne vous enivrez pas de vin – cela vous conduirait à une vie de désordre – mais laissez-vous constamment remplir par l'Esprit ; [19] ainsi vous vous encouragerez mutuellement par le chant de psaumes, d'hymnes et de cantiques inspirés par l'Esprit, vous louerez le Seigneur de tout votre cœur par vos chants et vos psaumes ; [20] à tout moment et pour toute chose, vous remercierez Dieu le Père au nom de notre Seigneur Jésus-Christ, [21] et parce que vous révérez le Christ, vous vous soumettrez les uns aux autres, [22] vous femmes, en particulier, chacune à son mari, et cela par égard pour le Seigneur. [23] Le mari, en effet, est le chef de sa femme comme le Christ est le chef, la tête de l'Église qui est son corps et dont il est le Sauveur. [24] Mais comme l'Église se soumet au Christ, de même la femme se soumet en toute circonstance à son mari.

[25] Quant à vous, maris, que chacun de vous aime sa femme comme le Christ a aimé l'Église : il a donné sa vie pour elle [26] afin de la rendre digne de Dieu après l'avoir purifiée par sa Parole, comme par le bain nuptial. [27] Il a ainsi voulu se présenter cette Église à lui-même, rayonnante de beauté, sans tache, ni ride, ni aucun défaut, mais digne de Dieu et irréprochable.

[28] Voilà comment chaque mari doit aimer sa femme comme si elle était son propre corps : ainsi celui qui aime sa femme s'aime lui-même. [29] Car personne n'a jamais haï sa propre chair ; au contraire, chacun la nourrit et l'entoure de soins, comme le Christ le fait pour

l'Église, ³⁰ parce que nous sommes les membres de son corps.

³¹ C'est pourquoi l'homme quittera son père et sa mère pour s'attacher à sa femme et les deux ne seront plus qu'une seule chair.

³² Il y a là un grand mystère : je parle de ce que je viens de dire au sujet du Christ et de l'Église. ³³ Quant à vous, que chaque mari aime sa femme comme lui-même, et que chaque femme respecte son mari.

Chapitre 1

Le secret du mariage

*L'homme quittera son père et sa mère
pour s'attacher à sa femme
et les deux ne seront plus qu'une seule chair.
Il y a là un grand mystère...*

Éphésiens 5.31-32

J'en ai assez d'entendre des discours sentimentaux sur le mariage. Que ce soit lors de cérémonies nuptiales, à l'église ou à l'école du dimanche, une bonne part de ce qui est dit a autant de profondeur que ce qu'on lit sur les cartes de vœux. Le mariage est tout *sauf* sentimental. Il est splendide, mais difficile. Il est fait de joie vive et de force, mais aussi de sang, de sueur et de larmes ; de défaites humiliantes et de victoires épuisantes. Après quelques semaines d'existence, aucun mariage ne ressemble à un conte de fées. Rien de surprenant donc, à ce que la seule phrase à laquelle de nombreux couples s'identifient, dans le célèbre discours de Paul sur le mariage en Éphésiens 5, soit le verset 32, cité plus haut. Parfois, vous vous effondrez dans votre lit, après une longue et dure journée où vous avez essayé de vous comprendre l'un l'autre, et vous ne parvenez qu'à soupirer : « Il y a bien là un grand mystère ! » À d'autres moments, votre mariage ressemble à un puzzle inachevé, un labyrinthe dans lequel vous vous sentez perdu.

Je pense que tout cela est vrai. Et pourtant, il n'existe aucune relation entre deux êtres humains, aussi belle et importante que le mariage. Dans le récit biblique, Dieu lui-même célèbre la première union (Genèse 2.22-25). À la vue de sa femme, l'homme devient poète et s'écrie : « Enfin[8] ! » Tout dans le texte révèle que le mariage, après notre relation avec Dieu, est la relation la plus profonde qui soit. C'est pourquoi, tout comme apprendre à connaître Dieu personnellement, parvenir à connaître et à aimer son conjoint est difficile et douloureux, mais également gratifiant et merveilleux.

L'expérience la plus douloureuse et la plus merveilleuse concerne la compréhension biblique du mariage. Aucune autre époque n'a eu un tel besoin d'élever cette vision et de lui donner la première place dans notre culture.

Le déclin du mariage

Depuis 40 ans, les « principaux indicateurs du mariage » sont en déclin constant[9]. Ils nous alertent de façon empirique sur la santé du mariage et son degré de satisfaction aux États-Unis. Le taux de divorce a presque doublé ces 50 dernières années[10]. En 1970, 89 % des enfants naissaient de parents mariés, aujourd'hui, ils ne sont plus que 60 %[11]. Encore plus révélateur, en 1960, 72 % des Américains adultes étaient mariés ; en 2008, ils ne sont plus que 50 %[12].

Tout ceci dénote une méfiance et un pessimisme croissants dans notre culture au sujet du mariage, et c'est particulièrement vrai chez les jeunes adultes. Ils estiment avoir peu de chance de vivre un mariage heureux et, même dans l'éventualité d'une union stable, la perspective d'une vie sexuelle ennuyeuse les horrifie. Le comédien Chris Rock résume : « Vous avez le choix : mariage et monotonie, ou célibat et solitude ! » Pour de nombreux jeunes adultes, ce sont là les deux options principales. C'est la raison pour laquelle ils envisagent le concubinage, solution intermédiaire entre le mariage et de simples rencontres sexuelles.

Ces trois dernières décennies, cette pratique a connu une croissance exponentielle. Aujourd'hui, plus de la moitié des gens vivent ensemble avant de se marier, contrairement aux années 60 où l'union libre restait une exception[13]. Un quart des femmes célibataires entre 25 et 39 ans, vivent avec un partenaire et plus de 60 % à l'approche de la quarantaine[14]. Cette pratique est induite par plusieurs croyances populaires. L'une d'elles suppose que la plupart des mariages sont malheureux. Après tout, raisonne-t-on, 50 % des mariages finissent par un divorce et 50 % doivent être en majorité épouvantables. Vivre ensemble avant de se marier, argumente-t-on, c'est mettre plus de chances de son côté pour faire le bon choix. Cela permet de vérifier si l'on est compatible avant de faire le grand saut. Il s'agit d'un moyen de découvrir si l'autre est vraiment digne de notre intérêt, si « la bonne entente sexuelle » est suffisamment forte. « Toutes les personnes que je connais et qui se sont mariées rapidement, sans d'abord vivre ensemble, ont fini par divorcer » a répondu un homme lors d'un sondage de l'institut Gallup[15].

Malheureusement, le problème de ces croyances et suppositions, c'est qu'elles sont toutes pratiquement fausses.

Les vertus surprenantes du mariage

Malgré la déclaration du jeune homme lors du sondage Gallup, il s'avère qu'« un nombre conséquent de statistiques indique que ceux qui vivent ensemble avant le mariage sont plus susceptibles de se séparer ensuite[16]. » Le choix du concubinage, par ceux qui ont vécu la douleur du divorce de leurs parents, est une réaction compréhensible ; mais dans les faits, il semblerait que le remède soit pire que le prétendu mal[17].

D'autres croyances populaires sont également erronées. Environ 45 % des mariages se terminent effectivement par un divorce, mais le pourcentage de loin le plus élevé se trouve chez ceux qui se marient avant 18 ans, quittent le lycée et ont eu un bébé avant de se marier. « Par conséquent, si vous avez un niveau d'instruction satisfaisant et un revenu décent, si vous venez d'une famille intacte, si vous êtes croyant et si vous vous mariez après l'âge de 25 ans sans avoir eu d'enfant avant, vos probabilités de divorce sont vraiment faibles[18]. »

De nombreux jeunes adultes défendent le concubinage pour des raisons matérielles. Il leur paraît primordial d'accéder à la propriété et d'être stables financièrement avant de se marier[19]. Ils s'imaginent que le mariage est un gouffre financier. Mais les études démontrent « les surprenants avantages économiques du mariage[20] ». Une étude menée en 1992 sur des retraités montre que ceux qui étaient toujours mariés avaient 75 % de ressources de plus que ceux qui ne s'étaient jamais mariés, ou qui avaient divorcé et ne s'étaient pas remariés. Encore plus remarquable, cette étude établit que les hommes mariés gagnaient 10 à 40 % de plus que les célibataires, tout en ayant un niveau d'éducation et d'expérience professionnelle similaires.

Comment l'expliquer ? En partie par la meilleure santé physique et mentale dont jouissent les couples mariés. De plus, le mariage est un puissant « amortisseur de chocs » qui aide à traverser les déceptions, la maladie et d'autres difficultés. L'équilibre est plus vite retrouvé. Les revenus plus élevés s'expliquent probablement aussi par ce que les spécialistes appellent les « normes sociales conjugales ». Des études montrent que les conjoints s'encouragent l'un l'autre à plus de responsabilité et de maîtrise de soi. Les amis ou les membres de la famille n'auraient pas la même influence. À titre d'exemple, des célibataires peuvent se laisser aller à de folles dépenses sans rendre de comptes à personne. Par contre, les couples s'entraînent mutuellement à l'épargne, à l'investissement et au plaisir différé. Il n'y a rien de mieux que le mariage pour amener quelqu'un à la maturité.

Ce qui rend les jeunes adultes si méfiants vis-à-vis du mariage est probablement la croyance que la plupart des couples mariés sont malheureux. Un exemple typique figure dans un forum de Yahoo!, où un jeune homme de 24 ans annonce sa décision de ne jamais se marier. Il rapporte qu'au cours des derniers mois, il en a fait part à ses amis mariés. Tous ont ri, l'ont jalousé et trouvé intelligent. Il en a conclu qu'au moins 70 % des gens mariés devaient être malheureux. En réponse à ce message, une jeune femme répond que cela confirme ses propres observations. Elle estime : « Sur 10 couples mariés [...] 7 sont mortellement malheureux ». Elle ajoute : « Je me marie l'année prochaine parce que j'aime mon fiancé. Mais si les choses changent, je n'hésiterai pas à divorcer[21]. »

Récemment, le *New York Times Magazine* a publié un article sur un nouveau film, *Monogamy*, réalisé par Dana Adam Shapiro[22] qui s'était rendu compte en 2008 que plusieurs de ses amis, trentenaires et mariés, s'étaient séparés. Avec l'idée de faire un film basé sur une histoire orale de ruptures, il a interrogé en profondeur 50 personnes qui avaient vécu un divorce. Il n'a fait cependant aucune recherche sur les mariages de longue durée et heureux. Quand on lui en a demandé la raison, il a paraphrasé Tolstoï : « Tous les couples heureux sont identiques, c'est-à-dire qu'ils sont tout simplement ennuyeux[23]. » « Il n'est donc pas surprenant, conclut le journaliste du *Times*, de dire que le film adopte finalement une vision glauque, voire complètement apocalyptique, des relations. » Le film dépeint deux personnes qui s'aiment beaucoup, mais pour qui « ça ne marche pas ». Dans d'autres interviews, le réalisateur déclare que deux individus modernes éprouveront une extrême difficulté à s'aimer sans étouffer l'individualité et la liberté de l'autre. D'après le journaliste, Shapiro, célibataire endurci bien qu'espérant se marier un jour, n'a pas conçu ce film dans un esprit « anti-mariage », mais il éprouve toutefois une grande réticence envers la monogamie. Il reflète ainsi l'opinion typique des jeunes adultes, particulièrement ceux des zones les plus urbaines des États-Unis.

Pasteur d'une Église comptant plusieurs milliers de célibataires à Manhattan, j'ai discuté avec un grand nombre d'hommes et de femmes qui partageaient la même opinion négative du mariage. Pourtant ils sous-estiment les perspectives d'un mariage réussi. Tous les sondages indiquent que le pourcentage de personnes qui se disent « *très* heureuses » dans leur mariage est élevé (environ 61–62 %). Ce score a très peu diminué cette dernière décennie. Plus étonnant encore, les études transversales montrent que les deux tiers des mariages malheureux deviennent heureux dans les 5 ans qui suivent, si le couple choisit de ne pas divorcer[24]. Cette découverte a fait dire à Linda J. Waite, sociologue à l'Université de Chicago : « Les mérites du divorce ont été exagérés[25] ».

Les résultats de la grande majorité des recherches effectuées ces 20 dernières années indiquent que ceux qui sont mariés et qui le restent sont bien plus satisfaits de leur vie que les célibataires, les divorcés ou ceux qui vivent en concubinage[26]. Ils révèlent également que la plupart des gens sont heureux dans leur mariage et que ceux qui ne le sont pas et ne divorcent pas, finissent généralement par l'être. De plus, les enfants issus de familles où les parents sont mariés, ont une qualité de vie deux à trois fois supérieure aux autres[27]. Le verdict est écrasant : être marié et grandir avec des parents mariés, sont de puissants stimuli pour le bien-être humain.

L'histoire du mariage

Croire à l'attrait et à la vertu du mariage était, jadis, une tendance universelle. Ce n'est plus le cas à notre époque. Un récent rapport de l'Université de Virginie (le National Marriage Project) conclut : « Moins d'un tiers des étudiantes (en année de bac) et à peine plus d'un tiers des étudiants semblent persuadés [...] que le mariage offre davantage de bénéfices que les autres options. Pourtant, cette attitude négative va à l'encontre des données empiriques disponibles qui montrent les avantages importants, autant personnels que sociaux, du mariage par rapport au célibat ou à l'union libre[28]. » Toujours d'après cette étude, le point de vue de la majorité des jeunes adultes va à l'encontre de l'avis général des personnes plus âgées et des enseignements des principales religions du monde. Il est également infirmé par la recherche la plus récente en sciences sociales.

D'où vient donc ce pessimisme, et pourquoi est-il si déconnecté de la réalité ? Paradoxalement, il se peut qu'il soit le résultat d'une nouvelle idéalisation irréaliste du mariage, due à un changement significatif de son but dans notre culture. L'éminent juriste John Witte Jr. estime que l'ancien « idéal du mariage en tant qu'union contractuelle permanente conçue dans l'intérêt de l'amour réciproque, de la procréation et de la protection, cède lentement la place à une nouvelle réalité. Il s'agit désormais d'un "contrat à portée sexuelle", conçu pour assurer la satisfaction individuelle de chaque partie[29]. »

Witte fait remarquer que, dans les civilisations occidentales, plusieurs courants de pensée ont rivalisé quant à « la forme et la fonction » du mariage[30]. Les deux premiers, catholique et protestant, bien qu'ils diffèrent sur plusieurs points, ont enseigné que le but du mariage était de créer une structure d'engagement et d'amour pour la vie, entre mari et femme. Il s'agissait d'un lien solennel conçu pour aider chacune des parties à maîtriser ses propres pulsions et intérêts, au profit de la relation, pour que cela soit un sacrement de l'amour de Dieu (vision catholique) et serve le bien commun (vision protestante). Le mariage était donné par Dieu non seulement pour les chrétiens, mais aussi pour le bien-être de toute l'humanité. Il forgeait le caractère, réunissant l'homme et la femme en un vrai partenariat. Telle en était la compréhension des protestants. Ils considéraient surtout que le mariage pour la vie constituait le seul modèle de stabilité sociale où les enfants puissent grandir et s'épanouir. La société tirait donc un avantage direct de l'institution du mariage puisqu'aucun autre cadre ne pouvait offrir aux enfants un tel épanouissement[31].

Cependant, explique Witte, une nouvelle conception du mariage est née au XVIIIᵉ siècle, celui des Lumières, et au XIXᵉ siècle. Les cultures anciennes enseignaient le sens du devoir, la place dévolue à chacun dans la société et le dévouement. Les Lumières ont changé les choses et donné un nouvel éclairage : ce qui donne son sens à la vie, c'est la liberté pour l'individu de choisir la vie qui lui apportera le maximum de satisfaction. La recherche d'épanouissement émotionnel et sexuel, et de réalisation personnelle a redéfini les contours du mariage. Les notions d'abnégation, de renoncement aux libertés personnelles, d'attachement aux obligations du mariage et de la famille ont perdu de leur saveur.

Les partisans de cette approche n'ont pas considéré l'essence du mariage, ni dans son symbolisme en tant que sacrement divin (la perspective catholique), ni en tant que lien social accordé pour le bien de l'humanité au sens large (la perspective protestante). Le mariage est plutôt devenu un contrat entre deux parties pour une croissance et une satisfaction personnelles mutuelles. De ce point de vue, les gens se sont mariés pour eux-mêmes et non pour remplir leurs obligations envers Dieu ou la société. Il fallait donc permettre aux parties de gérer le mariage de la manière dont elles allaient le juger bénéfique pour elles, sans qu'aucune obligation envers l'Église, la tradition ou la société ne leur soit imposée. En résumé, l'époque des Lumières a privatisé le mariage en le retirant de la sphère publique et a redéfini son objectif en termes de satisfaction personnelle et non en termes de « bien-être collectif », tels que refléter la nature de Dieu, développer le caractère ou éduquer des enfants. Cette nouvelle vision de la finalité du mariage a lentement mais sûrement fini par remplacer les autres visions plus anciennes de la culture occidentale.

Ce changement a été bien timide. Récemment, Tara Parker-Pope, chroniqueur au *New York Times*, a écrit un article intitulé « Le mariage heureux est le "mariaJE" » :

> L'idée selon laquelle les meilleurs mariages sont ceux qui satisfont l'individu peut sembler paradoxale. Après tout, le principe du mariage n'est-il pas de privilégier la relation ? Plus maintenant. Pendant des siècles, le mariage a été perçu comme une institution économique et sociale, dont la survie même l'emportait sur les besoins intellectuels et émotionnels des conjoints. Dans les relations modernes, en revanche, les gens recherchent une vraie relation de partenariat avec un conjoint qui rende leur vie plus intéressante [... et où] ils s'entraident à atteindre des objectifs qui leur sont chers[32]. »

Cette transformation a été révolutionnaire et Mme Parker-Pope le déclare ouvertement. Le mariage, jadis une institution publique pour le bien commun, est aujourd'hui un arrangement privé destiné à la satisfaction de chaque conjoint. Auparavant, le mariage tournait autour de *nous*, mais aujourd'hui il tourne autour du *je*.

Ironie du sort, cette nouvelle vision fait peser, au bout du compte, un fardeau d'attentes bien plus écrasant, sur le mariage et sur les époux, que ne l'ont fait les interprétations traditionnelles précédentes. Nous nous retrouvons désespérément piégés entre des aspirations irréalistes *et* d'énormes craintes vis-à-vis du mariage.

La quête d'une « âme sœur »

Une étude importante datant de 2002, intitulée « Pourquoi les hommes ne prennent aucun engagement » en est une claire illustration[33]. Les femmes accusent souvent les hommes d'avoir « une phobie de l'engagement » et d'avoir peur de se marier. Les auteurs de ce rapport révèlent qu'en effet leur « enquête sur les attitudes masculines prouve le bien-fondé de cette perception populaire ». Ils énumèrent ensuite les raisons pour lesquelles les hommes déclarent préférer ne pas se marier, ou du moins pas tout de suite. Le fait le plus frappant, cependant, concerne le nombre élevé de ceux qui disent vouloir attendre de trouver « l'âme sœur parfaite », quelqu'un de très « compatible ». Que signifient ces propos?

Quand j'ai rencontré Kathy, ma future épouse, nous nous sommes très vite rendu compte que nous avions les mêmes goûts concernant une quantité inouïe de livres, d'histoires, de sujets de discussion. Nous avions la même façon d'envisager la vie et nous partagions les mêmes sources de joie. La possibilité d'une profonde amitié se profilait à l'horizon, chacun reconnaissant dans l'autre une véritable « âme sœur ». Mais de nombreux jeunes adultes ont une compréhension différente de ce terme. Selon Whitehead et Popenoe, deux facteurs clés entrent en jeu.

Le premier est l'attraction physique et l'alchimie sexuelle. L'un des thèmes prépondérants lors des entretiens de Shapiro avec des personnes récemment divorcées était l'importance donnée à une vie sexuelle épanouie. Une femme a expliqué qu'elle avait épousé son mari parce qu'elle le trouvait « sexy ». Mais, à son grand désarroi, il a pris du poids et a cessé de prendre soin de son apparence physique. La lune de miel était terminée. Elle en a surtout pris conscience lors de leurs rapports sexuels. Elle avait posé comme principe de ne pas faire l'amour à moins d'en avoir vraiment *envie*, mais cela ne lui arrivait pas souvent: « Nous étions tombés dans une routine dans laquelle nous avions des rapports seulement une fois par semaine, et parfois moins. Il n'y avait aucune variété, aucun bénéfice mental ou émotionnel. L'urgence ou la tension qui rend l'acte si magnifique avait disparu, tout comme ce désir de vouloir charmer ou séduire quelqu'un[34]... »

Elle estimait que l'attraction sexuelle et l'alchimie étaient des prérequis fondamentaux pour trouver quelqu'un de compatible.

Cependant, dans l'étude précitée, les hommes sondés n'ont pas mentionné l'attirance sexuelle comme facteur principal. Selon eux, la notion de « compatibilité » s'appliquait avant tout à une femme « prête à les prendre tels qu'ils sont, sans vouloir les changer[35] ». « Certains exprimaient leur rancœur envers les femmes qui avaient essayé de les changer. [...] D'autres décrivaient ainsi l'affinité conjugale : trouver une femme qui puisse "s'adapter à leur vie". "Si on est réellement compatible, on n'a pas besoin de changer", a affirmé l'un d'entre eux[36]. »

Retrouver la vraie masculinité

La rupture avec le passé est considérable. Autrefois, les hommes s'attendaient à ce que le mariage leur apporte de grands changements personnels. Un des aspects de la vision traditionnelle du mariage était son effet « civilisateur » sur les hommes. Ceux-ci étaient réputés plus indépendants, moins désireux et moins aptes que les femmes à entrer dans des relations nécessitant communication, soutien réciproque et partenariat. Un des objectifs classiques du mariage était donc très clairement de « changer » les hommes et d'être une « école » dans laquelle ils apprendraient à développer de nouvelles relations, plus interdépendantes.

Comble d'ironie, les hommes de cette étude ont précisément fait ressortir les attitudes que le mariage était jadis censé corriger. Les chercheurs leur ont demandé s'ils étaient conscients que les femmes de leur âge ressentaient le besoin de se marier et d'avoir des enfants avant qu'elles ne le puissent plus sur le plan biologique. Ils savaient pertinemment qu'en différant le mariage, elles atteindraient plus difficilement cet objectif de vie, mais cela leur importait peu. Comme l'a dit l'un d'entre eux : « C'est leur problème[37] ». Plusieurs participants sont restés inflexibles : leur relation avec une femme ne devait en aucun cas entraver leur liberté. Le rapport conclut : « L'union libre permet aux hommes d'avoir un accès permanent aux services domestiques et sexuels d'une petite amie, tout en [...] restant plus indépendants et en continuant leur recherche d'une meilleure partenaire[38] ».

Dans un article du *New York Times*, Sara Lipton a dressé une liste d'hommes politiques célèbres qui avaient refusé de limiter leurs relations sexuelles à leur épouse : Arnold

Schwarzenegger, Dominique Strauss-Kahn, Bill Clinton, Mark Sanford, John Ensign, etc. Chacun s'était opposé à l'optique traditionnelle du mariage de changer ses instincts naturels, maîtriser ses passions, apprendre à sacrifier ses propres désirs et servir les autres.

L'explication populaire de ce comportement est que le mariage ne s'accorde tout simplement pas à la nature masculine ; les hommes les plus virils ne sont pas faits pour le mariage. On soutient qu'« un besoin de conquête sexuelle, d'adulation des femmes et de liaisons risquées et illicites va de pair avec l'ambition, la volonté de réussir et la confiance en soi du "mâle dominant". » Pourtant, Lipton affirme que le mariage était traditionnellement le lieu où les mâles *devenaient* vraiment masculins : « Dans l'histoire du monde occidental, la caractéristique principale et la plus estimée de la masculinité était la plupart du temps la maîtrise de soi. [...] Un homme qui cédait à la gloutonnerie, à l'ivrognerie, à la paresse ou au libertinage, incapable de "se dominer", était considéré comme inapte à diriger sa famille, et à plus forte raison un gouvernement [...] ».

Lipton conclut : « Au vu des révélations récentes sur le comportement sexuel inconsidéré et complaisant de tant de nos élus, il vaudrait peut-être la peine de se remémorer que la grandeur d'un homme se mesurait jadis à sa retenue et non à ses prouesses sexuelles[39]. »

Il serait erroné de faire porter aux hommes toute la responsabilité de ce changement d'attitude à l'égard du mariage. Aujourd'hui, autant les hommes que les femmes désirent un mariage dans lequel ils se sentent émotionnellement et sexuellement satisfaits. Ils veulent que le conjoint les laisse « être eux-mêmes », qu'il soit drôle, intellectuellement stimulant, sexuellement attirant, avec beaucoup d'intérêts communs et qui, cerise sur le gâteau, les soutienne dans leurs objectifs personnels et dans leur style de vie actuel.

Si vous recherchez un partenaire qui n'exige guère de changements de votre part, vous souhaiterez également qu'il travaille presque toujours dans l'harmonie. Votre quête vous mènera vers quelqu'un « qui fonctionne bien », sans problèmes personnels dans ses bagages, et sans exigences. Vous cherchez, en somme, une personne idéale : heureuse, en bonne santé, intéressante et satisfaite de sa vie. Jamais, dans l'histoire de l'humanité, une société n'a été à ce point aussi idéaliste en ce qui concerne la recherche d'un conjoint.

L'ironie de l'idéalisme pessimiste

Il semble presque contradictoire d'avancer que ce nouvel idéalisme est la conséquence d'un nouveau pessimisme concernant le mariage, pourtant c'est exactement ce qui s'est passé. Dans les générations précédentes, on parlait beaucoup moins de « compatibilité » et de trouver l'âme sœur idéale. Aujourd'hui, nous recherchons quelqu'un qui nous accepte tels que nous sommes et qui comble nos désirs, ce qui crée un ensemble d'attentes irréalistes frustrantes pour tous.

La recherche d'un partenaire sexuel convenable est un problème en soi. Dans un autre rapport du National Marriage Project on lit :

> La médiatisation de la culture pornographique risque [également] d'ancrer des attentes irréalistes quant à l'apparence de la future âme sœur. Influencés par les images de jeunes femmes sexy sur MTV, sur Internet, et sur les podiums des défilés télévisés [...], des hommes peuvent repousser l'idée d'épouser leur petite amie du moment dans l'espoir de finir par trouver un mélange « âme sœur/top model[40] ».

Il serait néanmoins faux d'imputer le changement d'attitude de notre culture envers le mariage à la seule quête de beauté physique de la part des hommes. Les femmes sont tout aussi affectées par notre culture de consommation. Aujourd'hui, hommes et femmes ne perçoivent pas le mariage comme un moyen de développer le caractère et de faire évoluer la communauté, mais comme un moyen d'atteindre leurs objectifs de vie personnels. Ils recherchent tous un conjoint qui « comble leurs désirs émotionnels, sexuels et spirituels[41] ». Cela crée un idéalisme extrême qui plonge dans un profond pessimisme : la rencontre avec la bonne personne à épouser devient peu probable. Voilà pourquoi tant de gens repoussent le mariage et se détournent d'excellents conjoints potentiels, simplement parce qu'ils ne sont pas « assez bien » à leurs yeux.

Quelle ironie ! La conception ancienne du mariage est qualifiée de traditionaliste et d'oppressive, alors que la nouvelle notion de « mariaJE » semble si libératrice. Or c'est cette dernière qui a engendré un déclin rapide du mariage ainsi qu'un sentiment étouffant de désespoir à son évocation. Pour former un mariaJE, il faut deux individus parfaitement équilibrés et heureux, possédant très peu de besoins émotionnels ou avec seulement des petits défauts à corriger. Trouver un tel oiseau rare relève presque de l'impossible ! La nouvelle conception du « mariage-développement de soi » nous a placés en position d'attentes maximales et minimales en même temps.

Dans son article humoristique « Pinailleur, pinailleur, pinailleur », John Tierney essaye de façon superbe de nous faire rire de situations impossibles propres à notre culture. Il restitue les raisons invoquées par ses amis célibataires pour ne pas avoir donné suite à leur récente relation :

> « Elle a mal prononcé "Goethe". »
> « Comment le prendre au sérieux après avoir vu *Les relations amoureuses pour les nuls* sur son étagère ? »
> « Il suffisait qu'elle perde trois kilos. »
> « Oui, bien sûr, c'est un associé, mais pas d'une grande entreprise. En plus, il porte des socquettes noires. »
> « En fait, ça a bien commencé : [...] beau visage, corps magnifique, joli sourire. Tout allait pour le mieux, jusqu'à ce qu'elle se retourne. » Sur un silence qui ne

présage rien de bon, il hoche la tête. « [...] Ses coudes étaient sales[42]. »

Après avoir scruté les petites annonces de rencontres, incroyablement irréalistes (où le partenaire recherché n'existe pratiquement jamais), John Tierney a estimé que les jeunes adultes souffraient terriblement de ce qu'il a appelé le « Détecteur de défauts ». Il s'agit d'une « voix intérieure, semblable à un petit appareil vrombissant dans le cerveau, qui détecte instantanément un défaut fatal chez tout partenaire potentiel ». Quelle est l'utilité du Détecteur de défauts ? En voici l'un des usages : il serait mis au point par des personnes « déterminées à obtenir plus qu'elles ne méritent, et [à] rejeter toute personne qui leur ressemble, même de loin ». Cependant, conclut Tierney, ce détecteur sert d'excuse pour rester seul et, par conséquent, en sécurité. « Au fond d'eux-mêmes, ils savent pourquoi ils en ont besoin [...] Ce n'est pas facile à admettre, surtout le jour de la St-Valentin, mais en réalité, ce qu'ils transmettent au travers de ces petites annonces c'est : "Recherche solitude." »

Autrement dit, dans notre culture, certains placent trop d'attentes sur le conjoint. Pour eux, le mariage n'est pas l'union de deux personnes imparfaites qui s'unissent pour créer un lieu de stabilité, d'amour et de consolation, un « havre dans un monde cruel[43] ». Ils recherchent plutôt quelqu'un qui les acceptera comme ils sont, qui aura des capacités complémentaires aux leurs et qui comblera leurs désirs sexuels et émotionnels. Pour répondre à ces exigences, il faut une femme « romancière/astronaute avec une expérience de top model[44] », ou l'équivalent chez un homme. Un mariage fondé sur l'accomplissement personnel et non sur l'abnégation exige un conjoint sans besoins ou presque qui, de plus, comblera les vôtres, sans rien demander en retour. Bref, aujourd'hui, on attend beaucoup trop d'un conjoint.

D'autres, au contraire, ont peu d'attentes quant au mariage. Ils en ont même très peur. Tierney pense qu'ils sont plus nombreux dans ce cas, du moins chez ses amis new-yorkais. Ceux qui rêvent du conjoint parfaitement complémentaire sont moins nombreux que ceux qui n'en veulent pas mais qui ont peut-être du mal à l'admettre. Après tout, notre culture place la liberté, l'autonomie et l'épanouissement en haut de l'échelle des valeurs. Toute personne sensée sait en son for intérieur que n'importe quelle relation d'amour entraîne la perte de ces trois valeurs. Vous pouvez dire : « Je veux quelqu'un qui m'accepte tel que je suis », mais au plus profond de votre cœur vous savez que vous n'êtes pas parfait, qu'il y a des choses à changer en vous, et que quiconque se risquera à vous connaître intimement souhaitera également les changer. Vous savez aussi que l'autre aura des besoins, profonds, et des défauts. Tout ceci semble douloureux, et ça l'est. Vous n'en voulez donc pas. Il est difficile d'admettre publiquement ou à soi-même qu'on ne veut pas se marier. Alors, vous réglez votre Détecteur de défauts au niveau le plus élevé. Ça devrait marcher et tenir le mariage à distance.

Mais l'éviter simplement pour ne pas perdre sa liberté, c'est infliger à son cœur la pire des punitions. C.S. Lewis l'a très bien exprimé :

> Aimez quelque chose, et votre cœur sera certainement déchiré et probablement brisé. Si vous voulez être sûr de le garder intact, abstenez-vous de donner votre cœur, à qui que ce soit, même à un animal. Enveloppez-le soigneusement dans le linceul de vos hobbies et de vos petits luxes ; évitez toute forme de relation ; enfermez votre cœur à clef dans le cercueil de votre égoïsme. Mais dans ce cercueil – sûr, obscur, immobile, sans air –, il changera. Il ne se brisera pas ; il deviendra incassable, impénétrable, indissoluble. L'alternative à la tragédie, ou, du moins, au risque de la tragédie est la damnation[45].

Pour conclure, dans notre société, nous sommes trop pessimistes quant à la possibilité de la « monogamie » *parce que* nos attentes envers un conjoint sont trop idéalistes. Une mauvaise compréhension des buts du mariage en est la cause.

On n'épouse jamais la bonne personne

Quelle est la solution ? Elle consiste à explorer ce que la Bible dit au sujet du mariage. Nous comprendrons ainsi comment sortir de l'impasse dans laquelle notre culture nous a plongés.

La Bible explique pourquoi la recherche de compatibilité semble à ce point vouée à l'échec. En tant que pasteur, je me suis entretenu avec des milliers de couples. Certains préparaient leur mariage, d'autres travaillaient à son enrichissement et d'autres encore tentaient de le sauver. Je les ai entendu dire à maintes reprises : « Aimer *ne devrait pas* être si difficile ; l'amour devrait surgir naturellement ». Ma réponse est toujours plus ou moins la même : « Qu'est-ce qui vous fait croire cela ? Est-ce que quelqu'un qui veut devenir footballeur professionnel dirait : "Ça ne devrait pas être si difficile de marquer un but" ? Et quelqu'un qui voudrait écrire le plus grand roman de sa génération : "Ça ne devrait pas être difficile de créer des personnages crédibles et d'inventer une histoire captivante" ? » La réplique classique est la suivante : « Mais il ne s'agit pas de foot ou de littérature. On parle *d'amour*. Il devrait surgir naturellement si deux personnes sont compatibles, si elles sont véritablement des âmes sœurs. »

Du point de vue chrétien, la réponse est qu'*aucun* couple n'est compatible. Selon Stanley Hauerwas, professeur d'éthique de l'Université de Duke :

> La philosophie de la réalisation de soi a un effet destructeur sur le mariage, puisqu'elle part du principe que le mariage et la famille sont avant tout des institutions au service de l'épanouissement personnel, nécessaires pour devenir des êtres humains à part entière et

> heureux. On part de l'hypothèse que la bonne per-
> sonne pour nous existe et que si on la cherche bien, on
> la trouvera. Cette présupposition morale omet un des
> aspects fondamentaux du mariage. Elle oublie de men-
> tionner qu'on épouse toujours la mauvaise personne.
>
> On ne connaît jamais l'être qu'on épouse ; on
> croit seulement le connaître. Même si, au départ, c'est
> la bonne personne, laissez-lui un peu de temps et, à
> coup sûr, elle changera. Car le mariage, étant [une des
> plus grandes choses qui soient], implique que nous ne
> sommes plus le même, une fois que nous nous y
> sommes engagé. Le problème majeur est [...] d'appren-
> dre à aimer et à prendre soin de l'étranger auquel on
> s'est uni[46].

Hauerwas démontre que trouver une âme sœur parfaitement compatible relève de l'impossible. Le mariage crée une proximité entre deux êtres humains, plus intense que toute autre relation. Par conséquent, à l'instant où vous vous mariez, vous et votre époux commencez à changer de façon profonde, sans pouvoir connaître ces changements à l'avance. Vous ne savez donc pas, et vous ne pouvez pas savoir, comment sera votre conjoint tant que vous n'aurez pas atteint ce futur-là.

Cette déclaration a irrité beaucoup de gens. Ce n'est pas surprenant, puisque son intention est de s'inscrire en faux avec l'esprit de notre époque, d'où une généralisation. Il existe évidemment de bonnes raisons de ne pas épouser quelqu'un : une trop grande différence d'âge, ne pas comprendre la langue de l'autre, etc. Le mariage est suffisamment difficile pour ne pas y ajouter des obstacles supplémentaires. La loi de Hauerwas est graduée : Il y a des personnes qu'il ne faut pas épouser, *vraiment* pas. Mais toutes les autres sont de toute façon incompatibles. Tout couple ayant réussi un bon mariage sur le long terme sait de quoi parle Hauerwas. Au fil du temps, on traverse des saisons dans lesquelles on doit apprendre à aimer quelqu'un qui n'a rien à voir avec la personne que l'on a épousée, un inconnu en quelque sorte. L'un et l'autre, vous devrez opérer des changements que vous ne voulez pas faire. Ce voyage peut finalement mener à un mariage solide, tendre et joyeux. Mais ce ne sera pas parce que vous aurez épousé la personne parfaitement compatible. Elle n'existe pas.

La dédicace de ce livre s'adresse à 5 couples d'amis que Kathy et moi connaissons depuis près de 40 ans. Grâce à eux, nous avons pu voir des aspects très intimes d'autres mariages. Une profonde amitié s'est créée entre nous, à l'époque de nos études universitaires : les femmes sont devenues de bonnes amies et, de fil en aiguille, leurs maris aussi. Ces relations représentent environ 40 ans de lettres, d'appels téléphoniques, de courriels, de visites, de vacances communes, de peines et de joies partagées. Nous ignorons bien peu de choses sur nos mariages ou nos vies respectives. Une des soirées les plus agréables que nous puissions passer ensemble (à la plage par exemple) consiste à évoquer, avec beaucoup de rires, les débuts de nos relations et les premières années de nos mariages respectifs. Comment avons-nous choisi nos conjoints ? De l'extérieur, cela a dû sembler complètement dingue.

Cindy et Jim : elle était élégante, élevée dans la tradition grecque orthodoxe, discrète, rêveuse et GRECQUE. Jim était plein d'entrain, chamailleur, rigolo et baptiste. Gayle et Gary : en plus de 7 ans d'écart et d'importants différends théologiques, Gary aimait les randonnées de deux semaines avec ses étudiants, alors que pour Gayle, dormir dans un hôtel Holiday Inn s'apparentait déjà à du camping. Louise et David : elle était diplômée en Histoire de l'art et en littérature anglaise, et est restée fidèle à sa confession de protestante réformée. David était pasteur laïc dans une Assemblée de Dieu. Il réveillait tout son dortoir avec des chants de louange. Wayne et Jane : elle le voyait comme de l'or pur, brut, caché sous un physique de joueur de hockey, alors qu'elle reconnaissait être une snob du sud. Doug et Adele : elle était une globe-trotteuse et une missionnaire chevronnée, et lui, un jeune collaborateur au Inter-Varsity Fellowship (N.D.É.: Groupe Biblique Universitaire). Elle venait de vivre une séparation douloureuse avec un homme qui s'appelait aussi Doug. La veille de leur mariage, Adele s'est assise en larmes au pied de leur lit, se demandant si elle faisait le bon choix. Elle témoigne aujourd'hui : « Notre mariage a commencé aux portes du doute et de l'enfer, mais il se trouve aujourd'hui aux portes du paradis. »

Et bien sûr, nous deux. Kathy était presbytérienne, avec des idées très arrêtées, et sûre de vouloir s'impliquer dans un ministère urbain (suite à la lecture du livre *La croix et le poignard* de David Wilkerson). De mon côté, je venais de promettre à l'évêque de ma petite église rurale non presbytérienne que je ne deviendrais *pas* presbytérien, même si j'étudiais dans un séminaire de cette sensibilité.

Dans ces 6 couples, aucun de nous n'offrait la moindre chance à l'autre. Pourtant, nous voilà tous heureux et épanouis ; nous voyons nos enfants se marier et avoir des enfants à leur tour ; nous nous aidons mutuellement lors des opérations chirurgicales, des décès de nos parents, et des crises de toutes sortes.

La première raison que donne Hauerwas sur le fait que personne n'est compatible pour le mariage, c'est qu'il nous change profondément. Il existe une autre raison. Chaque conjoint arrive dans le mariage spirituellement brisé par le péché, ce qui signifie, entre autres, qu'il est égocentrique, vivant *incurvatus in se*[47]. Comme l'a dit l'écrivain Denis de Rougemont : « Pourquoi des personnes névrosées, individualistes, immatures, deviendraient-elles soudainement des anges en tombant amoureuses[48] ? » Il est donc *bien plus* difficile et douloureux de réussir un bon mariage que de réaliser des prouesses athlétiques ou artistiques. Le talent naturel, à l'état brut, ne permet ni de jouer au football comme un professionnel ni de produire de la grande littérature, sans d'abord s'astreindre à une discipline et un travail acharné. À la lumière de ce qui est profondément mauvais dans notre nature humaine, pourquoi serait-il facile de bien vivre dans la tendresse avec un autre être humain ? Les stars du sport ou les grands artistes ont souvent lamentablement échoué dans le domaine du mariage. La doctrine biblique du péché explique pourquoi le mariage, plus que toute autre chose bonne et importante de ce monde déchu, est si difficile et douloureux.

La romance apocalyptique

Le monde moderne exacerbe la difficulté du mariage en l'écrasant sous le poids de ses attentes impossibles et quasi cosmiques. Selon Ernest Becker, auteur et lauréat du prix Pulitzer, la culture moderne a créé le désir de la « romance apocalyptique ». Il fut un temps où nous attendions du mariage et de la famille, amour, soutien et sécurité. Mais pour le sens de la vie, l'espoir en l'avenir, le cadre moral et notre identité, nous nous tournions vers Dieu et l'au-delà. Aujourd'hui, notre culture nous enseigne que personne ne peut être sûr de ces choses, si toutefois elles existent. Donc, soutient Becker, quelque chose doit combler le vide et souvent, ce quelque chose, c'est l'amour romantique. Nous nous attendons à ce que les relations sexuelles et le romantisme nous offrent ce que nous avions l'habitude de recevoir par la foi en Dieu. Il écrit :

> L'amant devient l'idéal divin qui remplit la vie de l'autre. Tous les besoins spirituels et moraux se centrent alors sur un individu. [...] En un mot, l'objet de son amour devient Dieu. [...] L'homme aspire à un « toi » lorsque s'effondre la grande communauté religieuse que Dieu régit. [...][49] Après tout, que cherchons-nous lorsque nous élevons notre partenaire au rang de dieu ? Nous voulons la rédemption – rien de moins[50].

En tant que pasteur, j'ai entendu des centaines de plaintes faisant état de relations difficiles et d'amours perdus. L'histoire de Jeff et Sue en est un exemple caractéristique[51]. Jeff était grand et beau, le genre de compagnon dont Sue avait toujours rêvé. Il était bavard ; elle était timide et discrète en public. Elle aimait donc la prestance avec laquelle il dirigeait la conversation lors de réunions. Sue était résolue et orientée vers l'avenir ; Jeff avait tendance à « vivre le moment présent ». Avec leurs différences ils semblaient se compléter à la perfection. Intérieurement, Sue était étonnée que quelqu'un d'aussi attirant ait pu tomber amoureux d'elle. Jeff, de son côté, était content d'avoir trouvé une fille en adoration devant lui, alors que tant de femmes lui avaient reproché son manque d'ambition. Après un an de mariage, Sue ne voyait plus dans l'éloquence de Jeff que de l'égocentrisme et une incapacité à écouter. Elle vivait son absence de plan de carrière comme une amère déception. Pour Jeff, la discrétion de Sue s'apparentait à un manque de transparence et derrière sa timidité et sa voix douce, se cachait ce qu'il voyait désormais comme une personnalité autoritaire. Ce mariage s'est vite détérioré pour se terminer par un divorce rapide.

Le désenchantement, la « fin de la lune de miel », est chose courante et l'a été depuis des siècles. C'est normal, voire inéluctable. Toutefois, la profondeur de la désillusion ressentie par les gens à notre époque est un phénomène nouveau, tout comme la vitesse à laquelle les mariages se désagrègent. De nos jours, quelque chose intensifie cette expérience naturelle et la rend toxique. Il s'agit de l'illusion qui nous fait croire que, si nous trouvons notre véritable et unique âme sœur, tout ce qui ne va pas chez nous sera guéri. Cela transforme l'être aimé en Dieu ; aucun humain ne peut être à la hauteur d'une telle attente.

Pourquoi alors ne pas se débarrasser du mariage, cet objet culturel d'un autre temps, comme le suggèrent certains ? Nos contemporains sont des individus libres et autonomes. Nous avons vu à quel point la famille, les organisations religieuses, les États et nations, toutes les institutions sociales humaines fondamentales, ont été des instruments d'oppression. L'ère du mariage est peut-être terminée. Depuis les années 1970, on a beaucoup prédit l'agonie du mariage en tant qu'institution. Plus récemment, la presse a publié les résultats d'une étude du Pew Research Center, montrant que près de 40 % des Américains pensent que le mariage devient archaïque[52]. Un des acteurs du film *Monogamy* a dit lors d'une interview : « Dans ce pays, on a plus ou moins échoué avec le mariage. On cherche trop à protéger cette institution sacrée mais elle est en faillite. Il est temps de créer un nouveau modèle[53]. »

Une profonde ambivalence

Le mariage semble être en voie de disparition ; c'est en tout cas l'impression générale. Malgré cela, ses détracteurs n'en sont pas tout à fait convaincus et ils se contredisent. Pour citer deux exemples typiques, j'évoque *Contre l'amour : la déroute des sentiments* de Laura Kipnis (éditions la Table Ronde, 2004) et *Mariage, dossier confidentiel : l'ère postromantique des femmes à tout faire, des enfants-rois, des conjoints à la libido en berne et des couples rebelles qui réécrivent les règles*[54] de Pamela Haag (éditions Harper, 2011). Les deux auteurs passent beaucoup de temps à démontrer que le mariage traditionnel est étouffant et qu'il est pratiquement impossible d'en trouver un qui soit durable et réellement heureux. Pourtant, elles finissent par mentionner, presque à contrecœur, qu'il faut le conserver mais rester très ouvert à des relations sexuelles et à des rencontres en dehors du mariage.

Elissa Strauss, dans sa critique du livre de Mme Haag pour le magazine *Slate*, réplique en disant que l'auteur « ne fournit aucune preuve que ces pionniers des relations non monogames se portent mieux que les autres[55]. » En effet, les « couples rebelles » décrits par Haag, qui étaient mariés, ont eu des aventures ou ont flirté sur Internet, ont fait le constat d'expériences décevantes, voire nuisibles à leur mariage. « Finalement, conclut Strauss, la loyauté dont Haag fait preuve à l'égard du mariage est d'autant plus surprenante […] qu'elle ne fait que le démolir[56]. » Cela résume joliment l'ambiguïté actuelle des détracteurs du mariage face à cette institution.

Il existe peu d'arguments sérieux, voire aucun, pour conforter la thèse actuelle d'une société viable sans mariage. Même les critiques de la monogamie doivent admettre, au moins de façon pragmatique, qu'on ne peut vivre sans[57]. Cela provient en partie de la recherche expérimentale en pleine croissance, à laquelle nous nous référons dans ce chapitre[58]. Les preuves s'accumulent concernant le mariage traditionnel et exclusivement monogame : il est source d'énormes avantages, de toutes sortes, pour les adultes et plus encore pour les enfants et la société dans son ensemble.

Il est cependant inutile de s'appuyer sur la recherche scientifique pour découvrir que le mariage s'inscrit dans la durée. Son omniprésence parle d'elle-même. Dans l'état actuel de nos connaissances, le mariage a toujours été au cœur de la vie humaine, quelle que soit la culture ou l'époque[59]. Bien que le nombre de personnes mariées ait chuté dans notre culture occidentale, le pourcentage de ceux qui espèrent se marier n'a en rien diminué. Nous aspirons profondément au mariage. Le cri d'Adam à la vue d'Ève : « Enfin ! », est révélateur. Nous avons la profonde conviction qu'il recèle un trésor indescriptible. Et c'est vrai. Le problème ne vient pas du mariage lui-même. Selon la Genèse, chapitres 1 et 2, nous avons été faits pour le mariage et il a été fait pour nous. Genèse 3 nous explique que le mariage, comme tous les autres aspects de la vie humaine, a été brisé par le péché.

Si nous avons une vision trop romantique et idéaliste du mariage, nous sous-estimons l'influence du péché sur les êtres humains. Si notre idée du mariage est trop pessimiste et cynique, nous comprenons mal son origine divine. Et pour peu que nous voulions concilier les deux, comme le fait notre culture moderne, nous sommes doublement accablés par une conception déformée. Le problème ne vient pas de l'institution du mariage, mais de nous-mêmes.

Le grand secret

Le mariage est un « grand mystère » : c'est la déclaration de Paul mentionnée en début de chapitre que nous avons rappelée de bien des manières. Nous ne pouvons le mettre au rebut, car il est trop important, mais en même temps le mariage nous dépasse. Toutefois, le mot grec employé par Paul, *mysterion*, couvre un champ lexical qui inclut également l'idée de « secret ». La Bible ne l'utilise pas pour désigner une sorte de connaissance ésotérique réservée aux seuls initiés, mais plutôt pour exprimer une vérité insoupçonnée et merveilleuse que Dieu nous révèle par son Esprit[60]. Paul utilise ce mot ailleurs, en se référant à d'autres révélations du plan de salut de Dieu dans l'Évangile. Mais dans Éphésiens 5, de façon surprenante, il applique au mariage ce terme riche de sens. Au verset 31, il cite la fin du récit du premier mariage, dans la Genèse : « L'homme quittera son père et sa mère pour s'attacher à sa femme et les deux ne seront plus qu'une seule chair ». Puis il ajoute, littéralement que ceci est un *mega-mysterion* (verset 32) : une vérité immense, merveilleuse et profonde, qu'on ne peut comprendre qu'avec l'aide de l'Esprit de Dieu.

Mais *quel est donc* le secret du mariage ? Paul poursuit : « je dis cela par rapport à Christ et à l'Église » (Colombe). Il fait écho à sa déclaration au verset 25 : « Vous, maris, aimez vos femmes comme le Christ a aimé l'Église : il a donné sa vie pour elle ». Bref, le « secret » n'est pas dans le mariage en lui-même, mais constitue le message appelant les maris à faire pour leurs femmes ce que Jésus a fait pour nous amener à l'union avec lui. Et qu'a-t-il fait ?

Jésus a *donné sa vie* pour nous. Jésus le Fils, bien qu'il soit égal au Père, a renoncé à sa gloire et a revêtu notre nature humaine (Philippiens 2.5 ss). Bien plus, il est allé volontairement à la croix pour payer le salaire de nos péchés. Il a ôté notre culpabilité et notre condamnation afin que nous puissions être unis à lui (Romains 6.5) et revêtir ainsi sa nature (2 Pierre 1.4). Il a renoncé à sa gloire et à son pouvoir pour devenir un serviteur. Il est mort à ses propres intérêts pour se préoccuper à la place de nos intérêts et besoins (Romains 15.1-3). Jésus nous a servis jusqu'à se sacrifier, ce qui nous a amenés à vivre une profonde union : nous en lui et lui en nous. Et *ça*, dit Paul, c'est la clé pour comprendre le mariage, mais surtout pour le vivre. Paul peut ainsi rattacher la déclaration originale de Genèse 2 sur le mariage à Jésus et à l'Église. Comme l'a dit un commentateur : « Paul a vu qu'au moment où Dieu concevait le mariage originel, il songeait déjà à Christ et à l'Église. Voici l'un des grands desseins que Dieu a prévu pour le mariage : représenter la relation entre Christ et son peuple racheté à jamais[61] ! »

Nous pouvons donc répondre de façon ferme à ceux qui affirment que le mariage est par nature asservissant et donc obsolète. Dans Philippiens 2, Paul nous dit que le Fils de Dieu n'a pas profité de son égalité avec le Père, mais qu'il a révélé sa grandeur par sa volonté de devenir le serviteur du Père. Il est allé à la croix, mais le Père l'a ressuscité d'entre les morts.

> Ceci nous montre le caractère de Dieu. [...] Le Père, le Fils et le Saint-Esprit ne se manipulent pas les uns les autres pour arriver à leurs fins. [...] Il n'y a ni conquête de l'unité par la diversité, ni diversité par l'unité. Les trois ne font qu'un, et le un est trois[62].

Mais nous ne pouvons en rester là. Dans Éphésiens 5, Paul nous montre que même sur Terre, Jésus n'a pas utilisé son pouvoir pour nous opprimer, mais a tout sacrifié pour nous amener à l'union avec lui. Cela nous fait passer de la philosophie à une application personnelle et concrète. Si Dieu pensait à l'Évangile du salut par Jésus en fondant le mariage, cela signifie que le mariage ne « fonctionne » que lorsqu'il est au plus près du modèle de l'amour sacrificiel de Dieu incarné par le Christ. Paul répond ainsi à l'objection du caractère oppressif et contraignant du mariage. Il combat également l'idée que les exigences du mariage sont trop élevées. Il y a tant à faire, nous ne savons par où commencer. Commence par ceci, dit

Paul : Fais pour ton conjoint ce que Dieu a fait pour toi par Jésus. Le reste suivra.

Voilà le secret : l'Évangile de Jésus et le mariage s'expliquent l'un par l'autre. Quand Dieu a inventé le mariage, il pensait déjà à l'œuvre salvatrice de Jésus.

Rejetons les fausses options

Nous devrions rejeter l'alternative que nous proposent les deux modèles du mariage, traditionnel et contemporain. Le but du mariage est-il de renoncer à ses propres intérêts pour le bien de la famille, ou au contraire de les défendre pour son épanouissement personnel ? La conception chrétienne ne propose pas de choix entre les deux ; elle offre plutôt l'épanouissement mutuel grâce au sacrifice mutuel. Jésus a donné sa vie, il est mort à lui-même pour nous sauver et nous faire siens. Nous nous donnons à notre tour, nous mourons à nous-mêmes, tout d'abord lorsque nous nous repentons et croyons à l'Évangile, puis, lorsque nous nous soumettons à sa volonté, jour après jour. Nous placer sous son autorité nous apporte une sécurité totale, puisqu'il a déjà montré qu'il était prêt à aller en enfer et à en revenir pour nous. Le savoir chasse nos craintes de perdre notre identité en nous soumettant par amour.

Que faut-il pour faire « fonctionner » un mariage ? Il faut en connaître le secret, l'Évangile, et comprendre qu'il vous donne la puissance et le modèle à suivre pour votre mariage. D'une part, l'expérience du mariage vous dévoilera la beauté et les profondeurs de l'Évangile et vous conduira à davantage dépendre de lui. D'autre part, une meilleure compréhension de l'Évangile vous aidera à vivre une union toujours plus profonde l'un avec l'autre au fil du temps.

Voici donc le message de ce livre : « le mystère de l'Évangile est dévoilé[63] » à travers le mariage. L'Évangile vous aide à comprendre le mariage et le mariage vous aide à comprendre l'Évangile. Le mariage est le principal vecteur de l'Évangile pour renouveler en profondeur votre cœur et transformer votre vie.

La raison pour laquelle le mariage est si douloureux et pourtant merveilleux, c'est parce qu'il reflète l'Évangile qui est en même temps douloureux et merveilleux. Voici le message de l'Évangile : nous sommes bien plus pécheurs et imparfaits que nous n'oserions l'avouer, mais nous sommes également bien plus aimés et acceptés en Jésus-Christ que nous n'oserions l'espérer. Il s'agit du seul genre de relation susceptible de nous transformer réellement. L'amour sans la vérité est sentimental. Il nous soutient et nous réconforte, mais nous maintient dans le déni quant à nos défauts. La vérité dépourvue d'amour n'est que dureté dans la mesure où on ne peut vraiment entendre l'information donnée. Mais l'amour salvateur de Dieu en Christ se démarque à la fois par une honnêteté absolue concernant notre identité et par un engagement tout aussi absolu et inconditionnel envers nous. Ce dernier est miséricordieux et nous permet d'affronter la vérité nous concernant, et de nous repentir. La conviction de péché et la repentance nous poussent à nous accrocher à la grâce et à la miséricorde de Dieu, sources de repos.

Les périodes difficiles de la vie conjugale nous poussent à connaître davantage cet amour transformateur de Dieu. Dans le cadre d'un bon mariage, nous en ferons en plus l'expérience sur le plan humain. L'Évangile peut remplir nos cœurs de l'amour de Dieu et nous aider à gérer les manques d'amour de notre conjoint. Cela nous libère du regard critique concernant ses péchés et ses défauts, ainsi que du besoin d'en parler. Cela nous permet de continuer de l'aimer et de l'accepter tel qu'il est. Et quand, par la puissance de l'Évangile, notre conjoint ressent cet amour honnête et attentif, il peut, le moment venu, amorcer le changement dans sa propre vie.

Voilà le grand secret ! Avec l'Évangile, nous recevons à la fois la puissance et le modèle nécessaires à l'aventure du mariage. Mais il reste bien des choses à dire sur leur fonctionnement. Revenons donc à Éphésiens 5, afin d'approfondir notre compréhension de ce grand secret.

Chapitre 2

La puissance pour le mariage

[...] et parce que vous révérez le Christ, vous vous sou-
mettrez les uns aux autres [...]

Éphésiens 5.21

Soyez remplis de l'Esprit

Dans Éphésiens 5 au verset 21, Paul introduit son célèbre paragraphe sur le mariage. Ce verset se lit souvent comme une phrase à part : « Soumettez-vous les uns aux autres dans la crainte du Christ[64] ». Mais l'isoler revient à masquer un point important, souligné par Paul. Dans le texte grec, ce verset est le dernier élément d'une longue description de signes caractérisant une personne « remplie de l'Esprit ». Prenons la version *Semeur* : « [...] et parce que vous révérez le Christ, vous vous soumettrez les uns aux autres [...] ». L'ultime manifestation de l'Esprit se trouve dans cette dernière proposition : laisser de côté son orgueil et sa volonté propre pour se mettre humblement au service des autres. Paul part de cette soumission du verset 21, rendue possible par la puissance du Saint-Esprit, pour aborder les responsabilités des conjoints.

Les Occidentaux modernes se focalisent immédiatement sur l'injonction « soumettez-vous » (ce qui les hérisse en général), car cela renvoie à la question litigieuse de l'égalité des sexes. Toutefois, commencer à débattre sur ce point est une erreur, fatale à une compréhension correcte de l'argument introductif de Paul. Il déclare que tout ce qu'il va dire au sujet du mariage part du principe que les deux parties sont remplies de l'Esprit de Dieu. Ce n'est que si vous avez appris à servir les autres par la puissance du Saint-Esprit que vous aurez la force d'affronter les défis du mariage.

Dans le Nouveau Testament, la première explication détaillée de l'œuvre de l'Esprit se trouve dans l'Évangile de Jean. Cet enseignement était d'une telle importance pour Jésus qu'il y a consacré beaucoup de temps la nuit précédant sa mort. Quand on entend parler de « plénitude du Saint-Esprit », cela fait penser à une paix et à une puissance intérieures. Cela peut effectivement en être une conséquence. Cependant, en parlant du Saint-Esprit, Jésus se référait surtout à « l'Esprit de vérité », qui « vous rappellera tout ce que je vous ai dit moi-même » (Jean 14.17, 26). Le Saint-Esprit « manifestera ma gloire, car il puisera dans ce qui est à moi et vous l'annoncera » (Jean 16.14). Que voulait-il dire ?

« Annoncer » est la traduction d'un mot grec signifiant une déclaration fascinante. Le travail du Saint-Esprit est donc de dévoiler la signification de la personne et de l'œuvre de Jésus aux croyants afin que la gloire qui en découle, son importance et sa beauté infinies, soient révélées à notre esprit et à notre cœur[65]. Voilà pourquoi, au début de la lettre aux Éphésiens, Paul prie « qu'il illumine les yeux de votre cœur » (1.18 – Colombe), afin qu'ils soient « à même de comprendre [...] combien l'amour du Christ est large, long, élevé et profond » (3.18 – Semeur). Le Saint-Esprit accomplit son ministère en pointant les vérités concernant Jésus. Il nous les rend compréhensibles et réelles, si réelles qu'elles nous consolent, nous rendent plus forts et nous transforment en profondeur.

Être « rempli de l'Esprit » signifie donc vivre une vie dans la joie, tantôt paisible et tantôt débordante. Les vérités sur la gloire de Dieu et l'œuvre salvatrice de Jésus ne relèvent pas simplement d'une croyance intellectuelle ; elles créent une musique intérieure (Éphésiens 5.19) et font les délices de l'âme. « Chantez et célébrez le Seigneur de tout votre cœur ; rendez toujours grâces pour tout à Dieu le Père, au nom de notre Seigneur Jésus-Christ » (versets 19-20 – *Colombe*). Ce chant ne dépend pas de circonstances de vie favorables, sujettes aux changements, mais s'appuie sur la constance de la vérité et de la grâce de Jésus. Ainsi ce chant provenant du cœur ne perd pas de sa force dans les moments difficiles.

Tout de suite après sa déclaration sur la vie remplie par l'Esprit, Paul aborde le sujet du mariage. Il montre le lien étroit entre mariage et vie par l'Esprit. Voici ce qui en découle :

Pour commencer, l'image du mariage évoquée ici n'est pas celle de deux personnes en manque d'affection, qui doutent de leur valeur et de leur utilité, et trouvent leur raison d'être dans les bras de l'autre. Si l'on additionne deux vides, on obtient seulement un vide encore plus grand et plus puissant, qui vous aspire bruyamment. Paul part plutôt du principe que les conjoints ont déjà réglé les grandes questions de l'existence : pourquoi Dieu les a créés et quelle est leur identité en Christ. Bien sûr, personne ne vit sa vie en Dieu dans une joie incessante. Cette dernière n'est ni automatique ni permanente. Si c'était le cas, Paul n'aurait pas commencé le verset 18 par un impératif, en exhortant littéralement : « continuez d'être remplis par le Saint-Esprit ! » Nous sommes souvent spirituellement à court de carburant, mais nous devons savoir où se trouve la station d'essence et plus important encore, qu'elle existe. Après avoir essayé toutes sortes de choses, le chrétien a appris que louer Dieu de tout son être, avec l'assurance de son amour manifesté par l'œuvre de Jésus-Christ, est bien le carburant prévu pour faire « fonctionner » son âme. C'est ce qui alimente tous les cylindres de son cœur. Si nous ne comprenons pas cela, nous n'aurons pas les ressources nécessaires pour être de bons partenaires. Si nous attendons de notre conjoint qu'il remplisse notre réservoir comme Dieu seul peut le faire, nous lui demandons l'impossible.

Soumettez-vous les uns aux autres

Vous ne serez donc entièrement équipés pour affronter les défis habituels du mariage, que si l'Esprit établit son ministère dans votre vie. Vous aurez tout ce qu'il vous faut pour accomplir le devoir de servir votre conjoint uniquement si vous êtes rempli du Saint-Esprit. Aux versets 22-24, Paul fait la déclaration controversée que les femmes devraient se soumettre à leurs maris. Pourtant, juste après, il dit aux maris d'aimer leur femme comme Christ a aimé l'Église et « a donné sa vie pour elle » (25), ce qui équivaut, de fait, à un appel encore plus pressant d'abandonner leurs propres intérêts. Comme nous allons le voir, chacune de ces exhortations prend une forme distincte ; les tâches ne sont pas identiques. Et pourtant, chaque partenaire est appelé à aller très loin dans son sacrifice pour l'autre. Que nous soyons mari ou femme, nous sommes appelés à vivre l'un pour l'autre et non pour nous-mêmes. Il s'agit de la fonction la plus difficile, mais la seule véritablement importante, du statut d'époux.

Paul applique au mariage un principe général de la vie chrétienne : tous ceux qui comprennent réellement l'Évangile vivent une transformation radicale de leur comportement relationnel aux autres. Dans Philippiens 2.2-3, Paul dit sans ambages : « Considérez les autres comme plus importants que vous-mêmes. » Remarquez qu'il ne nous demande pas d'être irréalistes au point de croire que les autres sont meilleurs que nous dans tous les domaines. Ce serait une absurdité. Nous devons plutôt considérer et placer les intérêts des autres au-dessus des nôtres. Ailleurs, il dit que nous ne devrions pas « rechercher notre propre satisfaction », mais plutôt « la satisfaction de notre prochain pour le bien de celui-ci, en vue de l'aider à grandir [...]. Car le Christ n'a pas cherché sa propre satisfaction » (Romains 15.1-3). Paul va jusqu'à dire aux chrétiens d'être *douloi* les uns des autres (Galates 5.13), ce qui signifie littéralement esclaves-serviteurs. Puisque Christ s'est humilié et est devenu un serviteur, allant jusqu'à donner sa propre vie pour combler nos besoins, nous sommes désormais comme des serviteurs, mais les uns des autres.

Cette illustration est extrême, voire odieuse, aux yeux de nos contemporains. Un serviteur ? Il n'est pas question ici de se comporter envers les autres comme les esclaves de l'Antiquité. Ce n'est pas le sens de la métaphore. Paul veut dire qu'un serviteur place les besoins des autres avant les siens. C'est ainsi que devraient vivre tous les chrétiens, en étant mutuellement au service de l'autre. Maris et femmes ne devraient-ils donc pas à plus forte raison se comporter ainsi l'un envers l'autre ? On ne peut écarter ce principe, quelle que soit la définition donnée au rôle du mari. Peu importe ce que veut dire Paul en appelant le mari « chef » de sa femme, il est également son frère en Christ et son esclave-serviteur, selon Galates 5.13. Maris et femmes doivent se servir mutuellement et « donner leur vie » l'un pour l'autre. Cela n'annule pas le fait d'exercer son autorité dans une relation, mais le transforme radicalement[66].

Il est déjà assez difficile, avec nos amis et collègues, de donner la priorité à leurs intérêts et de veiller à leur bien-être plutôt qu'au nôtre. Mais appliquer ces principes dans le mariage revient à les exercer de façon plus soutenue. Quand un couple passe une journée ensemble, déterminer qui donne et qui reçoit est un travail à plein temps. Chaque fois que le cas se présente, il existe trois options : s'offrir pour servir l'autre avec joie ; se proposer avec froideur ou à contrecœur ; ou choisir la réaction égoïste de privilégier ses propres besoins. Ce n'est que lorsque chacun des partenaires est régulièrement à l'écoute de l'autre, et choisit la première option, que le mariage prospère. Mais que c'est difficile !

Kathy et moi nous souvenons d'un épisode crucial, dans notre vie de couple, lors d'un séjour en Nouvelle-Angleterre. Nous assistions à un séminaire et nous séjournions chez des amis avec nos trois fils. J'avais espéré pouvoir m'échapper un moment pour passer à la librairie jouxtant le séminaire, histoire de voir les nouveautés et peut-être dénicher quelques livres intéressants. Mais je savais aussi que cela empièterait sur le temps précieux prévu en famille, et laisserait à Kathy seule la responsabilité des enfants. J'avais donc peur de lui en parler. J'espérais qu'elle devine mon envie et m'accorde le temps d'y aller. Elle ne l'a pas fait et, très vite, j'ai éprouvé un profond ressentiment devant son « échec » à lire dans mes pensées. « Elle sait bien à quel point j'aime fureter dans cette librairie ! Je travaille très dur, pourquoi ne m'offre-t-elle pas mon après-midi ? Je mérite bien cette pause, non ? » J'ai commencé à imaginer qu'elle *savait* que je voulais aller à la librairie, mais y était tout à fait opposée.

Après une longue journée passée à aider Kathy à s'occuper des enfants, grincheux et m'apitoyant sur mon sort, je lui dis finalement combien j'étais triste de ne pas avoir pu aller à la librairie. Elle s'est fâchée contre moi, à juste titre, et m'a dit : « C'est vrai, ça ne m'aurait pas arrangée, mais j'aurais tellement *aimé* t'offrir cette liberté. Je n'ai jamais l'occasion de t'offrir des cadeaux, alors que toi, tu passes ton temps à m'aider. Tu m'as privée d'une occasion de te servir ! »

Immédiatement, je me suis rendu compte qu'en fait, *je ne voulais pas être servi*. Je ne voulais pas me retrouver en position de devoir demander quelque chose et de le recevoir comme un cadeau. Kathy se sentait profondément déçue et insultée d'avoir été privée d'une telle opportunité. Un silence chargé de colère régnait dans la voiture, à notre retour chez nous, tandis que j'essayais de comprendre ce qui s'était passé.

Finalement, les choses se sont éclaircies. Oui, je voulais servir, car ainsi je me sentais maître de la situation. En servant, j'aurais toujours l'avantage moralement parlant. Mais cette sorte de « service » n'en est pas vraiment un, ce n'est que de la manipulation. Ainsi, en privant Kathy d'une occasion de me servir, j'ai failli à mon devoir de la servir, elle. Et la raison sous-jacente à tout cela était mon orgueil.

C'est dans des moments semblables que l'aide de l'Esprit de Dieu est si précieuse. Dans chaque texte, Paul rattache ce « cœur de serviteur », ce cœur bien disposé, à l'Évangile même. Et que dit l'Évangile ? Il dit que nous sommes tellement perdus, imparfaits et pécheurs que Jésus a dû mourir pour nous ; mais encore, que nous sommes tant aimés et précieux à ses yeux qu'il était heureux de mourir pour nous. Désormais, le Père nous accepte pleinement et fait de nous ses délices, non parce que nous le méritons, mais gratuitement, par grâce. Ma réticence à laisser Kathy me servir était finalement due à mon refus de baser ma vie sur la grâce. Je voulais tout mériter. Personne ne devait me faire de faveurs. Je voulais pouvoir offrir des cadeaux aux autres, sans qu'ils les méritent, afin d'avoir la satisfaction de me croire magnanime, mais je ne voulais pas être servi moi-même. Mon cœur fonctionnait encore ainsi, même après avoir accepté l'idée centrale de l'Évangile selon laquelle, par la foi en Christ, nous vivons exclusivement de la grâce de Dieu.

Le message de l'Évangile *devrait* remplir le chrétien d'humilité et en même temps l'élever. Il révèle que nous sommes vraiment des pécheurs égocentriques. Il fracasse nos illusions de bonté et de supériorité. Mais il nous remplit aussi, au-delà de toute espérance, de plus d'amour et de confiance. Grâce à l'Évangile, nous n'avons plus besoin de mériter notre valeur, en travaillant et en servant sans cesse. Grâce à lui, le problème est moindre quand nous sommes privés de confort, de compliment ou de récompense. Nous n'avons plus à tenir des comptes. Nous pouvons donner et recevoir librement.

Pourquoi donc n'avais-je pas permis à l'Évangile de façonner ma relation avec Kathy ? Parce que j'y croyais avec ma tête, mais pas dans mon cœur. Pour être capable de servir quelqu'un, le Saint-Esprit, l'Esprit de vérité, doit faire pénétrer cet Évangile dans notre cœur, jusqu'à ce qu'il nous change.

Le problème de l'égocentrisme

Nous avons cerné, dès le premier chapitre, le plus gros obstacle au développement d'un cœur de serviteur dans le couple. Il s'agit de l'énorme égocentrisme du cœur humain pécheur. Il fait des ravages dans bien des unions et demeure l'ennemi numéro 1, omniprésent dans *chaque* mariage. Tel un cancer, il le ronge dès le premier jour et doit être traité. Paul, dans sa description classique de l'amour, en 1 Corinthiens 13.4-5, écrit :

> *L'amour est patient, il est plein de bonté, l'amour. Il n'est pas envieux, il ne cherche pas à se faire valoir, il ne s'enfle pas d'orgueil. Il ne fait rien d'inconvenant. Il ne cherche pas son propre intérêt, il ne s'aigrit pas contre les autres, il ne tient pas compte du mal.*

Paul montre à maintes reprises que l'amour est l'exact opposé de chercher « son propre intérêt ». L'égocentrisme s'identifie facilement dans les signes énumérés par Paul : impatience, irritation, paroles dépourvues de grâce et de gentillesse, jalousie à l'égard de la réussite d'autrui, et ressentiment envers les personnes nous ayant fait du tort. Il ressort des entretiens de Dana Adam Shapiro avec des couples divorcés que c'est là que se situe la cause fondamentale et évidente de la dissolution du mariage. L'égocentrisme de chaque conjoint ressortira toujours mais, en réaction, l'autre devient encore plus impatient, rancunier, désagréable et froid. Autrement dit, chacun répond à l'égocentrisme de l'autre par son propre égocentrisme. Pourquoi ? Le propre de l'égocentrisme est de nous rendre aveugles au nôtre, mais hypersensibles, blessés et outrés face à celui des autres[67]. Cela nous entraîne toujours dans une spirale infernale d'apitoiement sur soi, de colère et de désespoir qui dévore la relation jusqu'à ce qu'il n'en reste plus rien.

Mais l'Évangile, révélé à votre cœur par l'Esprit, peut vous rendre suffisamment heureux pour être humble, et vous combler intérieurement. Vous serez ainsi libre d'être généreux avec l'autre même si la relation est loin d'être satisfaisante. Sans l'aide de l'Esprit, sans aller régulièrement à la pompe de la gloire et de l'amour de Dieu pour remplir le réservoir de votre âme, il est pratiquement impossible de se soumettre durablement aux intérêts des autres sans devenir rancunier. J'appelle cela « l'économie de l'amour ». La générosité n'est possible qu'avec un compte en banque bien garni. De même, si votre conjoint est votre seule source d'amour et votre seule raison d'être, chaque fois qu'il vous décevra, vous n'éprouverez pas simplement de la tristesse, mais vous vivrez un cataclysme psychologique. Si en revanche vous voyez l'œuvre de l'Esprit dans votre vie, même partiellement, vous aurez suffisamment d'amour « en banque » pour être généreux envers votre conjoint, même si vous ne recevez pas beaucoup d'amour ou de tendresse pour l'instant.

Pour qu'un mariage chante, il faut posséder une capacité de servir insufflée par le Saint-Esprit. Elle vous sort de votre nombrilisme et place les besoins des autres avant les vôtres. L'Esprit œuvre pour faire de l'Évangile une réalité dans votre cœur et affaiblir l'égocentrisme de votre âme. Nous ne pourrons jamais obtenir de résultat notable dans notre lutte contre l'égocentrisme, pour nous investir dans le service, sans une aide surnaturelle[68].

Le bonheur profond que peut apporter le mariage réside donc dans votre sacrifice pour servir l'autre régulièrement, par la puissance de l'Esprit. Autrement dit, vous ne découvrirez votre propre bonheur qu'après avoir placé continuellement celui de votre conjoint au-dessus du vôtre, en réponse à ce que Jésus a fait pour vous. À la question : « Si je place le bonheur de mon conjoint au-dessus de mes propres besoins, qu'est-ce que j'*y* gagne ? », la réponse est : « le bonheur ». Mais il s'agit d'un bonheur né du service et non de l'exploitation des autres, un bonheur jamais préjudiciable. Il provient de la joie de donner, en aimant d'une façon qui coûte. Pour la culture actuelle du « mariaJE », faire passer l'intérêt du conjoint avant le sien est tyrannique. Mais c'est parce qu'elle n'approfondit pas un enseignement fondamental du christianisme sur notre nature. Quel est cet enseignement ?

Le christianisme déclare tout d'abord que Dieu est trine : trois personnes en un seul Dieu. À la lecture de Jean 17 et d'autres passages bibliques, nous apprenons que de toute éternité, chacune de ces personnes, Père, Fils et Saint-Esprit, rend gloire et honneur aux deux autres, et les aime. Dieu, dans son essence même, est orienté vers l'autre. Quand Jésus-Christ a accepté la croix, c'était en parfaite cohérence avec sa nature. C.S. Lewis a écrit que quand Jésus s'est sacrifié pour nous, il a accompli « dans le déchaînement des éléments, en ses lointaines provinces » ce qu'il faisait, depuis l'éternité, « en sa demeure, dans la gloire et la joie[69] ».

La Bible nous dit ensuite que les êtres humains ont été créés à l'image de Dieu. Nous apprenons donc sans surprise que nous avons été créés pour adorer Dieu et vivre pour sa gloire et non pour la nôtre. Nous avons été conçus pour servir Dieu et autrui. Cela signifie, paradoxalement, que le fait de donner la priorité à notre bonheur personnel plutôt qu'à notre obéissance à Dieu, viole notre propre nature et nous rend finalement malheureux. Jésus réaffirme ce principe quand il dit : « Celui qui est préoccupé de sauver sa vie la perdra ; mais celui qui perdra sa vie *à cause de moi*, la retrouvera » (Matthieu 16.25). Il veut dire : « Si vous cherchez le bonheur plus que vous ne me cherchez, vous n'aurez ni l'un ni l'autre. Si par contre vous cherchez à me servir plus qu'à servir votre bonheur, vous obtiendrez les deux. »

Paul applique ce principe au mariage. Cherchez à vous servir mutuellement plutôt qu'à être heureux et vous trouverez un autre bonheur, plus profond. Beaucoup de couples ont découvert cette réalité magnifique et inespérée. Mais pourquoi serait-ce vrai ? Parce que le mariage est « institué par Dieu ». Il a été établi par le Dieu dont l'attribut fondamental est le don de soi. Le mariage reflète donc la nature de son Créateur, en particulier telle qu'elle est révélée en la personne et en l'œuvre de Jésus-Christ.

Chaque fois qu'un mariage rencontre un problème, la cause première, d'une manière ou d'une autre, est toujours l'égocentrisme et le refus de servir ou de pourvoir aux besoins de l'autre. Le verbe « se soumettre » qu'utilise Paul est tiré du langage militaire ; en grec, il désigne un soldat se soumettant à son officier. Pourquoi ? Quand on entre dans l'armée, on n'est plus maître de son emploi du temps, de ses périodes de vacances, de l'heure des repas, et même du menu. Afin de faire partie d'un tout, d'une unité plus grande, on doit renoncer à son indépendance et à son droit de prendre des décisions unilatérales. Paul dit que cette capacité à renoncer à ses propres droits, à servir et à placer le bien de tous au-dessus du sien, n'est pas innée. Elle est anormale, mais elle est à la base même du mariage.

Cela peut paraître étouffant, mais les relations fonctionnent ainsi. Certains ont même affirmé que tout fonctionne de cette manière. Pour qu'une chose nous appartienne vraiment, il faut (d'abord) être prêt à la lâcher. L'épanouissement est une conséquence du service désintéressé en permanence, mais il n'est pas immédiat. Il s'agit là d'un des principes universels de vie :

Dans la vie sociale, vous ne ferez jamais bonne impression tant que vous n'arrêterez pas de réfléchir à l'impression que vous faites. En littérature et en art, quiconque s'inquiète d'originalité ne sera jamais original. Par contre, si vous essayez simplement de dire la vérité (sans vous soucier qu'elle ait été dite bien souvent) vous deviendrez original, neuf fois sur dix, sans même vous en être rendu compte. Ce principe gouverne toute la vie du début à la fin. Renoncez à vous-même et vous trouverez votre vraie personnalité. Perdez votre vie et vous la sauverez. [...] Ne gardez rien pour vous, car rien de ce que vous n'avez pas réellement abandonné ne vous sera restitué[70].

Les blessures que nous portons

Nous ne voyons pas notre propre égocentrisme, et ce pour plusieurs raisons. Les mauvais traitements qui jalonnent notre propre histoire sont un des facteurs principaux de notre aveuglement. Les personnes qui se marient en étant marquées par la souffrance provoquée par leurs parents, d'anciens amants ou conjoints, sont nombreuses. Je ne parle pas de maltraitance, physique ou sexuelle, mais plutôt du cas beaucoup plus fréquent de parents froids, voire indifférents, ou qui savent comment punir leurs enfants émotionnellement en abusant d'eux verbalement. Ajoutons à cela les relations ou les mariages précédents, dans lesquels l'autre vous a trompé et trahi. Toutes ces expériences peuvent être à l'origine d'extrêmes difficultés à faire confiance au sexe opposé. En même temps elles vous amènent à douter profondément de votre faculté de jugement et de votre caractère. Une « blessure » est un mélange de manque de confiance en soi, de culpabilité, de rancune et de désillusion.

Nous apportons tout cela dans nos bagages en nous mariant. Aussi, quand surgissent les inévitables conflits, nos souvenirs peuvent nous saborder. Ils nous empêchent d'accomplir le travail normal et quotidien de repentance et de pardon, et d'accorder la grâce indispensable au progrès du mariage. Nos blessures nous plongent dans le nombrilisme.

Évidemment, les traumatismes sont faciles à dépister chez les autres. Dès le début d'une conversation, une personne blessée commence à parler d'elle. Elle n'a pas conscience de l'image qu'elle renvoie tant elle est absorbée par sa douleur et ses problèmes. Elle n'est pas sensible aux besoins des autres. Elle ne détecte pas la souffrance de son interlocuteur, et si c'est le cas, elle s'implique alors en cherchant à « sauver » l'autre, afin de se sentir mieux elle-même. Elle prend part à la vie des autres de façon obsessionnelle et dominatrice pour tenter d'assouvir ses propres désirs, mais c'est un leurre. Nous sommes toujours, toujours les derniers à voir notre nombrilisme. Nos propres douleurs et blessures peuvent nous amener dans une voie sans issue à cause de notre égocentrisme. Si quelqu'un lui fait remarquer son comportement égoïste, la personne blessée répondra : « Eh bien, peut-être, mais tu ne peux pas comprendre. » Les blessures justifient le comportement.

Ce problème peut être diagnostiqué et soigné de deux façons. Dans notre culture, l'idée de la bonté naturelle de l'homme est encore très répandue. Si les gens sont dans le nombrilisme et la confusion, dit-on, c'est uniquement parce qu'ils manquent d'estime d'eux-mêmes. La solution serait donc de leur dire de prendre soin d'eux, de vivre pour eux-mêmes et non pour les autres. Avec ce discours, on ne fait que les conforter et les encourager à empêcher les autres de se mêler de leur vie. On les pousse à découvrir leurs rêves, puis à prendre les mesures nécessaires pour les réaliser. Tel est, pensons-nous, le chemin de la guérison. On part du principe que l'égocentrisme n'est pas naturel mais le résultat d'injustices diverses. C'est une perception très populaire de la nature humaine, un article de foi : une croyance religieuse, en quelque sorte. Aucune des principales religions du monde n'enseigne vraiment une telle chose, et c'est pourtant le point de vue majoritaire en Occident.

Mais cette manière de voir les choses ne fonctionne tout simplement pas. Mariage et renoncement vont inévitablement de pair, même dans la banalité du train-train quotidien. Une relation paisible est impossible quand l'un, voire les deux, pense que ses désirs personnels doivent passer en premier à cause de ce qu'il a vécu dans le passé.

L'approche chrétienne a une autre analyse de la situation. Nous croyons que les blessures et les injustices, aussi profondes soient-elles, ne sont pas à l'origine de l'égocentrisme du cœur humain. Elles ne font que l'exacerber et le modeler. Les maltraitances ont mis de l'huile sur le feu et les gens suffoquent désormais à cause des flammes et de la fumée, mais leur égocentrisme existait déjà avant leurs blessures. Voilà pourquoi se contenter d'encourager les gens à penser d'abord à eux, c'est préparer le terrain pour de futurs échecs relationnels ; le mariage en première ligne. Le besoin de tendresse, de patience, de douceur et d'assurance est réel chez les personnes blessées mais il ne faut pas s'arrêter là. Qu'ils soient paralysés par un complexe d'infériorité ou aient développé un complexe de supériorité, les individus sont centrés sur eux-mêmes, obsédés par leur apparence, par le regard et la considération des autres. Transformer un complexe d'infériorité en un complexe de supériorité est une tâche aisée, mais n'aide personne à mieux vivre.

Comment faire face à notre égocentrisme

Paul fait une description saisissante de l'effet de l'Évangile :

> *Et il est mort pour tous afin que ceux qui vivent ne vivent plus pour eux-mêmes, mais pour celui qui est mort à leur place et ressuscité pour eux* (2 Corinthiens 5.15).

La nature même du péché, selon la Bible, c'est de vivre pour nous-mêmes plutôt que pour Dieu et pour les autres. Voilà pourquoi Jésus peut résumer l'ensemble de la loi, la totalité de la volonté de Dieu pour nos vies, en deux commandements essentiels : aimer Dieu en vivant pour lui et non pour nous-mêmes, et aimer les autres en plaçant leurs besoins avant les nôtres (Matthieu 22.37-40).

Tout le monde a besoin d'être traité avec respect et douceur, en particulier les personnes blessées qui réagiront par une extrême sensibilité dès qu'elles seront malmenées. Néanmoins, nous devons tous reconnaître que ceux qui nous ont blessés ne sont pas à l'origine de notre égocentrisme. Les mauvais traitements n'ont fait qu'aggraver la situation. Il nous incombe d'agir, sinon nous serons toujours malheureux.

Dans notre culture occidentale, on se marie par attirance. L'autre nous semble si exceptionnel. Mais un ou deux ans plus tard, voire souvent seulement un ou deux mois après, trois choses se produisent habituellement. D'abord, on prend conscience de l'énorme égoïsme dont fait preuve cette personne si merveilleuse. Puis l'on découvre que cette merveilleuse personne a constaté la même chose que vous et vous dit à quel point *vous* êtes égoïste. Enfin, tout en reconnaissant une part de votre responsabilité, vous arrivez à la conclusion que l'égoïsme de votre conjoint engendre plus de problèmes que le vôtre. C'est particulièrement vrai si vous avez le sentiment d'avoir vécu une vie difficile et beaucoup d'expériences douloureuses. Vous pensez : « Je sais, je ne devrais pas agir ainsi, mais *tu ne me comprends pas !* » Les blessures à l'âme nous poussent à minimiser notre propre égocentrisme. Beaucoup de couples mariés arrivent à ce stade en très peu de temps.

Que faire alors ? Il existe au moins deux options. La première : vous décidez que votre souffrance compte plus que votre égocentrisme ; si votre conjoint ne voit pas vos problèmes et ne s'occupe pas de vous, vous en déduisez que ça ne pourra jamais marcher. Évidemment, il ne répondra certainement pas à vos attentes, car il a les mêmes envers vous ! Il s'ensuivra donc une prise de distance émotionnelle et peut-être l'installation progressive d'une sorte d'armistice ou de cessez-le-feu : un accord non verbal pour ne pas aborder certains sujets. Vous détestez certains côtés de votre conjoint, mais vous cessez de les évoquer aussi longtemps qu'il ne vous ennuie pas à propos des vôtres. Personne ne se laisse transformer pour l'autre, tout est affaire de stricte négociation. Les couples qui s'installent dans ce genre de relation semblent heureux après 40 ans de mariage, mais sur la photo de leur anniversaire de mariage, le sourire est forcé.

L'alternative à cette « trêve conjugale » est d'admettre que votre égoïsme est un problème fondamental et le considérer comme étant plus grave que celui de votre conjoint. Pourquoi ? Vous seul avez un plein accès à votre égoïsme, et vous seul en avez l'entière responsabilité. Par conséquent, chaque conjoint devrait prendre la Bible au sérieux et s'engager à « donner sa vie pour l'autre ». Vous devriez arrêter de justifier votre égoïsme et l'éradiquer au fur et à mesure qu'il vous est révélé, indépendamment de ce que fait votre conjoint. Si *chacun* de vous dit : « Je vais considérer mon propre égoïsme comme le problème central de notre mariage », vous avez toutes les chances qu'il soit merveilleux.

Un seul suffit pour commencer à guérir

Aucun de vous n'adoptera peut-être cette ligne de conduite, ou au contraire vous choisirez de la prendre ensemble. Mais il existe une troisième possibilité. L'un de vous peut décider d'agir selon le verset 21 et dire : « Je vais travailler sur mon égoïsme. » Que se passera-t-il ? En général, il n'y aura pas de réaction immédiate dans l'autre camp. Mais souvent, le temps aidant, votre attitude et votre comportement adouciront votre partenaire. Voyant vos efforts, il lui sera plus facile d'admettre ses torts, puisque vous ne les évoquez plus continuellement. Si vous faites tous les deux le choix de vous occuper de votre égoïsme et de servir l'autre, les perspectives de votre mariage seront excellentes. Mais il suffit d'une décision unilatérale pour qu'elles soient encore bonnes.

Ceci me rappelle le passage de Genèse 4, où Dieu observe Caïn qui s'apitoie sur lui-même. Il lui dit : « Caïn, le péché est tapi à ta porte : son désir se porte vers toi, mais toi, maîtrise-le ! » L'important est de comprendre qu'en chacun de vous, le « moi » est tapi à votre porte, prêt à bondir et vous dévorer dans le but de vous posséder ! Et c'est à vous de vous en occuper. Dieu vous demande de renoncer à vous-même, de mourir à vous-même pour vous retrouver. Si vous essayez de le faire sans l'aide de l'Esprit, et sans croire à tout ce que Jésus a fait pour vous, alors abandonner vos droits et vos désirs sera difficile au point de vous rendre malade. Mais en Christ et avec l'aide de l'Esprit, ce sera libérateur.

Le principe que nous venons de décrire permet de rectifier des représentations populaires du « mariage qui rend heureux ».

L'approche conservatrice du mariage prône les rôles traditionnels avec l'énorme stress que cela engendre. Le problème de fond est que l'homme et la femme ont besoin de se soumettre aux rôles qui leur ont été divinement attribués. Le mari doit être le chef de la famille et la femme se soumettre à lui. Cette approche insiste beaucoup sur les différences entre homme et femme. Malheureusement, l'exagération peut inciter à l'égoïsme, notamment de la part du mari.

Une autre approche, plus séculière, estime que le problème principal du mariage est de parvenir à amener votre conjoint à reconnaître votre potentiel afin de vous aider à le développer. Votre but est l'épanouissement personnel. Vous ne laisserez donc pas votre conjoint vous écraser. Votre mariage sert à votre développement et, si votre conjoint ne coopère pas, il faut négocier. En cas de refus, sauvez-vous ! Bien sûr, cela revient à verser de l'essence sur le feu de l'égoïsme au lieu de l'éteindre[71].

Le principe chrétien qui doit être à l'œuvre, c'est l'altruisme généré par le Saint-Esprit. Il ne s'agit pas de se sous-évaluer ni de se surévaluer, mais simplement d'être moins centré sur soi. Il faut cesser de penser à soi et comprendre qu'en Christ, nos besoins sont et seront satisfaits, afin de ne pas considérer notre conjoint comme notre sauveur. Les personnes qui ont une bonne compréhension de l'Évangile peuvent admettre que le problème c'est leur égoïsme, et vouloir y travailler. En agissant ainsi, elles vont souvent ressentir une libération, comme si elles se réveillaient d'un mauvais rêve. Elles réalisent alors leur étroitesse d'esprit et l'insignifiance de leurs difficultés, à la lumière d'une perspective plus globale. En cessant de ressasser leurs malheurs, elles découvrent que leur bonheur s'accroît. Il faut mourir à soi-même pour se retrouver.

La crainte de Christ

Il reste à étudier une expression dans cette cruciale introduction du verset 21. Paul demande de nous soumettre les uns aux autres « parce que vous révérez le Christ ». Cette traduction est celle de la Bible du Semeur, mais Paul dit littéralement de le faire dans la *crainte de Christ*. Le verbe révérer est trop faible pour communiquer l'idée de l'apôtre, mais le mot « crainte » prête également à confusion. Il évoque en effet pour le lecteur français la peur et l'effroi. Que signifie ce terme ?

Dans l'Ancien Testament, on retrouve régulièrement l'expression « la crainte de l'Éternel ». Certains usages sont plutôt curieux. Souvent, la crainte de l'Éternel est associée à une grande joie. Proverbes 28.14 dit : « Heureux l'homme qui est continuellement dans la crainte ! » Comment vivre constamment dans la crainte et goûter en même temps au bonheur ? Le verset probablement le plus étonnant se trouve dans Psaume 130.4. Le psalmiste déclare : « Le pardon (se trouve) auprès de toi, afin qu'on te craigne. » Le pardon et la grâce font croître la crainte du Seigneur. Nous pouvons aussi être instruits et grandir dans la crainte de l'Éternel (2 Chroniques 26.5 ; Psaumes 34.10). Elle est marquée par l'adoration, l'émerveillement et la joie (Psaumes 40.4 ; Ésaïe 11.3). Comment est-ce possible ? Un commentateur du Psaume 130 l'exprime ainsi : « La crainte servile (le fait d'être terrifié) devrait diminuer et non grandir avec le pardon. [...] Le vrai sens de "la crainte de Dieu" dans l'Ancien Testament [...] implique donc une relation[72] ».

Bien évidemment, être dans la crainte du Seigneur ne signifie pas avoir peur de lui, bien que le terme hébreu ait des connotations de respect mêlé de crainte. « Craindre », dans la Bible, signifie être bouleversé, contrôlé par quelque chose. Craindre Dieu signifie être ébranlé, stupéfait devant sa grandeur et son amour. C'est le trouver « terriblement sublime » dans sa sainteté resplendissante et son amour magnifique. Plus nous expérimentons la grâce de Dieu et son pardon, plus nous sommes émus dans la crainte et l'adoration devant sa grandeur et tout ce qu'il est et a fait pour nous. Le craindre signifie se prosterner devant lui, ébloui par sa gloire et par sa beauté. Paul parle de l'amour du Christ qui « nous étreint » (2 Corinthiens 5.14). Quelle est la chose qui vous stimule le plus et vous pousse vers l'avant ? Est-ce le désir de réussir ? L'espoir d'accomplir quelque chose de grand ? Le besoin de vous affirmer devant vos parents ? Le besoin d'être respecté par vos pairs ? Est-ce la colère contre quelqu'un ou un groupe de personnes qui vous a fait du tort ? Selon Paul, si une seule de ces choses a une plus grande influence sur votre vie que la réalité même de l'amour de Dieu pour vous, alors vous ne serez pas en mesure de servir les autres de façon désintéressée. Seule la crainte du Seigneur Jésus nous rendra libres pour le service mutuel.

Voilà qui semble bien théologique, mais ce verset 21 nous montre combien il est vital dans la gestion de nos relations.

J'ai connu une femme, la trentaine avancée, qui ne s'était jamais mariée. Dans sa famille et dans sa région, on pensait que quelque chose n'allait vraiment pas chez toute femme de cet âge là encore célibataire. Elle luttait contre la honte et le sentiment d'avoir raté sa vie de femme. Elle vivait également avec un problème de colère non réglée contre un homme qu'elle avait fréquenté pendant des années, mais qui n'avait pas voulu l'épouser.

Finalement, elle a consulté un thérapeute. Selon lui, elle s'était approprié la vision familiale concernant la notion de valeur personnelle : sans mari et sans enfants, la femme n'était rien. Elle s'était aigrie contre cet homme, car il avait compromis ce qui aurait donné un sens à sa vie. Son thérapeute lui a conseillé de se défaire de cette conception peu éclairée, et de se consacrer à un métier. « Si vous arrivez à avoir une bonne image de vous-même, votre estime, votre valeur, ne dépendront plus de quelqu'un ou de quelque chose. » Elle a alors commencé à se libérer du carcan familial et culturel et a cherché à faire carrière. Elle a commencé à se sentir mieux mais s'est rendu compte que cela ne l'aidait pas à sur-monter son amertume contre son ex-ami.

À peu près à la même époque, elle est allée dans une Église où elle a clairement entendu l'Évangile pour la première fois. Cela ne correspondait *pas* à ses croyances. Pour elle, il fallait constituer un bon dossier et le présenter à Dieu pour être sauvé. Or c'est Jésus qui a établi un dossier parfait et, quand nous croyons en lui, il nous le donne. Il a vécu la vie que nous aurions dû vivre et a subi à notre place la mort que nous méritions. Ainsi, lorsque nous faisons le choix de croire en lui, nos péchés sont pardonnés et nous sommes « considérés comme justes à ses yeux ». Nous sommes alors totalement acceptés et aimés par le Seul être de tout l'univers qui compte vraiment.

Elle a commencé à réaliser que son thérapeute était bien intentionné, mais n'avait qu'à moitié raison. Elle avait effectivement tort de chercher sa valeur dans l'amour d'un homme. C'était un piège ; son estime dépendait de ce que les hommes pensaient d'elle. Son conseiller l'avait orientée vers un métier et la recherche du succès pour trouver le bien-être. Son image reposerait donc sur sa réussite à acquérir son indépendance financière. Mais une question la taraudait : « Pourquoi quitter les rangs de toutes ces femmes qui font de "la famille" leur raison de vivre pour rejoindre celui de tous ces hommes qui en font de même avec "la carrière" ? Ne serais-je pas dévastée par mes échecs professionnels comme je l'ai été par mes échecs sentimentaux ? Non, je m'appuierai sur la justice de Christ et j'apprendrai à me réjouir en elle. Je pourrai ainsi dire : "Ce qui me rend belle aux yeux de Dieu, ce ne sont ni les hommes, ni ma carrière, c'est Jésus" ».

Et c'est ce qu'elle a fait. Elle a rapidement constaté une diminution de son anxiété à propos de son travail. Mais elle a également mesuré de plus en plus l'ampleur de l'amour de Dieu en Jésus. Elle a commencé à vivre une expérience riche en émotions avec la sensation d'être aimée si profondément que cela rend capable d'être généreux envers ceux qui nous nuisent et de leur pardonner. Sa colère envers son ancien petit ami et les hommes en général s'est apaisée. Quelques années plus tard, à sa grande surprise, elle a rencontré un homme, en est tombée amoureuse et l'a épousé. Si elle s'était mariée avec son premier petit ami, cela aurait été une catastrophe. Elle aurait cherché chez lui ce que seul Christ pouvait lui offrir, et aurait été incapable de le servir et de prendre soin de lui.

Un des meilleurs exemples de ce principe est rapporté dans le best-seller de Laura Hillenbrand, concernant la biographie du héros de la Seconde Guerre mondiale, Louis Zamperini. Durant une mission aérienne sur l'Océan Pacifique en 1943, l'avion de Zamperini s'est écrasé dans l'océan, ne laissant que très peu de survivants. Après 47 jours de dérive dans une eau infestée de requins, Louis et un autre survivant ont été capturés et emprisonnés pendant deux ans et demi. Leur quotidien était rythmé par les coups, la torture et l'humiliation.

De retour chez lui après la guerre, il a développé un syndrome de stress post-traumatique grave et a sombré dans l'alcool. Sa femme, Cynthia, a perdu tout espoir de sauver leur mariage. Louis passait la majeure partie de son temps à imaginer et à planifier son retour au Japon, pour assassiner « l'Oiseau », un sergent japonais qui l'avait frappé et tourmenté à maintes reprises dans les camps de prisonniers. Une nuit, il a rêvé que l'Oiseau surgissait, menaçant. Il a tendu les bras pour se défendre. Un hurlement l'a réveillé, et il s'est retrouvé assis à califourchon sur la poitrine de Cynthia, ses mains enserrant la gorge de sa femme enceinte. Peu de temps après, Cynthia lui a annoncé qu'elle demandait le divorce. Bouleversé, et malgré la crainte de perdre sa femme et son enfant, il n'a renoncé ni à la bouteille ni à son comportement autodestructeur. Tourmenté par son passé et rongé par l'amertume, il était incapable de changer, même pour sauver sa famille.

Un jour d'automne, en 1949, une connaissance de Cynthia lui a fait part de la venue en ville d'un jeune évangéliste, Billy Graham, pour une série de prédications sous un chapiteau. Elle s'y est rendue et est rentrée chez elle rayonnante.

Elle ne voulait plus divorcer, elle avait vécu un réveil spirituel et voulait en faire bénéficier Louis. Après avoir résisté plusieurs jours, il a fini par l'accompagner pour écouter une de ces prédications. Ce soir-là, le thème du sermon portait sur le péché. Indigné, Louis s'est dit : « *Je suis un homme bien* ». Mais presque aussitôt, « le mensonge caché dans cette pensée lui est apparu ». Quelques soirs plus tard, il y est retourné, s'est repenti et a reçu Jésus-Christ comme son Sauveur.

À l'instant même, Zamperini a été libéré de sa dépendance à l'alcool. Mais plus important encore, il a senti l'amour de Dieu remplir sa vie, le rendant capable de pardonner à tous ceux qui l'avaient emprisonné et torturé. La honte et le sentiment d'impuissance à l'origine de sa haine et de son malheur avaient disparu. Sa relation avec Cynthia « était renouvelée et s'est approfondie. Ils étaient heureux ensemble. » En octobre 1950, Louis a pu retourner au Japon. Avec l'aide d'un interprète, il a parlé à la prison où plusieurs de ses anciens gardiens se trouvaient incarcérés. Il a annoncé la puissance de la grâce de Christ à l'origine du pardon et a surpris chaque prisonnier en l'étreignant avec un sourire plein d'amour[73].

J'ai hésité à partager cet exemple, car les témoignages spectaculaires de transformations instantanées peuvent induire en erreur. Les blessures émotionnelles de Louis Zamperini étaient exceptionnellement profondes, et par conséquent, l'œuvre de l'Esprit de rendre l'amour de Dieu en Jésus-Christ réel dans le cœur a été particulièrement puissante et grandiose. L'Esprit de Dieu n'agit pas toujours de façon aussi immédiate et évidente, mais il effectue toujours cette même œuvre. Il a redonné l'espoir à Cynthia, libéré Louis de l'amertume et ravivé la flamme de leur mariage. Son influence, qu'elle soit instantanée ou progressive, reste toujours la même.

Puisque nous avons été déclarés justes en raison de notre foi, nous sommes en paix avec Dieu grâce à notre Seigneur Jésus-Christ. [...] Or, notre espérance ne risque pas d'être déçue, car Dieu a versé son amour dans nos cœurs par l'Esprit Saint qu'il nous a donné (Romains 5.1, 5).

Louis Zamperini avait été littéralement torturé et sa honte, sa colère et sa peur avaient anéanti son aptitude à aimer et à servir. Chacun de nous apporte dans le mariage ses désordres intérieurs. Nombreux sont ceux qui cherchent à surmonter leurs complexes en se consacrant entièrement à leur carrière, et ce au détriment de leur conjoint, famille, et mariage. D'autres encore espèrent se sentir bien dans leur peau grâce à l'amour et au soutien infinis d'un conjoint romantique, beau et intelligent. La relation est transformée en source de salut, un défi impossible à relever.

Voyez-vous pourquoi Paul aborde le sujet du mariage en nous appelant à nous aimer les uns les autres « dans la crainte du Christ » ? Nous nous marions, poussés par toutes sortes de craintes, de désirs et de besoins. Si j'espère combler, par le mariage, le vide spirituel infini de mon cœur, je serai incapable de servir mon conjoint. Seul Dieu peut remplir ce vide abyssal. Tant que je ne lui accorde pas la place qui lui revient dans ma vie, je me plaindrai toujours du manque d'amour, de respect et de soutien de mon conjoint.

Grandir dans la crainte du Seigneur

En fin de compte, être rempli de l'Esprit et craindre le Seigneur sont au fond une seule et même chose. Chaque expression renvoie à une expérience et à une réalité spirituelles intérieures, mais en évoque un aspect différent[74]. Toutes deux détournent les gens d'eux-mêmes. Ce désintéressement généré par le Saint-Esprit est vital selon Paul, pour vivre des mariages dignes de ce nom. La joie d'une personne émerveillée par le sacrifice et l'amour de Jésus-Christ est le moteur principal pour répondre aux appels du Nouveau Testament concernant la soumission, l'amour et le service. En Romains 15, Paul nous appelle à ne pas chercher notre satisfaction personnelle, car, sur la croix, Jésus n'a pas recherché la sienne. En Philippiens 2, l'apôtre nous demande de considérer les autres comme supérieurs à nous-mêmes, car, en venant dans ce monde, Jésus a renoncé à sa supériorité. Il est descendu du ciel, s'est dépouillé de sa gloire et nous a servis au point de mourir pour nous. Laissez le Saint-Esprit imprimer cela dans votre cœur jusqu'à ce que vous chantiez, éperdu d'amour et d'adoration. C'est à partir de cette « crainte », de cette plénitude de l'Esprit, que nous pouvons commencer à agir comme il se doit envers notre conjoint.

La question est donc de savoir comment être rempli du Saint-Esprit ; comment grandir dans la crainte de l'Éternel pour ne pas être dominé par d'autres peurs. On pourrait bien sûr écrire une montagne d'ouvrages sur le sujet et n'avoir au final qu'un début de réponse. Je veux néanmoins proposer une image qui nous mettra sur la bonne piste.

Il y a quelques années, un homme qui écoutait régulièrement ma prédication m'a fait une remarque judicieuse : « Quand ton sermon est bien préparé, tes sources sont nombreuses et variées, mais dans le cas contraire, tu te contentes de citer C.S. Lewis ». Il avait raison. Au fil des années, j'avais lu pratiquement toutes les publications de Lewis. Au début de ma vie chrétienne, ses œuvres avaient répondu à mes questions et à mes préoccupations, plus que tout autre. J'ai donc lu et relu ses écrits (biographies et correspondance personnelle incluses), si bien que, maintenant, je peux en réciter des passages entiers.

Quand on s'imprègne autant de la vie et de l'œuvre de quelqu'un, le résultat est intéressant : on apprend à connaître ses écrits, mais aussi sa manière de raisonner. On finit par savoir comment il *aurait* répondu à telle question ou comment il aurait réagi face à tel événement. Si les mots de C.S. Lewis sortent naturellement quand j'improvise, c'est en quelque sorte parce qu'il est là et occupe une partie de mes pensées.

Quel serait donc le résultat si nous étions toujours plus absorbés par l'enseignement, la vie et l'œuvre de *Jésus* ; si nous étions tellement imprégnés de ses promesses, de ses injonctions, de sa sagesse, de ses encouragements, qu'ils dominent notre vie intérieure, captivent notre imagination et fassent spontanément surface quand une difficulté se présente ? À quoi ressembleraient nos vies si, instinctivement, presque inconsciemment, nous connaissions la pensée et le cœur de Jésus dans les situations auxquelles nous devons faire face ? Recevoir une critique ne nous détruirait jamais grâce à l'amour et à l'approbation de Jésus si profondément ancrés en nous. De la même manière, nous ferions nos critiques avec douceur et patience, car notre monde intérieur serait totalement imprégné de l'amour patient et de la tendresse que nous porte Jésus.

Ceci ne veut pas dire qu'à chaque critique, vous allez penser consciemment et délibérément « qu'en dirait Jésus ? » Cela ne serait plus nécessaire, car avec Jésus et sa Parole bien ancrés en vous, vous seriez fortifié, encouragé. Ils feraient partie de vous. Vous vous verriez comme il vous voit, vous regarderiez le monde avec ses yeux. Sa pensée deviendrait le moule de votre esprit.

Bien entendu, tout ceci ne se fait pas du jour au lendemain et nécessite des années de réflexion, une vie disciplinée de prière, de lecture et d'étude de la Bible, d'innombrables conversations avec nos amis et un culte collectif régulier et dynamique. À la différence d'autres auteurs ou penseurs, l'Esprit de Jésus peut vivre en nous et illuminer spirituellement notre cœur, afin que son Évangile devienne glorieux à vos yeux. Ainsi, l'Évangile « habitera en [nous] avec toute sa richesse » (Colossiens 3.16 – *NBS*), et nous y trouverons la puissance pour le service ainsi que la force de recevoir et d'émettre correctement des critiques. Notre conjoint n'aura plus à subvenir à tous nos besoins ni à guérir toutes nos blessures.

Deux façons « d'aimer »

Un des *Chants d'innocence* de William Blake montre de manière très frappante qu'il existe deux façons de vivre une relation amoureuse.

> Amour point ne cherche à se satisfaire
> Et n'a de soi pas le moindre souci,
> Mais pour un autre il abdique ses aises,
> Et il bâtit un Ciel au dépit de l'Enfer.

> Amour ne cherche qu'à se satisfaire
> Et asservir un autre à son plaisir,
> Jouit de priver un autre de ses aises,
> Et au mépris du Ciel il bâtit un Enfer.

> (Tiré de « La motte et le caillou »)

Il est possible de se croire « amoureux fou » alors qu'il ne s'agit que d'une attirance pour quelqu'un qui peut répondre à vos besoins, vos insécurités et vos doutes. Une telle relation est bâtie sur l'exigence et le contrôle plutôt que sur le service et le don. La seule façon d'éviter de sacrifier la joie et la liberté de votre conjoint sur l'autel de vos besoins est de vous tourner vers celui qui aime votre âme plus que tout autre. Il s'est sacrifié de son plein gré sur la croix, prenant sur lui ce que vous méritiez pour vos péchés contre Dieu et contre les autres. Sur la croix il a été abandonné et a vécu la perdition de l'enfer, mais il l'a fait pour vous. À cause du sacrifice plein d'amour du Fils, vous pouvez connaître le paradis de l'amour du Père à travers l'œuvre de l'Esprit. Jésus a véritablement « bâti un Ciel au dépit de l'Enfer ». Et, fortifié par l'amour de Dieu dans votre âme, vous pourrez à votre tour vous donner à votre conjoint en le servant avec amour.

« Quant à nous, nous aimons parce que Dieu nous a aimés le premier » (1 Jean 4.19).

Chapitre 3

L'essence du mariage

C'est pourquoi l'homme quittera son père et sa mère pour s'attacher à sa femme et les deux ne seront plus qu'une chair.

Éphésiens 5.31 (et Genèse 2.24)

L'amour et le « bout de papier »

Je me souviens d'une série télévisée, qui date un peu, dans laquelle un homme et une femme, qui vivaient ensemble, débattaient de la question d'un éventuel mariage. Il était pour, elle était contre. À un moment donné, elle a explosé et dit : « Pourquoi a-t-on besoin d'un bout de papier pour s'aimer ? Je n'ai pas besoin d'un papier signé pour t'aimer ! Ça ne fait que compliquer les choses. »

Cette phrase m'a interpellé. Dans l'Église où je suis pasteur à New York, les jeunes adultes me disent grosso modo la même chose depuis des années. Quand la femme a dit : « Je n'ai pas besoin d'un bout de papier pour t'aimer », elle a utilisé une définition bien spécifique de « l'amour ». Pour elle, l'amour est, dans son essence, une sorte de sentiment particulier. Elle déclare en fait : « Je ressens une passion amoureuse pour toi et ce bout de papier ne l'améliorera pas, bien au contraire, il risque de lui nuire ». Elle mesure l'amour à l'aune du désir émotionnel qu'elle ressent pour son compagnon. Et elle a raison de dire que le « bout de papier », l'acte de mariage, n'apporterait franchement que très peu, voire rien, à ce sentiment.

Mais quand la Bible parle d'amour, son unité de mesure principale n'est pas la quantité de ce que nous voulons recevoir mais celle que nous sommes prêts à donner. Combien sommes-nous prêts à perdre pour le bien de l'autre ? À quelle dose de liberté sommes-nous prêts à renoncer ? Quelle quantité de notre temps précieux, de nos ressources et de nos émotions sommes-nous prêts à investir pour l'autre ? C'est là que le serment du mariage nous aide. De plus, il nous sert de mise à l'épreuve. Dans bien des cas, quand l'un des deux dit : « Je t'aime, mais ne gâchons pas nos chances avec un mariage », il pense en réalité : « Je ne t'aime pas *assez* pour renoncer à tous mes privilèges. Je ne t'aime pas assez pour me donner à toi de façon aussi absolue ». Affirmer : « Je n'ai pas besoin d'un bout de papier pour t'aimer », revient à dire : « Mon amour pour toi n'a pas encore atteint le niveau du mariage ».

Aujourd'hui, une des croyances les plus répandues de notre culture est que l'amour romantique est absolument indispensable à une vie épanouie, mais qu'il ne dure guère. Une autre croyance, qui lui est liée, dit que le mariage devrait être fondé sur l'amour romantique. Prises ensemble, ces certitudes nous poussent à conclure que mariage et romantisme sont, par nature, incompatibles et que contraindre des gens à une relation à vie, une fois le plaisir de la romance tari, est chose cruelle.

La compréhension biblique de l'amour n'exclut pas les émotions profondes. Nous verrons plus tard qu'un mariage dépourvu de passion et de désir réciproques n'accomplit pas la vision biblique. Mais la Bible n'oppose pas non plus l'amour romantique à la nature même de l'amour, qui est un engagement de sacrifice pour le bien de l'autre. Si nous considérons que l'amour est avant tout un désir émotionnel et non un service actif et engagé, nous finissons par opposer le devoir au désir, de façon réductrice et destructrice. Cette antinomie est l'objet de ce chapitre.

La perception excessivement subjective de l'amour

Nos contemporains voient l'amour d'une façon si subjective qu'ils considèrent comme malsaine l'idée d'y associer la *moindre* obligation. Au fil du temps, j'ai souvent eu affaire à des personnes enfermées dans cette conviction. C'est particulièrement le cas quand on aborde la question des relations sexuelles. Nombreux sont ceux qui croient que faire l'amour avec son conjoint uniquement pour lui faire plaisir, alors qu'on n'en a pas soi-même envie, est hypocrite, voire tyrannique. On voit là cette compréhension radicalement subjective de l'amour-passion. C'est souvent l'amorce d'un cercle vicieux. Si vous attendez d'être tous les deux d'humeur romantique pour faire l'amour, vous ne le ferez pas souvent, ce qui peut refroidir et étouffer l'intérêt de votre partenaire pour les relations sexuelles. En conséquence, les occasions diminueront encore, pour s'espacer de plus en plus si vous comptez sur une forte passion mutuelle pour faire l'amour.

Si notre culture estime que la passion est la condition incontournable pour avoir des relations sexuelles, c'est en partie parce que, de nos jours, tant de gens les découvrent hors mariage. L'expérience est tout autre quand on est marié. Hors mariage, la relation sexuelle s'accompagne du désir d'attirer et d'impressionner l'autre. Cela ressemble au frisson de la poursuite pendant la chasse. Vouloir attirer un inconnu dans le but de faire l'amour avec lui, implique une prise de risque, de l'incertitude et de la tension. Cela accélère le rythme cardiaque et génère des émotions puissantes. Si on définit ainsi « s'éclater sexuellement », alors le mariage (le « bout de papier ») étouffera certainement ce genre de grand frisson. Mais quoi qu'il en soit, il serait impossible de maintenir cet embrasement. En réalité, « le frisson de la poursuite » n'est ni le seul genre de frisson ou de passion qui existe ni le meilleur.

Kathy et moi étions vierges quand nous nous sommes mariés. Même à l'époque, notre cas était minoritaire mais cela signifiait que lors de notre nuit de noces, nous n'étions vraiment pas en position d'impressionner ou de séduire l'autre. Nous souhaitions juste exprimer tendrement avec nos corps cette unité que nous avions commencée à ressentir en tant qu'amis, puis qui avait grandi et s'était approfondie quand nous sommes tombés amoureux. Pour être honnête, cette nuit-là, j'ai été maladroit, gêné et me suis endormi, découragé et inquiet. Au début, la relation sexuelle était frustrante : le genre de frustration éprouvée par l'artiste qui a un tableau ou une histoire en tête, mais dont le savoir-faire est encore insuffisant.

Mais nous n'avions heureusement pas appris à nous servir des rapports sexuels pour impressionner l'autre, ni à associer le frisson du danger et de l'interdit à la stimulation sexuelle, en les confondant avec l'amour. Nous voulions plutôt être vulnérables, tout en nous offrant le cadeau d'une allégresse réciproque sans retenue, et connaître la joie de se faire plaisir mutuellement. Les semaines ont passé, puis les années, et nous l'avons fait de mieux en mieux. Et, oui, cela signifie parfois faire l'amour quand l'un « n'en a pas envie », voire parfois les deux. Mais avoir des relations sexuelles dans le mariage, pour donner de la joie plutôt que pour impressionner, peut changer notre humeur sur-le-champ. L'acte le meilleur est celui qui donne envie de pleurer de joie, et non pas de tirer fierté de sa performance.

Consommation ou alliance ?

En opposition totale à notre culture, la Bible enseigne que l'essence du mariage est un engagement à se sacrifier pour le bien de l'autre. Cela signifie que l'amour est bien plus une action qu'une émotion. Cependant, le dire ainsi peut nous faire basculer dans l'erreur contraire, caractéristique de plusieurs sociétés anciennes et traditionnelles. Nous risquons alors de ne voir dans le mariage qu'un pacte social, un moyen de remplir ses obligations envers la famille, la tribu et la société. Les sociétés traditionnelles plaçaient la famille au-dessus de tout. Le mariage n'était donc qu'une transaction qui servait les intérêts de la famille. À l'inverse, les sociétés occidentales contemporaines attribuent au bonheur de l'individu la valeur suprême. Le mariage devient donc d'abord une expérience d'épanouissement sentimental. Mais la Bible nous dit que le bien ultime n'est ni l'individu, ni la famille, mais *Dieu*. Nous avons ainsi une vision du mariage qui lie intimement sentiments *et* obligations, passion *et* promesse. Au centre de cette vision biblique du mariage se trouve l'idée d'alliance.

Les relations commerciales ont toujours existé. Une telle relation dure tant que le vendeur subvient aux besoins du consommateur à un prix acceptable. Si un autre vendeur fournit les mêmes prestations, voire meilleures, à un prix plus intéressant, rien ne vous retient auprès du premier vendeur. Dans ce type de rapport, on peut dire que les besoins de l'individu sont plus importants que la relation elle-même.

Les relations d'alliance existent aussi depuis la nuit des temps. Celles-ci nous engagent. Dans une alliance, le maintien de la relation passe avant les besoins de l'individu. Par exemple, un parent reçoit peut-être peu, sur le plan affectif, quand il prend soin d'un nourrisson. Néanmoins, tout parent qui abandonne ses enfants sous prétexte que c'est trop difficile ou pas assez gratifiant est automatiquement mis au ban de la société. Pour la majorité des gens, l'idée même est impensable parce que la société considère encore que la relation parent-enfant est une alliance, et non une relation de consommation.

Les sociologues soutiennent que la société de marché a pris une telle place dans la culture occidentale qu'elle a dénaturé la majorité des relations, telles que le mariage, autrefois considérées comme des alliances. Aujourd'hui, nous restons en contact tant que les autres subviennent à nos besoins spécifiques, à un coût raisonnable. Dès que nous n'en tirons plus profit, c'est-à-dire quand la relation réclame plus d'amour et de soutien qu'elle n'en donne, nous « réduisons la dépense » en y coupant court. Ce phénomène de « marchandisation » a réduit les relations sociales à des échanges économiques, au point que l'idée même d'« alliance » est en train de disparaître de notre culture. Ce concept nous devient de plus en plus étranger, alors que la Bible dit qu'il est l'essence même du mariage. Nous devons donc prendre le temps de le comprendre.

Le vertical et l'horizontal

Celui qui lit la Bible de façon sérieuse y trouvera des alliances absolument partout. On voit des alliances « horizontales », établies entre humains: amis proches (1 Samuel 18.3, 20.16) et même nations. Mais les alliances les plus remarquables sont les alliances « verticales » que Dieu a établies avec des individus (Genèse 17.2), des familles et des peuples entiers (Exode 19.5).

À bien des égards, la relation de mariage est unique, et c'est l'alliance la plus profonde qui puisse exister entre deux êtres humains. Dans Éphésiens 5.31, Paul évoque l'idée d'alliance en citant Genèse 2.24, probablement le verset sur le mariage le plus célèbre de l'Ancien Testament.

C'est pourquoi l'homme quittera son père et sa mère pour s'attacher à sa femme et les deux ne seront plus qu'une seule chair.

C'est en Genèse 2.22-25 qu'apparaît la première cérémonie de mariage. Le texte de la Genèse appelle cela « s'attacher ». Le verbe hébreu est très fort et signifie littéralement

« être collé ». Ce terme est utilisé ailleurs pour parler d'union par alliance, de promesse contraignante, de serment[75].

Pourquoi peut-on dire que le mariage est la relation d'alliance la plus profonde ? Parce qu'il possède à la fois des aspects horizontaux *et* verticaux très importants. Malachie 2.14 dit à un homme en parlant de son épouse : « elle était ta compagne, et tu avais conclu une alliance avec elle » (voir Ézéchiel 16.8). Proverbes 2.17 décrit une femme infidèle « qui a quitté l'époux de sa jeunesse et qui a oublié l'alliance conclue au nom de son Dieu ». L'alliance conclue entre un homme et une femme l'est « devant Dieu » et donc avec Dieu aussi bien qu'avec le conjoint. Être infidèle à son époux, c'est être, dans le même temps, infidèle à Dieu.

Voilà pourquoi de nombreuses cérémonies traditionnelles de mariage chrétien allient un ensemble de vœux à un ensemble de questions. On demande à chacun des époux quelque chose comme :

> Veux-tu prendre cette femme pour épouse ? Promets-tu de vivre avec elle et de la chérir avec amour et honneur, en la servant et en menant à bien tes obligations envers elle, fidèlement et tendrement, selon les ordonnances de Dieu, par le lien sacré du mariage ?

Les deux époux répondent « je le ferai » ou « je le promets », mais notez qu'ils ne s'adressent pas l'un à l'autre. Ils regardent le pasteur et c'est à lui qu'ils répondent. Ce faisant, ils prêtent serment devant Dieu avant de se faire mutuellement leurs promesses. Ils « parlent verticalement » avant de « parler horizontalement ». Ils entendent l'autre leur promettre loyauté et fidélité, debout devant Dieu, leurs familles et les représentants de l'Église ou de l'État. Ensuite, s'appuyant sur ce fondement, ils se prennent par la main et disent quelque chose comme :

> Je te choisis comme époux, dans le respect de la loi et du mariage, et je promets et je fais l'alliance devant

> Dieu et ces témoins d'être ta femme, de t'aimer et de
> t'être fidèle, dans la prospérité et la détresse, dans la
> santé et la maladie, jusqu'à ce que la mort nous sépare.

Imaginez une maison dont la structure est triangulaire. Ses deux côtés se rencontrent au sommet et se soutiennent l'un l'autre. Mais dessous, les fondations soutiennent les deux côtés. L'alliance avec et devant Dieu donne la force aux partenaires de conclure une alliance entre eux. C'est pour cela que le mariage est l'alliance humaine la plus profonde.

L'amour et la loi

Qu'est-ce qu'une alliance ? Une alliance crée un lien particulier qui existe de moins en moins dans notre société. Cette relation est bien plus intime et personnelle qu'une relation commerciale, purement juridique. Et en même temps, elle est bien plus durable, contraignante et inconditionnelle qu'une relation fondée uniquement sur les sentiments et l'affection. Une relation d'alliance est un mélange surprenant d'amour et de loi.

Comme nous l'avons vu, la pensée moderne n'envisage pas que passion et devoir soient compatibles ou capables de stimuler l'interdépendance. Bertrand Russell, philosophe britannique, a écrit, au début du XXe siècle, un texte justifiant l'amour sexuel hors mariage. Tout en admettant qu'il ne faut pas dissocier « les relations sexuelles des émotions sérieuses et des sentiments de tendresse », il soutient néanmoins que la passion intense et le plaisir amoureux devraient caractériser une activité sexuelle qui ne peut s'épanouir que dans la liberté et la spontanéité. « Elle a tendance à être tuée par l'idée qu'elle est un devoir[76] ». Cette opinion est considérée aujourd'hui comme relevant du bon sens : l'amour doit répondre au désir spontané et jamais à un serment ou à une promesse légale.

Pourtant, la vision biblique est radicalement différente. L'amour a besoin d'un cadre d'obligations contraignantes pour atteindre son parfait accomplissement. Une relation d'alliance n'est pas simplement profonde, malgré son caractère légal : elle est encore *plus* profonde *parce qu'*elle est légale. Comment est-ce possible ?

Constatons, pour commencer, qu'une promesse de mariage officielle qui nous engage est en elle-même un immense acte d'amour. Celui qui dit : « Je t'aime, mais nous n'avons pas besoin de nous marier » sous-entend peut-être : « Je ne t'aime pas assez pour réduire ma liberté ». Vouloir souscrire à une alliance officielle n'étouffe pas l'amour ; c'est au contraire un moyen de l'enrichir, de l'amplifier. Une promesse de mariage est à la fois la preuve d'un amour suffisamment grand pour épouser l'autre, et un don de soi radical.

La légitimité du mariage augmente également le caractère personnel. Des relations ou une vie commune hors mariage obligent à prouver quotidiennement sa valeur, en impressionnant l'autre et en le séduisant. Il faut montrer que le courant passe, que la relation vous plaît et vous satisfait, sous peine de rupture. Fondamentalement, il s'agit donc toujours d'une relation de consommation, accompagnée en permanence de publicité et de marketing. En revanche, le lien juridique du mariage crée un espace de sécurité où l'on peut s'ouvrir à l'autre et être véritablement soi-même. On peut y être vulnérable, sans devoir sauver les apparences. On ne cherche plus à se vendre. On peut ôter les dernières couches de protection et se mettre à nu, dans tous les sens du terme.

Ce mélange de loi et d'amour convient à nos instincts les plus profonds. G.K. Chesterton a fait remarquer qu'en tombant amoureux, on a une tendance naturelle à exprimer sa tendresse, mais également à échanger des promesses. Les amoureux se sentent poussés à des déclarations qui s'apparentent à des serments de mariage. « Je t'aimerai *toujours* », dit-on, au plus fort de la passion, tout en sachant que c'est ce que l'autre veut entendre, s'il nous aime. L'amour véritable, dit la Bible, désire instinctivement la permanence. Le grand poème d'amour de la Bible, le Cantique des cantiques, finit ainsi :

Mets-moi comme un sceau sur ton cœur,
comme un sceau sur ton bras.
L'amour est fort comme la mort,
et la passion est indomptable comme le séjour des défunts.
Les flammes de l'amour sont des flammes ardentes,
les flammes de la foudre venant de l'Éternel.
Même de grosses eaux ne peuvent éteindre l'amour,
et des fleuves puissants ne l'emporteront pas.

Cantique des cantiques 8.6-7

Quand deux personnes s'aiment vraiment et n'utilisent pas l'autre simplement pour le sexe, le standing ou l'épanouissement personnel, ils ne veulent à aucun prix que leur situation change. Chacun veut des gages d'un engagement durable et chacun se plaît à en donner. Par conséquent, la « loi » des vœux et des promesses correspond à nos passions actuelles les plus profondes. Mais notre amour en a également besoin pour envisager l'avenir avec confiance.

La promesse de l'amour futur

Il y a quelques années, j'ai assisté au mariage d'un couple qui avait écrit ses propres promesses. Ils ont dit quelque chose comme : « Je t'aime et je veux vivre ma vie à tes côtés[77] ». En entendant cela, j'ai pris conscience que toutes les promesses traditionnelles, dans les mariages chrétiens, avaient un point commun, indépendamment de leurs différences théologiques ou dénominationnelles. Ces deux personnes exprimaient leur amour réciproque du moment, ce qui était beau et touchant. Mais des promesses de mariage ce n'est pas cela. Une alliance ne fonctionne pas ainsi. Les promesses de mariage ne sont pas la reconnaissance d'un amour présent, mais une promesse mutuellement contraignante d'un amour futur. Un mariage ne devrait pas être avant tout la célébration de votre état amoureux du moment, car personne n'en doute. Se marier, c'est se tenir devant Dieu, sa famille et les principales institutions de notre société, pour promettre d'*être* rempli d'amour, fidèle et sincère envers l'autre dans le futur, indépendamment des variations de nos sentiments ou des circonstances extérieures.

Dans l'Odyssée, quand Ulysse approche de l'île des sirènes, il sait que leurs chants le rendront fou. Il apprend également que la folie ne sera que temporaire et prendra fin dès qu'il sera hors de portée de leurs voix. Il ne veut rien faire qui puisse avoir des conséquences négatives permanentes alors qu'il sera momentanément fou. Il met donc de la cire dans les oreilles de son équipage, se fait attacher au mât et dit à ses hommes de maintenir le cap quoiqu'il leur crie.

Nous l'avons déjà mentionné, les études de cohorte montrent que deux tiers des mariages malheureux deviennent heureux en l'espace de cinq ans, si le couple ne divorce pas[78]. Deux tiers ! Qu'est-ce qui peut garder un couple uni pendant les périodes difficiles ? Les promesses. Un serment prononcé à la face du monde nous garde « attachés au mât » jusqu'à ce que la lucidité revienne et que nous commencions à mieux analyser la situation. Il nous maintient dans la relation quand nos sentiments faiblissent, et ils faibliront. À l'inverse, des relations de consommation ne peuvent en aucun cas survivre à ces aléas inévitables de la vie, puisqu'aucune des deux parties n'est « attachée au mât ».

Cela signifie-t-il qu'aucune raison ne justifie de dissoudre un mariage, de divorcer ? Ce n'est pas ce que dit la Bible. Dans Matthieu 19.3, des pharisiens ont demandé à Jésus : « Un homme a-t-il le droit de divorcer d'avec sa femme pour une raison quelconque ? » Certaines écoles rabbiniques de l'époque soutenaient qu'un homme pouvait divorcer simplement parce qu'il ne l'appréciait plus. Il pouvait l'abandonner pour n'importe quel motif. On ne pourrait pas du tout appeler cela une relation d'alliance, mais plutôt une relation de consommation. Jésus rejette ce point de vue, sans pour autant adopter l'extrême inverse.

> *Il leur répondit : N'avez-vous pas lu dans les Écritures qu'au commencement le Créateur a créé l'être humain homme et femme et qu'il a déclaré : C'est pourquoi l'homme quittera son père et sa mère pour s'attacher à sa femme, et les deux ne feront plus qu'un ? Ainsi, ils ne sont plus deux ; ils font un. Que l'homme ne sépare donc pas ce que Dieu a uni. Mais les pharisiens objectèrent : Pourquoi alors Moïse a-t-il commandé à l'homme de remettre à sa femme un certificat de divorce quand il divorce d'avec elle ? Il leur répondit : C'est à cause de la dureté de votre cœur que Moïse vous a permis de divorcer d'avec vos épouses. Mais, au commencement, il n'en était pas ainsi. Aussi, je vous déclare que celui qui divorce et se remarie, commet un adultère, sauf en cas d'immoralité sexuelle* (Matthieu 19.4-9).

Jésus rejette l'idée qu'on puisse divorcer pour n'importe quelle raison. En citant Genèse 2.24, il confirme que le mariage est une alliance et non une relation superficielle dont on peut se libérer facilement. Le mariage crée une nouvelle unité qui ne peut être rompue que dans des cas très graves. Il poursuit en disant que ces cas existent à cause de « la dureté de votre cœur ». Parfois, le péché endurcit le cœur des êtres humains au point qu'un des conjoints enfreint gravement l'alliance, sans espoir de repentance ni de guérison. Dans de tels cas, le divorce est permis. Dans ce passage, Jésus ne cite, comme violation, que l'adultère. Dans 1 Corinthiens 7, Paul ajoute l'abandon volontaire du domicile conjugal. Ces actes brisent les promesses d'alliance si totalement que, dans 1 Corinthiens 7.15, Paul dit que le conjoint qui a subi le tort « n'est pas lié ».

Il y aurait bien plus à dire sur la Bible et le divorce[79], mais ce seul passage suffit à démontrer la sagesse de Jésus sur ce sujet. Permettre le divorce pour n'importe quelle raison revient à vider de leur sens les notions de promesse et d'alliance. Le divorce ne devrait pas être facile. Il ne devrait pas être notre premier, deuxième, troisième, ni quatrième recours. Pourtant, Jésus connaît les tréfonds du péché humain et donne de l'espoir à ceux dont le conjoint a un cœur obstinément dur et qui a ainsi rompu ses promesses. Divorcer est terriblement difficile, heureusement, mais la partie lésée ne devrait pas vivre dans la honte. Chose étonnante, Dieu dit être lui aussi passé par un divorce (Jérémie 3.8[80]). Il sait ce qu'il en est.

Le pouvoir de la promesse

Même aujourd'hui, le divorce est une expérience extrêmement difficile. C'est pourquoi les vœux prononcés lors du mariage ne peuvent que nous fortifier. Ils nous empêchent de nous essouffler trop vite. Ils donnent une chance à l'amour et créent de la stabilité, afin que les sentiments d'amour, toujours changeants et fragiles les premiers temps, puissent s'affermir et s'enraciner au fil des ans. Ils permettent à notre passion de se développer en longueur et en largeur, parce qu'ils nous donnent la sécurité nécessaire pour que nous ouvrions notre cœur à l'autre et puissions lui parler honnêtement dans toute notre fragilité, sans craindre qu'il nous abandonne.

W.H. Auden l'exprime à la perfection dans un de ses derniers ouvrages, *A Certain World : A Commonplace Book* [*Un certain monde : un livre ordinaire*]. Il écrit : « Comme tout ce qui n'est pas le résultat involontaire d'émotions passagères mais l'œuvre du temps et de la volonté, tout mariage, heureux ou malheureux, est infiniment plus intéressant que toute romance, même passionnée[81] ».

Quelle est cette grande différence entre romance et mariage, dont parle Auden ? C'est le fait de signer un « bout de papier », de passer entre les parties découpées d'animaux, marcher sur du verre, de sauter par-dessus un balai, ou n'importe quelle autre manière culturelle de faire un serment public et solennel, dont on est moralement responsable. L'amour et la loi vont de pair parce que, selon la Bible, le mariage est avant tout une alliance.

Pourquoi une promesse solennelle d'amour futur est-elle aussi décisive pour créer une passion profonde et durable ? Quand j'étais jeune pasteur et encore jeune marié, j'ai lu un article de Lewis Smedes, éthicien chrétien. Cet article m'a énormément aidé, que ce soit dans mon rôle de conseiller ou d'époux. Il est intitulé « Contrôler l'imprévisible : le pouvoir de faire des promesses »[82].

Il commence en situant le fondement de notre identité dans le pouvoir de faire des promesses :

> Des gens se demandent qui ils sont et s'attendent à ce que leurs sentiments leur en donnent la réponse. Mais les sentiments sont comme des flammes vacillantes qui s'éteignent à la moindre altération de l'air. Des gens se demandent qui ils sont et s'attendent à ce que leurs réussites leur en donne la réponse. Mais ce que nous accomplissons cache toujours une part essentielle de notre caractère. Des gens se demandent qui ils sont et s'attendent à une révélation de leur « moi » idéal pour en connaître la réponse. Mais notre imagination peut nous dire ce que nous voulons être, et non qui nous sommes.

Qui sommes-nous ? Smedes répond que nous sommes, pour une grande part, ce que nous devenons grâce aux promesses avisées que nous faisons et tenons. Pour appuyer son argument, il puise dans les écrits du grand dramaturge Robert Bolt, auteur de *Thomas More ou l'homme seul*. Dans cette pièce, Meg, la fille de Thomas More, l'implore de rompre le serment qu'il avait prononcé à une certaine occasion et de sauver ainsi sa vie.

> MORE : Tu veux que je prête serment à cette Loi de Succession ?

MARGARET : « Dieu s'intéresse davantage aux pensées du cœur qu'aux mots que prononce la bouche. » Tu me l'as toujours dit.

MORE : Oui.

MARGARET : Alors, prononce les mots du serment et au fond de toi-même pense le contraire.

MORE : Qu'est-ce qu'un serment, sinon des mots prononcés devant Dieu ?

MARGARET : Tout cela est bien gentil.

MORE : Veux-tu dire que ce n'est pas vrai ?

MARGARET : Non, c'est bien vrai.

MORE : Alors, Meg, appeler ça « gentil », c'est un argument plutôt faible. Lorsqu'un homme prête serment, Meg, il se tient lui-même tout entier dans ses propres mains. Comme de l'eau. (*Il place ses mains en forme de coupe.*) Et s'il écarte les doigts, il ne peut plus compter se retrouver lui-même, jamais.

Puisque le fait de promettre est la clé de notre identité, c'est aussi l'essence même de l'amour conjugal. Pourquoi ? Parce que ce sont nos promesses qui nous donnent une identité stable. Sans elle, aucune relation stable n'est possible. Hannah Arendt écrit : « Si nous n'étions pas tenus d'honorer nos promesses, nous serions incapables de conserver notre identité. Nous serions condamnés à errer en vain et sans but, chacun dans les ténèbres de son cœur solitaire, pris dans ses contradictions et ses ambiguïtés[83] ». Smedes se prend lui-même comme exemple :

Quand j'ai épousé ma femme, je n'avais pas la moindre idée de ce à quoi je m'engageais avec elle. Comment pouvais-je savoir à quel point elle changerait au cours des 25 années suivantes? Comment imaginer combien je changerais moi-même? Depuis que nous sommes mariés, ma femme a vécu avec au moins cinq hommes différents: chacun d'eux c'était moi.

Le lien que j'ai maintenu avec mon ancien « moi » a toujours été le souvenir du nom que j'ai adopté ce jour-là: « Je suis celui qui sera là avec toi ». Si nous laissons tomber *ce* nom comme une vieille peau, si nous perdons *cette* identité, il nous sera presque impossible de nous retrouver.

La liberté qu'offre la promesse

Les affirmations d'Auden, de Smedes et d'Arendt sont illustrées par le récit douloureux de Wendy Plump. Elle raconte comment son mariage s'est désintégré après avoir trompé son mari[84]: « Vivre l'extase sexuelle [...] est un dû. Quand on a une aventure, on sait déjà qu'on fera l'amour avec passion: la fougue, la nouveauté et la nature illicite de la relation le garantissent. » Voici un exemple parfait de l'attitude à l'égard des rapports sexuels que nous avons évoquée auparavant. Le frisson de l'interdit et l'ego flatté d'être désiré sont confondus avec l'amour parce qu'en surface, ils électrifient les rencontres sexuelles.

L'aventure a finalement été découverte et, raconte-t-elle, son mari l'a trompée à son tour. Dans son récit, Plump considère la vie de ses parents: « Ils ont derrière eux 50 ans de mariage, un monument célébrant leur succès. Quelques semaines ou mois de passion illicite n'arrivent même pas à la cheville d'une telle relation. » Elle pose finalement cette question: « À 75 ans, qu'est-ce que vous préféreriez avoir: des années de dévouement constant, parfois forcé, ou quelque chose qui ressemble à Fallujah, en Irak, une ville dévastée par des tirs d'obus? » Le mariage de ses parents, cette « création du temps et de la volonté », était effectivement plus intéressant que sa romance éphémère, aussi passionnée fût-elle.

Certains commentaires en réponse à cet article, sur le site web du *Times,* étaient plutôt méprisants. Leurs auteurs croyaient que Plump s'était soumise à la vision traditionnelle et oppressive du mariage en tant qu'alliance exclusive. L'un d'eux a écrit : « Une aventure n'a le pouvoir destructeur d'une "bombe", que si l'on s'autorise à croire que [...] le mariage est l'union à vie de deux personnes. [...] Je crois que nous devrions entamer un long processus de reconditionnement personnel, afin de nous libérer de cette obsession de la monogamie, imposée par notre culture. » D'autres commentateurs ont soutenu qu'avoir à se battre dans le mariage traditionnel pour qu'il perdure revenait à étouffer la liberté et à tuer le désir sexuel.

Smedes, en revanche, soutient avec éloquence que faire une promesse est le *moyen* d'accéder à la liberté, car cela limite les choix du moment, pour en avoir de magnifiques, plus complets, ultérieurement. Vous restreignez votre liberté aujourd'hui afin d'avoir la liberté, demain, d'être aux côtés de ceux qui vous font confiance. Quand vous faites une promesse à quelqu'un, vous savez tous deux que vous la tiendrez et serez là, pour lui et avec lui. « Vous avez créé un petit sanctuaire de confiance dans une jungle d'imprévisibilité », dit Smedes, et il poursuit :

Quand je fais une promesse, je témoigne que mon avenir avec toi ne dépend pas d'un assemblage biologique issu de la combinaison prédéterminée d'X et d'Y légués par le patrimoine génétique de mes parents. Quand je fais une promesse, je déclare que le conditionnement psychologique de mes parents légèrement déséquilibrés n'a en rien tracé un chemin non modifiable. Quand je fais une promesse, j'affirme que mon avenir auprès de ceux qui comptent sur moi n'est pas prédéterminé par mon enfance perturbée.

Je ne suis pas condamné, je ne suis pas délimité, je ne suis pas une boule de pâte humaine façonnée par l'empreinte et le conditionnement détestables de mon passé. Je sais bien, comme tout le monde, que je ne peux recommencer ma vie depuis le début; je suis parfaitement conscient que l'essentiel de ce que je suis et de ce que je fais est un cadeau ou un fléau venu de mon passé. Mais quand je fais une promesse à quelqu'un, je m'élève au-dessus de tout conditionnement qui me limite. Un berger allemand n'a jamais promis d'être à mes côtés. Aucun ordinateur n'a promis d'être un soutien loyal… Seul un être humain peut faire une promesse, et cela le rend vraiment libre.

Promesse et passion

Pourquoi, précisément, cet amour à long terme, cette « création du temps et de la volonté » qu'engendre la promesse, est-il tellement supérieur? Wendy Plump constatait qu'après cinquante ans de vie commune, ses parents n'éprouvaient pas le désir impérieux d'une aventure illicite, mais que leur relation était en fin de compte plus riche et plus profonde. Pourquoi cela?

Quand on tombe amoureux, on croit aimer, mais on se trompe. On ne peut connaître l'autre instantanément. Cela prend des années. En réalité, on aime *l'idée* qu'on se fait de la personne, idée toujours incomplète, au début, et plus ou moins fausse. Dans *Le Seigneur des Anneaux*, Eowyn tombe amoureuse d'Aragorn, qui ne peut lui rendre son amour. Il dit à son frère, Eomer: « Elle vous aime d'un amour plus véritable que celui qu'elle me porte, car elle vous aime et elle vous connaît, mais en moi, elle n'aime qu'une ombre et une pensée: un espoir de gloire et de hauts faits et des terres loin des champs de Rohan [...][85]. » Aragorn avait compris que les aventures romantiques sont très enivrantes parce qu'elles ont pour objet un fantasme et non un être humain réel.

Et si nous ne connaissons pas l'autre, l'autre ne nous connaît pas vraiment non plus. Nous montrons notre meilleur côté (parfois littéralement). Nous avons honte ou peur de certains aspects de notre vie, mais nous ne laissons pas l'autre voir nos défauts. Et, bien sûr, nous ne pouvons lui montrer ces pans de notre caractère que nous ignorons nous-mêmes : ils ne nous seront révélés qu'une fois mariés. Nous vivons un pic émotionnel, quand quelqu'un nous croit si fantastique et merveilleux. C'est en partie ce qui alimente la passion première et nous électrise lorsque nous tombons amoureux. Mais le problème, dont nous sommes peut-être à moitié conscients, est que l'autre ne nous connaît pas vraiment et qu'il ne nous aime donc pas réellement ou du moins, pas encore. Nous croyons être éperdument amoureux parce que notre ego reçoit une bouffée de satisfaction, mais cela n'a rien à voir avec la satisfaction profonde d'être à la fois connu *et* aimé.

Quand, au fil des années, quelqu'un nous a vus dans nos pires moments, connaît tout de nos forces et de nos faiblesses et s'engage pourtant à nos côtés, totalement, c'est une expérience unique. Être aimé sans être connu est réconfortant, mais superficiel. Être connu sans être aimé constitue notre plus grande crainte. Mais être pleinement connu et véritablement aimé ressemble beaucoup au fait d'être aimé par Dieu. C'est ce dont nous avons besoin par-dessus tout. Cela nous libère des faux-semblants, nous donne l'humilité nécessaire pour sortir de notre arrogance et nous arme contre toute difficulté que la vie nous enverra.

La vie amoureuse dont je parle n'est pas dépourvue de passion, mais elle est différente de celle des jours de candeur. La première fois que Kathy a pris ma main, le frisson de plaisir a été presque électrique. Trente-sept ans plus tard, quand on tient la main de sa femme, la sensation n'est plus la même. Mais en repensant à cette première fois, je me rends compte que le frisson était moins le résultat de la grandeur de mon amour pour elle que le fait d'être flatté qu'elle m'ait choisi. Au tout début, ça monte à la tête. Il y a de l'amour dans cette sensation mais aussi bien d'autres choses. Entre ce premier frisson et ce que tenir la main de Kathy signifie aujourd'hui, après tout ce que nous avons traversé, il n'y a rien de commun. Nous nous connaissons pleinement ; nous avons partagé d'innombrables fardeaux, nous nous sommes repentis, pardonnés, et réconciliés encore et encore. Bien sûr qu'il y a de la passion. Mais celle que nous partageons aujourd'hui diffère de celle d'alors, tout comme un ruisseau bruyant mais peu profond se distingue d'une rivière, paisible mais bien plus profonde. La passion peut nous pousser à faire une promesse de mariage mais, ensuite, cette promesse l'enrichira et l'approfondira avec le temps.

Aider l'amour romantique à s'accomplir

Nous sommes désormais en mesure de répondre à la question de la réconciliation de l'amour romantique et du mariage en tant qu'engagement inconditionnel. L'amour romantique n'est-il pas nécessairement libre et sans contraintes ? De plus, n'est-il pas inévitable que le désir intense pour l'autre s'amenuise et n'est-il donc pas tout aussi inévitable de devoir chercher quelqu'un d'autre qui soit capable de raviver la joie de l'amour ? Ne s'ensuit-il donc pas que le mariage à vie, exclusivement monogame, est l'ennemi du sentiment romantique ?

Non. C'est faux. Au contraire, l'engagement inconditionnel de l'alliance aide l'amour romantique à s'accomplir réellement. Personne n'a su en présenter une meilleure défense que Søren Kierkegaard[86].

Kierkegaard parle de trois stades de la vie : l'*esthétique*, le *moral* et le *religieux*. Il dit que chacun d'entre nous naît esthète. Nos choix nous font devenir moraux ou religieux. Qu'est-ce qu'un esthète ? L'esthète ne se demande pas vraiment si quelque chose est bon ou mauvais mais seulement si c'est *intéressant*[87]. Il juge tout en fonction du potentiel de fascination, d'exaltation, d'excitation et de divertissement.

L'aspect esthétique est important pour une vie bonne et heureuse mais quand il prend toute la place, il crée de gros problèmes. Un esthète prétend souvent être un individu libre. La vie devrait être palpitante, pleine de « beauté et d'étincelles », dit-il, ce qui le conduit souvent à rejeter les atteintes à sa liberté que sont les attentes de la société et les liens sociaux. Kierkegaard dit que c'est une notion erronée de la liberté. Celui qui vit pour l'esthétique n'est pas du tout maître de lui-même. En fait, il mène une vie décousue. Il est entièrement dirigé par son humeur, ses goûts, ses sentiments et ses impulsions.

Vu sous un autre angle, celui qui est dominé par sa sensibilité esthétique est contrôlé par les circonstances. Si une femme perd sa peau parfaite et sa mine radieuse ou si un mari prend quelques kilos, l'esthète commence à chercher quelqu'un de plus beau. Si son conjoint contracte une maladie invalidante, l'esthète se met à penser que la vie est vaine. Kierkegaard nous dit qu'une telle personne est entièrement contrôlée par son environnement.

Nous ne pouvons être réellement libres qu'en liant nos sentiments à une obligation. Ce n'est qu'en mettant l'amour en œuvre, jour après jour, même quand les émotions et les circonstances changent, que nous pouvons être réellement libres et ne pas être le jouet de forces extérieures. De plus, ce n'est qu'en conservant notre amour pour l'autre lorsque ce n'est pas exaltant, que l'on peut vraiment dire qu'on aime *quelqu'un*. L'esthète n'aime pas vraiment quelqu'un : il aime les sentiments, les frissons, la course à l'ego, et les expériences que l'autre lui fournit. La preuve en est que, quand tout cela a disparu, l'esthète n'a plus aucune attention ni intérêt pour l'autre.

Jusqu'ici, Kierkegaard nous a montré les limites de la passion romantique. Il n'est néanmoins pas prêt à la tenir pour quantité négligeable, loin de là, pas plus qu'il n'oppose les sentiments à l'obligation, même si, parfois, il semble en être ainsi. Il « soutient que le mariage renforce l'amour romantique, plutôt qu'il ne l'entrave. Il explique que l'engagement éthique envers l'autre, dans le mariage, est précisément ce qui permet à la spontanéité de l'amour romantique d'atteindre la stabilité et la longévité qu'il [désire tant mais] n'est pas capable, à lui tout seul, de procurer[88] ». En effet, l'engagement par l'alliance permet aux personnes mariées de *devenir* des personnes qui s'aiment. Le temps seul nous permet d'apprendre vraiment qui est l'autre et de l'aimer pour ce qu'il est et non pour les sentiments et les satisfactions qu'il nous procure. Il faut du temps pour découvrir les besoins spécifiques de notre conjoint et la manière d'y répondre. Finalement, tout ceci engendre un puits sans fond de souvenirs et une profondeur de sentiments et de plaisir à l'égard de l'autre qui balisent et renforcent les épisodes, toujours décisifs, de la passion romantique et sexuelle de notre vie de couple.

Émotion et action

Comment cela se traduit-il, jour après jour, dans une vie de couple ? Presque tout le monde pense que le commandement biblique d'« aimer son prochain » est sage, juste et bon. Mais il s'agit d'un commandement, et les émotions ne se commandent pas. La Bible ne nous appelle pas à *apprécier* notre prochain, à avoir de l'affection et de la tendresse pour lui. Elle nous appelle à l'*aimer*, ce qui signifie avant tout faire preuve d'un ensemble d'attitudes.

L'affection est bien sûr une composante naturelle de l'amour qui, d'ailleurs, peut nous aider à mieux aimer en actions. Notre satisfaction est à son comble quand, en servant quelqu'un que nous apprécions, nous joignons la tendresse aux actes. Cela dit, ne pas faire de distinction entre les sentiments et les actes est un obstacle sérieux quand il s'agit d'aimer.

Nous devons établir cette distinction, en partie à cause de l'inconstance absolue de nos émotions, qui dépendent de facteurs physiques, psychologiques et sociaux complexes.

Elles fluctuent souvent de façon exaspérante. Nous ne sommes pas maîtres de nos émotions, mais nous le sommes de nos actes. La majeure partie de nos préférences et de nos aversions ne sont ni des péchés ni des vertus, au même titre que nos goûts culinaires ou musicaux. L'important est ce qu'on en fait. Si nous donnons à l'amour le sens d'« affection », comme notre culture nous y encourage, si nous croyons que les actes d'amour ne sont authentiques que lorsqu'ils sont motivés par de forts sentiments d'amour, nous serons automatiquement de mauvais amis, et des proches ou des conjoints encore pires.

Croire qu'il faut ressentir de l'amour pour en donner est une erreur. Par exemple, si je sacrifie mon jour de repos pour emmener mon enfant voir un match, à sa plus grande joie, dans une période où je ne l'apprécie pas particulièrement, j'agis finalement envers lui de façon plus aimante que si mon cœur débordait de tendresse. Quand on apprécie beaucoup quelqu'un, répondre à ses besoins et recevoir en retour sa reconnaissance et son affection flattent énormément notre amour-propre. Notre motivation peut alors davantage relever du désir de recevoir cet amour et cette satisfaction, que de rechercher le bien de l'autre. Comme le remarque Kierkegaard, nous n'aimons peut-être pas l'autre autant que nous nous aimons. Et quand nos actes d'amour ne sont provoqués que par de forts élans d'amour, nous aimons souvent de manière peu judicieuse. Certains parents, débordants d'« amour », peuvent gâter leurs enfants. Au nom de l'« amour », certains conjoints peuvent s'autoriser mutuellement des comportements destructeurs. En fait, nous craignons plus que tout le mécontentement de celui qu'on aime. Nous ne supportons pas qu'il se mette en colère et nous parle durement, cela nous effraie. Ce genre de réaction ne fait que démontrer que nous ne l'aimons pas vraiment et que nous ne recherchons pas son intérêt. Nous aimons la tendresse et l'estime que nous en obtenons. Tout ceci pour dire qu'il est tout à fait possible d'aimer, véritablement et avec sagesse, quand les sentiments d'amour sont absents.

Si notre définition de l'« amour » met davantage l'accent sur l'affection que sur les actes désintéressés, nous allons donc diminuer nos chances d'entretenir et de développer des relations d'amour solides. En revanche, si nous mettons l'accent sur les actes d'amour plutôt que sur les sentiments, nous renforcerons nos sentiments et leur apporterons de la stabilité. Voici un des secrets de la vie et du mariage.

Les actes d'amour mènent aux sentiments d'amour

Dans l'un de ses discours sur la BBC, durant la Seconde Guerre mondiale, C.S. Lewis a exposé les vertus chrétiennes fondamentales, dont le pardon et la charité (ou l'amour). Pour les Britanniques, le monde était alors forcément divisé en deux camps : alliés et ennemis. Pour cette raison, nous dit Lewis, plusieurs de ses compatriotes considéraient que l'enseignement chrétien demandant de pardonner et d'aimer *tous* les êtres humains n'était pas seulement impossible mais aussi révoltant. « Ce genre de discours me rend malade » s'entendait-il souvent dire. Lewis a pourtant continué de maintenir qu'en dépit de sentiments d'indifférence, voire de mépris, il était possible de changer son propre cœur, sur le long terme, par ses actes :

> Bien qu'il convienne normalement d'encourager les affections naturelles, penser que la façon de devenir charitable consiste à essayer de cultiver des sentiments affectueux serait une grave erreur. [...] La règle à respecter unanimement est parfaitement simple. Ne vous tracassez pas de savoir si vous « aimez » votre voisin ; agissez comme si vous l'aimiez. Dès la mise en pratique de ce principe, vous découvrirez l'un des grands secrets. Lorsque vous vous conduisez comme si vous aimiez une personne, vous en arrivez bientôt à

l'aimer. De même, si vous blessez quelqu'un qui vous déplaît, vous en arrivez bientôt à le détester encore plus. Rendez-lui un service, vous le détesterez moins ! [...] Chaque fois que nous faisons du bien à notre prochain simplement parce qu'il est un être créé comme nous par Dieu, et que nous désirons son bonheur comme si nous désirions le nôtre, nous apprenons à l'aimer un peu plus ou à moins le détester. [...] L'incroyant traite aimablement certaines personnes parce qu'il les « aime ». Le chrétien s'efforçant d'être aimable avec tous en arrive à aimer plus de gens tout au long de sa vie, y compris ceux qu'il n'aurait jamais cru pouvoir aimer[89].

Lewis se sert ensuite d'une illustration extrêmement puissante, spécialement à cette époque :

> La même loi spirituelle agit terriblement en sens inverse. Peut-être les Allemands ont-ils d'abord maltraité les Juifs par pure haine, mais ensuite ils les ont haïs bien davantage parce qu'ils les avaient maltraités. Plus vous êtes cruel, plus vous haïssez ; plus vous haïssez, plus cruel vous devenez. Cela demeure à jamais un cercle vicieux[90].

Très tôt dans mon ministère, j'en ai découvert l'application de façon inattendue. Un pasteur est tenu de développer des liens d'amitié avec beaucoup de gens qu'il ne choisirait jamais spontanément comme amis. Médecins et thérapeutes discutent de façon personnelle et bienveillante avec les gens mais uniquement dans un cadre précis et aux heures de travail. Les pasteurs partagent la vie de leurs brebis. Ils passent du temps avec elles, mangent et jouent avec elles, dans les restaurants, les parcs et leurs maisons, tout en discutant de leur quotidien et de leurs problèmes.

En tant que jeune pasteur, j'ai été frappé d'emblée par le fait que ma vie devait être différente à cause de mon appel.

Comme n'importe qui, jusqu'à ce moment-là, mes goûts et l'affection que je ressentais déterminaient avec qui je passerais du temps. Mais en déménageant à Hopewell, en Virginie, et en devenant responsable dans l'Église, j'ai rencontré de nombreuses personnes dont je n'aurais pas voulu comme amis dans un autre cadre professionnel. Ce n'est pas que je ne les aimais pas. En réalité, je n'avais rien en commun avec eux. Il n'y avait pas cette sorte d'« étincelle » qui s'allume quand on veut passer plus de temps avec quelqu'un.

Quoi qu'il en soit, j'étais leur pasteur, et si quelqu'un avait besoin de me parler à 3 heures du matin, j'étais là. S'ils allaient à l'hôpital, j'y étais aussi. Si un fils fuguait, je prenais ma voiture et je le cherchais. Je passais du temps dans les foyers, j'allais aux cérémonies de remise de diplômes de leurs enfants, à leurs pique-niques de famille. Je leur ouvrais mon cœur et ils m'ouvraient le leur. C'est cela être pasteur, surtout dans une toute petite Église, dans une petite ville. J'ai été appelé à faire tout ce qu'exige l'amour, avec un grand nombre de personnes qui ne m'attiraient pas spontanément.

Et ça m'a transformé. Kathy et moi l'avons constaté un beau jour, deux ans seulement après notre arrivée dans cette Église. Nous cherchions comment occuper un jour de congé. J'ai pensé à un certain couple de l'Église et j'ai suggéré de leur rendre visite ou de les inviter. Kathy m'a regardé, étonnée, et a dit : « Et pourquoi donc ? » Ce couple-là n'avait que peu d'amis, voire aucun. Leurs nombreux problèmes personnels les rendaient peu attirants, y compris l'un pour l'autre ! Ma femme comprenait bien la nécessité de les voir et de passer du temps avec eux, mais c'était notre jour de repos et le temps consacré à ce couple faisait partie du « travail » pastoral.

Un court instant, j'ai été surpris par sa surprise, puis j'ai ri en comprenant ce qui s'était passé. Pendant des mois, j'avais investi mon temps, mes pensées et mes émotions pour aider ce couple à avancer dans la vie. J'avais écouté, servi, compati, confronté, pardonné, encouragé, partagé, bref, j'avais accompli divers actes d'amour envers eux. Et pour finir, j'ai compris que j'en étais arrivé à les apprécier.

Comment était-ce arrivé ? Était-ce à cause de ma sainteté et de ma grande spiritualité ? Pas du tout. J'étais tout simplement tombé sur le principe énoncé par Lewis. Je les avais aimés, même si je ne les appréciais pas. Et peu à peu, mes émotions s'étaient alignées sur mon comportement. Si vous ne renoncez pas et persistez à aimer ceux qui sont difficiles à aimer, ils finiront par devenir aimables à vos yeux.

Notre culture nous dit que les sentiments d'amour sont le fondement des actes d'amour. Bien sûr, cela peut être le cas. Mais il est encore plus vrai de dire que les actes d'amour génèrent les sentiments d'amour. On ne peut, en fin de compte, définir l'amour entre deux personnes par les seules émotions *ou* par le seul dévouement. L'amour conjugal est un mélange complexe et harmonieux des deux. Cela dit, il est important de comprendre que, de l'émotion et de l'action, c'est sur cette dernière que nous avons le plus de contrôle. C'est l'acte d'aimer que nous pouvons promettre de maintenir jour après jour.

Décider d'aimer

À quel point ce principe s'applique-t-il au mariage ? Il est vital. Dans Éphésiens 5.28, Paul dit que « chaque mari doit aimer sa femme ». Au verset 25, il avait déjà exhorté les habitants d'Éphèse à aimer leur femme mais ici, afin d'être clair, Paul utilise un verbe d'obligation. Le doute n'est pas permis. Il donne un commandement aux maris : ils *doivent* aimer leur femme. On ne peut imposer des émotions, seulement des actions. Paul exige donc bien des actes. Peu lui importe ce qu'ils ressentent tel jour ou à tel moment ; chaque mari doit aimer sa femme.

Cela veut-il dire que la personne que vous épousez n'a pas d'importance, que vous n'avez pas besoin de l'aimer ou que vos émotions n'ont aucune valeur ? Non ! Je ne vous demande pas d'épouser quelqu'un qui ne vous plaît pas[91]. Par contre, je vous garantis que, qui que vous épousiez, tôt ou tard cette personne *cessera* de vous « plaire ». Les sentiments d'amour et de plaisir, aussi forts soient-ils, ne sont pas et ne peuvent pas être durables. Il est assez courant de perdre la sensation d'être « fou amoureux » de notre partenaire, même avant le mariage, car nos émotions dépendent puissamment de notre physiologie, de notre psychologie et de notre environnement. Nos sentiments fluctuent et, si nous adoptons la définition culturelle de l'« amour », nous risquons de conclure que nous nous trompons de personne. Notre culture exalte la passion romantique et nous en concluons : « Si c'était *la* personne que je dois épouser, mes sentiments ne seraient pas aussi inconstants. » Dans un chapitre des *Fondements du christianisme*, intitulé « Le mariage chrétien », C.S. Lewis écrit :

> On puise dans les livres l'idée qu'en épousant la personne bien choisie, on peut s'attendre à rester « amoureux » à jamais. Mais la suite est décevante quand les époux découvrent le contraire, ils pensent que la preuve est faite de l'erreur commise. Ils ont le droit, pensent-ils alors, de changer de partenaire. Ils ne se rendent pas compte que lorsqu'ils auront effectué ce transfert, l'enchantement s'éloignera de ce nouvel amour de la même façon qu'il avait déserté l'ancien [...][92].

Toute relation comporte des périodes terrifiantes, dans lesquelles les sentiments amoureux semblent se tarir. C'est dans ces moments-là qu'il faut se souvenir que l'essence du mariage est une alliance, un engagement, une promesse d'amour futur. Que faire, alors ? Poursuivre les actes d'amour, malgré le manque de sentiments. Vous ne ressentez peut-être ni tendresse, ni compassion, ni envie de faire plaisir, mais dans vos actes, vous pouvez *être* tendre, compréhensif, indulgent et serviable. En agissant ainsi, au fil du temps, non seulement vous viendrez à bout de ces périodes difficiles, mais elles deviendront également moins fréquentes et moins fortes, et vos sentiments deviendront plus stables. Voici ce qui peut se passer si vous décidez d'aimer :

> C'est, je le pense, un aspect de ce que le Christ affirmait en disant qu'une chose ne vivra pas réellement à moins qu'elle ne meure d'abord. En vérité il n'est pas bon d'essayer de nourrir une exaltation ; c'est le pire qu'on puisse faire. Laissez cette exaltation s'atténuer – laissez-la s'évanouir – traversez cette période de mort pour atteindre un centre d'intérêt plus calme et un nouveau bonheur. Vous découvrirez alors que vous vivez de façon constante dans un monde de nouveaux tressaillements [...][93].

Comment cette transformation est-elle possible ? Permettez-moi de décrire ce processus : au tout début, quand nous sommes attirés par quelqu'un, nous pensons : « Je ne veux pas que ça change ! Je ne veux pas perdre cette passion. » Pourtant, comme nous l'avons vu, cette bouffée d'ego ne dure pas et ne nous aide pas vraiment à apprendre comment aimer la personne que nous avons bel et bien épousée. Pour reprendre la métaphore de Lewis, il faut laisser « mourir » cette incarnation immature de notre amour, afin qu'il ressuscite et puisse vivre. Il nous faut persévérer dans notre engagement d'agir et de servir par amour, même quand (non, *surtout* quand) nous ne ressentons pas beaucoup de plaisir ni d'attirance pour notre conjoint. Plus nous agirons ainsi, plus nous verrons, peu à peu, notre attirance initiale, plus égoïste qu'autre chose, se transformer en un amour qui accepte et apprécie davantage l'autre avec humilité et émerveillement. L'amour qui grandira en nous sera plus sage, plus riche, plus profond et moins changeant.

Malheureusement, de nombreuses personnes ne vont pas jusque-là. Elles ont accepté la définition culturelle du « mariage » et quand la passion disparaît, elles estiment qu'il est temps de changer de partenaire. Une telle façon de voir rend très vulnérable aux aventures extraconjugales. Vous rencontrerez inévitablement des personnes attirantes susceptibles de raviver la passion à l'origine de la relation avec votre conjoint.

> Une autre notion que nous tenons des romans et du théâtre est que « devenir amoureux » est un fait irrésistible qui vous assaille comme la rougeole. C'est pourquoi certains conjoints tombent dans le panneau et abandonnent, quand ils sont attirés par une nouvelle connaissance. [...] Mais n'est-ce pas l'apanage de notre choix que cette attirance se change ou non en ce que nous appelons « tomber amoureux » ? Sans nul doute, si notre esprit est saturé de romans, de pièces de théâtre ou de fleurs bleues et notre corps imbibé d'alcool, nous transformerons tout sentiment en cette sorte d'amour. De la même façon, une fondrière sur votre sentier canalisera toute l'eau de ruissellement. Si vous portez des lunettes bleues, tout ce que vous verrez sera bleu, par votre propre faute[94].

Donc, si vous entendez quelqu'un dire : « Je n'ai pas besoin d'un bout de papier pour prouver mon amour », vous pouvez lui répondre : « Si, tu en as besoin. Si ton amour est celui que la Bible décrit, tu ne devrais avoir aucun problème à prendre un engagement légal, permanent et exclusif. »

La négociation

Dans les temps anciens, la dot était de rigueur. Un prétendant faisait sa demande au père d'une jeune fille et lui proposait une certaine somme, en fonction de la beauté de la fille et de l'étendue de son héritage. Aujourd'hui, ces pratiques nous choquent : « Oh, c'est horrible de faire des choses pareilles ! » Nous avons évolué, et comme nous sommes bien plus démocratiques, les hommes et les femmes n'ont plus besoin de personne ! Ils s'évaluent mutuellement et disent : « Elle est sur le marché ! », ou « Il a fait une mauvaise affaire, là », ou encore « Comment a-t-elle pu se faire escroquer ainsi ? » Ces commentaires désinvoltes sont parlants : nous avons tendance à évaluer des partenaires potentiels en fonction de leurs atouts et de leurs manques. Et nous finissons par avoir envie d'épouser telle personne parce qu'elle a beaucoup à nous offrir. Se demander quelle serait la contribution de chacun dans le mariage est presque impossible. Et si la relation nous rapporte autant (ou, comme nous l'espérons en secret, un peu plus) que ce que nous avons investi, alors nous sommes heureux.

Pourtant, au fil du temps, nous commençons à remarquer les défauts de notre conjoint. Si ces défauts persistent et que nous trouvons que le retour sur investissement n'est pas celui que nous avions espéré, nous agissons alors en homme d'affaires : les revenus ont baissé, coupons dans les dépenses. Si ma femme n'est plus celle qu'elle est censée être, je cesserai donc de faire des efforts pour être le mari que j'étais. Cela semble parfaitement juste. « Elle ne fait plus ceci comme elle avait l'habitude de le faire. Pourquoi donc ferais-je cela ? Si je ne récupère pas ma mise, je n'ai plus besoin d'investir autant. » Nous estimons, plus ou moins consciemment, que ce comportement est parfaitement légitime et équitable. Mais en réalité, c'est une forme de vengeance.

Nous justifions ainsi notre repli sur nous-mêmes, mais bien évidemment, notre conjoint ne voit pas les choses de la même manière. Si ma femme a l'impression que je me suis éloigné émotionnellement, que je ne suis plus aussi empressé à combler ses besoins ou ceux de la famille, elle estimera avoir le droit de diminuer son propre investissement et son engagement envers moi. Moins on ressent d'amour, moins on donne de preuves d'amour, et moins on aime. Et le cercle vicieux est enclenché.

Quelle différence, quand on y pense, avec une relation parent-enfant. Avec un enfant, le modèle biblique de l'amour s'impose. Un nouveau-né est l'être humain le plus démuni qui soit. Il a besoin de notre attention chaque seconde, vingt-quatre heures sur vingt-quatre, sept jours sur sept. Pendant une très longue période, nos énormes sacrifices ne sont pas payés en retour. Plus tard, quand il peut manifester amour et respect, jamais il ne nous rend le centième de ce que nous lui avons donné. Souvent, les enfants traversent ensuite de longues périodes de rébellion, de crise et nous devons encore donner de nous-mêmes, énormément, toujours sans rien recevoir en retour. Mais, qu'il y ait un retour ou non de leur part, nous donnons sans cesse.

Après dix-huit ans de ce régime, même si tout le monde trouve notre enfant exécrable, nous ne pouvons nous empêcher de l'aimer. Pourquoi? Parce que nous avons été contraints d'agir selon le modèle biblique. Nous avons dû accomplir les actes d'amour indépendamment de nos sentiments, ce qui a fait naître des sentiments d'amour profonds pour notre enfant, qu'il soit adorable ou non.

Il n'est donc pas surprenant que de nombreux mariages s'effondrent après le départ des enfants. Pourquoi? Alors que les parents vivaient leur relation avec leurs enfants comme une alliance, accomplissant les actes d'amour jusqu'à ce que leurs sentiments se renforcent, ils traitaient leur mariage comme une relation de consommation, renonçant aux actes d'amour quand les sentiments étaient absents. Au bout de vingt ans, leur mariage était devenu stérile, tandis que l'amour pour leurs enfants demeurait solide.

Il est resté

Beaucoup de gens entendent ce qui précède et disent: « Désolé, je ne peux pas donner d'amour si je ne le ressens pas. Je ne peux pas faire semblant! C'est trop artificiel pour moi ». Je peux comprendre cette réaction, mais Paul ne nous demande pas d'agir bêtement: il nous ordonne de réfléchir lorsque nous agissons. « Maris, que chacun de vous aime sa femme comme le Christ a aimé l'Église: il a donné sa vie pour elle. »

Nous devons donc raisonner ainsi: « Quand Jésus nous a regardés depuis la croix, il n'a pas pensé: "Je me donne pour toi parce que tu as vraiment du charme". Non, il agonisait, il nous voyait de là-haut le renier, l'abandonner, le trahir, et il a accompli l'acte d'amour le plus grand de l'histoire : il est *resté*. Il a dit : "Père, pardonne-leur, car ils ne savent pas ce qu'ils font". Il nous a aimés, non pas parce que nous étions beaux à ses yeux, mais pour nous rendre beaux. Voilà pourquoi je vais aimer mon conjoint. » Dites-le à votre cœur, puis honorez les promesses que vous avez faites le jour de votre mariage.

Chapitre 4

La mission du mariage

Quant à vous, maris, que chacun de vous aime sa femme comme le Christ a aimé l'Église : il a donné sa vie pour elle afin de la rendre digne de Dieu après l'avoir purifiée par sa Parole, comme par le bain nuptial. Il a ainsi voulu se présenter cette Église à lui-même, rayonnante de beauté, sans tache, ni ride, ni aucun défaut, mais digne de Dieu et irréprochable.

Éphésiens 5.25-27

Nous avons longuement défini le mariage, voici donc la question suivante : « À *quoi* sert-il ? » Quel est le but du mariage ? La Bible nous répond tout d'abord par un principe : le mariage est une amitié.

Solitude au paradis

Dans la Genèse, aux chapitres 1 et 2, alors que Dieu crée le monde, il regarde ce qu'il a accompli et répète chaque fois : « c'était bon ». Ce constat revient sept fois rien que dans le premier chapitre, soulignant bien à quel point le monde créé est magnifique et glorieux[95]. Il est donc d'autant plus surprenant de voir, plus loin, qu'après que Dieu a créé le premier homme, il dit : « Il n'est *pas* bon que l'homme soit seul » (Genèse 2.18). Le contraste avec les versets précédents est frappant et soulève une question : comment la condition d'Adam peut-elle être qualifiée de « pas bonne », alors qu'il réside dans un monde parfait et bénéficie visiblement d'une relation parfaite avec Dieu ?

La réponse se trouve peut-être dans la déclaration de Dieu, en Genèse 1.26 : « Faisons l'homme à notre image » (*Colombe*). Les lecteurs se posent immédiatement cette question : « Mais qui est ce *nous ?* À qui parle Dieu ? » Dire que Dieu parle aux anges qui l'entourent pourrait constituer une réponse, mais la Bible ne mentionne nulle part que les anges ont participé à la création des êtres humains. Au cours des siècles, les théologiens chrétiens ont perçu ici une allusion à une vérité, révélée seulement après la venue de Jésus dans ce monde, à savoir que Dieu est trine. Le Dieu unique existe de toute éternité en trois personnes : Père, Fils et Esprit. Ces trois personnes se connaissent et s'aiment. Être créé à l'image de Dieu signifie donc, entre autres, que nous sommes conçus pour avoir des relations[96].

Voici donc Adam, créé par Dieu et placé dans le jardin du paradis et pourtant, sa solitude « n'est pas bonne ». Le récit de la Genèse sous-entend que cette capacité relationnelle forte, que Dieu a créée et placée en nous, n'est pas pleinement satisfaite par notre relation « verticale » avec lui. Il nous a conçus pour que nous ayons besoin de relations « horizontales » avec d'autres êtres humains. Voilà pourquoi, même au paradis, la solitude était une chose terrible. Par conséquent, nous ne devrions pas être surpris de découvrir que l'argent, le confort et les plaisirs de ce monde (nos tentatives de recréer un paradis personnel) sont incapables de nous apporter la même satisfaction que l'amour. Voilà ce qui confirme notre intuition que la famille et les relations sont une bénédiction plus grande que tout ce que l'argent peut procurer.

Dieu a donc créé ce que le texte appelle un *'ezer*, un « aide-compagnon », un ami[97]. Quand l'homme voit la femme, il devient lyrique: « Enfin[98]! », dit-il, « Voici bien cette fois celle qui est os de mes os, chair de ma chair ». Certains ont suggéré qu'il dit en fait: « Te rencontrer remplit un vide en moi ». Nous voyons donc qu'à l'origine, Dieu a donné à l'homme une compagne comme épouse. La femme du Cantique des cantiques reprend les paroles d'Adam quand elle dit: « Voilà mon bien-aimé [...] voilà mon ami! » (5.16, *BFC*).

La nature de l'amitié

Qu'est-ce que l'amitié? La Bible, et en particulier le livre des Proverbes, la décrit et la définit à de nombreuses reprises. Une des qualités principales de l'amitié, c'est la constance. « Un ami aime en *tout* temps » et surtout « quand survient l'adversité » (Proverbes 17.17). En opposition, un « ami des beaux jours » n'est pas sincère. Il est là quand tout va bien mais il fuit dès que le succès, le prestige ou votre influence déclinent (Proverbes 14.20, 19.4, 6, 7). Les vrais amis sont plus fidèles qu'un frère (Proverbes 18.24). Ils sont toujours là pour vous.

Une autre caractéristique essentielle de l'amitié, c'est la transparence, la franchise. De vrais amis s'encouragent et s'affermissent mutuellement (Proverbes 27.9, voir aussi 1 Samuel 23.16-18). Mais ils s'adressent aussi de franches critiques: « Un ami qui vous blesse vous prouve par là sa fidélité » (Proverbes 27.5-6). Tel le chirurgien, un ami incise une plaie, pour vous guérir. Des amis grandissent en sagesse par une confrontation salutaire de leurs opinions. « L'homme s'affine au contact de son prochain tout comme le fer se polit par le fer » (Proverbes 27.17).

Il existe deux caractéristiques de l'amitié véritable: la constance et la transparence. Les vrais amis vous ouvrent toujours leur cœur et ne vous laissent jamais tomber. Un auteur a décrit une relation qui allie ces deux aspects. Elle parle du confort indicible de se sentir en sécurité auprès de quelqu'un, sans avoir à mesurer ses pensées ou peser ses mots, mais en les laissant couler simplement, grain et ivraie ensemble, assuré qu'une main fidèle fera le tri, gardant ce qui doit être gardé et soufflant avec douceur pour disperser le reste[99].

L'amitié possède cependant une troisième qualité, difficile à cerner en un mot. La traduction littérale et étymologique correcte de ce terme serait « sympathie », de *sym* et *pathos*, passion commune. Ainsi, une amitié est plus une découverte que le résultat d'une volonté. Elle naît entre des personnes qui se découvrent des intérêts et des désirs communs.

Ralph Waldo Emerson[100] et C.S. Lewis ont tous deux écrit de célèbres essais sur la manière dont une vision commune peut unir des gens de tempéraments très différents. Lewis soutient que l'amitié prend naissance avec un « Toi aussi ? ». Deux personnes qui se regardent illustrent l'amour érotique, tandis que l'amitié peut être représentée par deux personnes qui regardent le même objet, côte à côte, émues et ravies. Lewis parle d'un « fil conducteur secret » qui passe par les films, les livres, l'art, la musique, les loisirs, les idées et les paysages qui nous émeuvent le plus. Quand on rencontre quelqu'un qui partage ce fil conducteur, une véritable amitié est possible, si elle est nourrie de transparence et de constance. Le paradoxe est que l'amitié n'a pas d'existence propre. Elle nécessite autre chose : une passion commune à laquelle les amis se consacrent.

L'amitié naît entre plusieurs camarades lorsqu'ils découvrent une inclinaison ou un intérêt commun [...]. Quand Emerson demande « Est-ce que tu m'aimes ? », il faut comprendre « Vois-tu la même vérité ? » ou, du moins, « T'intéresses-tu à la même vérité ? » L'homme qui reconnaît, comme nous, que certaines questions négligées par les autres ont une grande importance peut devenir notre ami. [...] C'est la raison pour laquelle ces personnes pathétiques qui « voudraient seulement avoir un ami » n'arrivent pas à s'en faire un seul. La condition *sine qua non* pour avoir des amis est de désirer aussi autre chose. Sans quoi, la réponse honnête à la question « Vois-tu la même vérité ? » serait : « Je ne vois rien et peu m'importe la vérité. Je veux seulement [que tu sois mon] ami ». Dans ces conditions, aucune amitié ne peut naître [...]. L'amitié n'aurait ainsi aucun objet alors qu'il en faut un, même s'il s'agit d'une simple passion pour les dominos ou les souris blanches. Ceux qui n'ont rien ne peuvent rien partager. Ceux qui ne vont nulle part ne peuvent avoir de compagnons de voyage[101].

L'amitié chrétienne

Le Nouveau Testament enrichit notre compréhension de l'amitié. Elle n'est possible qu'entre des personnes qui partagent une même vision, une même passion. Imaginez ce que cela signifie pour tous les chrétiens. Ceux qui croient en Christ disposent du point commun fondamental le plus puissant, malgré leurs énormes différences, qu'elles soient de classe sociale, de tempérament, de culture, de race, de sensibilité ou de vécu personnel. Plutôt que d'un « fil », ils disposent d'un câble en acier indestructible. Tout chrétien a été touché par la grâce de Dieu au travers de l'Évangile de Jésus et son identité a été changée à la racine. L'appel et l'amour de Dieu sont désormais devenus les fondations de qui nous sommes. Nous aspirons également à un même avenir, voyageons vers un même horizon, celui que la Bible appelle la « nouvelle création ». Paul parle de la « bonne œuvre » que Dieu accomplit chez les chrétiens et qu'il achèvera à la fin des temps (Philippiens 1.6). Nous deviendrons véritablement nous-mêmes, les personnes que Dieu avait prévu que nous soyons, affranchies de tout défaut, de toute imperfection et de toute faiblesse. Paul parle de la « gloire qui va se révéler en nous », une libération de notre asservissement à la « puissance de la corruption [...] la liberté que les enfants de Dieu connaîtront dans la gloire » (Romains 8.18, 21). Nous « espérons », oui, nous « gémissons du fond du cœur », dans l'attente de cette rédemption complète et finale (Romains 8.23-25).

Quelles sont les implications de cette vérité ? Cela signifie que deux chrétiens, sans autre point commun que leur foi en Christ, peuvent nouer une amitié solide. Ils se soutiennent mutuellement dans leur voyage vers la nouvelle création et se mettent ensemble au service des autres. Comment ?

Par la « transparence » spirituelle. Les amis chrétiens sont certes appelés à se confesser leurs péchés les uns aux autres avec sincérité (Jacques 5.16), mais ils doivent en plus attirer l'attention de leurs amis, avec amour, sur les péchés qu'ils ne voient pas (Romains 15.14). Vous devriez donner à vos amis chrétiens des « permis de chasse » les autorisant à vous confronter lors de vos échecs à vivre selon vos engagements (Galates 6.1). Les amis chrétiens doivent se secouer, et même se provoquer mutuellement, pour cesser de se centrer sur eux-mêmes (Hébreux 10.24). Il ne faut pas en faire une pratique ponctuelle, mais le concrétiser tous les jours (Hébreux 3.13). Entre amis chrétiens, on admet nos torts, on demande ou on offre le pardon (Éphésiens 4.32), et on entreprend de se réconcilier quand on déçoit quelqu'un (Matthieu 5.23 ss et 18.15 ss).

L'autre voie est la « constance » spirituelle. Les amis chrétiens portent les fardeaux les uns des autres (Galates 6.2). Ils sont censés être là l'un pour l'autre, contre vents et marées (1 Thessaloniciens 5.11, 14-15), partager leurs biens et leurs vies en cas de besoin (Hébreux 13.16 ; Philippiens 4.14 ; 2 Corinthiens 9.13). Les amis doivent se soutenir mutuellement en faisant preuve d'honneur et d'encouragement (Romains 12.3-6, 10 ; Proverbes 27.2). Ils doivent identifier les talents, les points forts et les capacités de leurs amis et les en informer. Et ils sont appelés à s'édifier mutuellement dans la foi en se réunissant pour étudier la Parole et louer Dieu (Colossiens 3.16 ; Éphésiens 5.19).

L'image de l'amitié spirituelle que nous donne la Bible est remarquable. L'amitié chrétienne ne se résume pas à des concerts ou à des événements sportifs auxquels on assiste ensemble. C'est une unité profonde qui grandit quand deux personnes marchent ensemble vers le même but, se soutenant l'une l'autre pour affronter les dangers et les défis qui jalonnent le chemin. Le cinéma ne manque pas de films sur la camaraderie, de tout genre et de toute qualité artistique : du *dernier des Mohicans* de James Fenimore Cooper, en passant par *Les douze salopards*, pour arriver au grand classique, *Le Seigneur des Anneaux*. Chacune de ces histoires rassemble un groupe de personnes disparates. Leur origine et leur milieu social sont parfois différents, elles peuvent se détester, mais parce qu'elles sont dépositaires d'une mission commune, elles forment une équipe, une unité. Elles se viennent en aide, se bousculent, se provoquent, s'exhortent les unes les autres et gagnent, parce que leur mission commune les transforme en amis qui puisent leur force dans leurs différences.

Quel est le rapport entre cette amitié « spirituelle » ou surnaturelle, possible entre deux chrétiens, et l'amitié « naturelle » décrite par Emerson et Lewis, fondée sur ce fil conducteur que sont les centres d'intérêts communs ? Les deux modèles peuvent coïncider ou se chevaucher. Une chrétienne et une non-chrétienne peuvent être très amies en partageant, par exemple, le même enthousiasme pour un auteur. Elles lisent ses ouvrages et se retrouvent pour parler, avec passion, de ce qu'elles ont aimé dans ces livres. Si les deux sont, par exemple, de jeunes mères, elles ont un autre lien et leur amitié peut devenir intime et tendre malgré l'absence d'une foi chrétienne commune. Comme nous l'avons montré, deux chrétiens peuvent partager cette amitié spirituelle décrite dans le Nouveau Testament par maintes exhortations à agir « les uns envers les autres », même si leurs différences de caractère, ou d'autres choses, les rendent, humainement parlant, incompatibles. Cependant, les relations les meilleures et les plus enrichissantes sont probablement celles qui allient éléments naturels et surnaturels. Le mariage, bien sûr, ajoute la puissance de l'amour romantique aux liens naturels et surnaturels de l'amitié, faisant de lui la relation humaine la plus enrichissante de toutes.

L'amitié est une unité profonde qui grandit quand deux personnes, qui se disent la vérité avec amour, avancent ensemble vers le même horizon. L'amitié spirituelle est le plus grand voyage de tous car son but élevé, lointain et pourtant assuré n'est autre que « le jour de Jésus-Christ » et ce que nous serons quand nous le verrons enfin face à face. L'apôtre Jean écrit :

> *Mes chers amis, dès à présent nous sommes enfants de Dieu et ce que nous serons un jour n'a pas encore été rendu manifeste. Nous savons que lorsque le Christ paraîtra, nous serons semblables à lui, car nous le verrons tel qu'il est. Tous ceux qui fondent sur le Christ une telle espérance se rendent eux-mêmes purs, tout comme le Christ est pur* (1 Jean 3.2-3).

Votre conjoint comme meilleur ami

Quand Dieu présente son épouse au premier homme, il lui donne une partenaire sexuelle, mais aussi l'amie que son cœur recherchait. Proverbes 2.17 parle du conjoint en l'appelant *'allup*, terme unique que les lexiques définissent par « confident spécial » ou « meilleur ami ». À une époque où les femmes étaient souvent considérées comme propriété de leur mari et où les mariages étaient avant tout des accords commerciaux et des transactions visant à accroître le statut social et la sécurité d'une famille, la description que la Bible fait du conjoint est surprenante. Mais aujourd'hui, dans une société qui prône avant tout les aventures et le sexe, soutenir que votre conjoint devrait être votre meilleur ami est une position tout aussi radicale, bien que la raison en soit différente. Dans les sociétés tribales, le statut social est bien plus important que la romance, alors que dans les sociétés individualistes occidentales, c'est la romance et une vie sexuelle épanouie qui tiennent la première place. Mais la Bible, sans ignorer la responsabilité envers la communauté ni l'importance de la romance, exalte le mariage en tant qu'amitié.

Éphésiens 5 l'expose clairement. Ici, Paul s'adresse à des gens issus d'un milieu païen pour lesquels le mariage n'est qu'un arrangement social. À l'époque, on devait conclure le meilleur mariage possible dans l'intérêt de la position sociale de la famille. Une épouse devait allier sa famille à une autre bonne famille, puis avoir des enfants. Tel était le but du mariage.

Et pourtant, Paul présente une vision du mariage qui a sûrement dû stupéfier ses lecteurs. L'objectif premier du mariage chrétien n'est ni la stabilité ni le statut, comme c'était le cas dans les cultures de l'Antiquité, ni le bonheur romantique et émotionnel, comme c'est le cas dans notre culture contemporaine. Paul renvoie les maris à l'amour de Jésus qui se sacrifie pour nous, son « épouse ». Mais Paul va beaucoup plus loin en parlant du but de cet amour sacrificiel pour l'épouse : la « sanctifier » (v. 26 – *Colombe*), afin de la « présenter à lui-même, rayonnante de beauté » et de splendeur (v. 27a), pour qu'elle soit « sainte et sans défaut » (v. 27c – *Colombe*). Jésus veut nous offrir la nouvelle création ! Il veut effacer toute tache spirituelle, tout défaut, tout péché, toute souillure, afin de nous rendre « saints », « glorieux » et « sans défaut[102] ».

Dans une autre lettre, Paul dit à tous les chrétiens à Philippes : « Celui qui a commencé en vous son œuvre bonne la poursuivra jusqu'à son achèvement au jour de Jésus-Christ » (Philippiens 1.6). Ce processus, appelé traditionnellement « sanctification », a commencé le jour où nous avons cru en Jésus. Paul dit que nous ne devons pas nous attendre à ce que ce processus soit achevé avant la fin des temps ; il est inutile de croire que la perfection est accessible de notre vivant. Mais il nous demande aussi de ne pas perdre espoir. Dieu *achèvera* son œuvre. Par le pouvoir du Saint-Esprit, nous revêtirons, lentement mais sûrement, notre « nouvelle nature, créée à la ressemblance de Dieu » (Éphésiens 4.24 – *BFC*).

Dans cette vie, puisque nous faisons confiance à Dieu et apprenons à le connaître, nous sommes « transformés en [l'image du Christ] dans une gloire dont l'éclat ne cesse de grandir » (2 Corinthiens 3.18). Même nos souffrances actuelles (ou surtout elles) peuvent nous rendre plus sages, plus profonds, plus forts, meilleurs.

> *Voilà pourquoi nous ne perdons pas courage. Et même si notre être extérieur se détériore peu à peu, intérieurement, nous sommes renouvelés de jour en jour. En effet, nos détresses présentes sont passagères et légères par rapport au poids insurpassable de gloire éternelle qu'elles nous préparent. Et nous ne portons pas notre attention sur les choses visibles, mais sur les réalités encore invisibles* (2 Corinthiens 4.16-18).

Comment Paul peut-il dire à tous les chrétiens que l'œuvre de la nouvelle création qui a commencé en nous *sera* menée à son terme ? Parce que Jésus est présent, à nos côtés, et supervise le processus. Il est le véritable meilleur ami « plus attaché qu'un frère ». Il ne nous laissera jamais tomber. Il s'est engagé à faire de nous la personne glorieuse et unique que nous pouvons être en Lui. Dans Jean 15.9-15, ceci s'accomplit parce qu'il est notre « Ami divin », alors que dans Éphésiens 5, c'est parce qu'il est notre « Mari divin ». Dans son œuvre rédemptrice, Jésus est à la fois l'Ami et l'Époux aimant. C'est le modèle à suivre pour les conjoints. Mari et femme sont appelés à être des époux aimants et des amis, tout comme Jésus l'est pour nous. Jésus voit notre gloire future (Colossiens 1.27 ; 1 Jean 3.2-3) et tout ce qu'il fait dans nos vies nous rapproche de ce but. Éphésiens 5.28 associe étroitement la raison d'être de chaque mariage humain au but du « Mariage ultime ». « Voilà comment chaque mari doit aimer sa femme [...]. » Et comment imaginer qu'il puisse en être autrement ? Si deux chrétiens, pris au hasard, sont censés s'encourager mutuellement à l'amour et à pratiquer le bien (Hébreux 10.24), et s'exhorter à pratiquer leurs dons et à ne plus rien avoir en commun avec le péché (Hébreux 3.13), un couple marié ne devrait-il pas, à plus forte raison, vivre ainsi[103] ?

Le fait que notre conjoint puisse devenir notre meilleur ami est un principe qui inverse la question de « compatibilité » chez un conjoint potentiel. Si vous pensez au mariage surtout en termes d'amour érotique, alors la compatibilité implique une alchimie et une attirance sexuelles. Si vous le voyez surtout comme un moyen de vous élever socialement, la compatibilité relève alors de l'appartenance à la classe sociale désirée et peut-être aux goûts et au train de vie communs. Quoi qu'il en soit, ces facteurs ne sont pas durables. L'attirance physique va diminuer, malgré tous vos efforts, et le statut socio-économique peut malheureusement changer presque du jour au lendemain. Quand on croit avoir trouvé la « compatibilité » selon nos priorités, le réveil est souvent douloureux quand on découvre qu'on a bâti sa relation sur un terrain instable. Une femme « se laisse aller », un homme perd son travail, et les fondations de compatibilité s'écroulent.

Mais le pire, c'est que l'attraction sexuelle et « le rapprochement » de classe sociale ne vous offrent aucune perspective commune. *Pour* quoi vous mariez-vous ? Où allez-vous ? Si vos objectifs communs sont essentiellement matérialistes et économiques, ils vous apporteront l'unité, pour un temps. Mais de tels objectifs ne créent pas une profonde unité. Quand vous aurez fini par les atteindre (ou par les manquer), que restera-t-il ? Si vous épousez avant tout un partenaire sexuel ou un partenaire économique, vous n'allez en fait nulle part. Et ceux qui ne vont nulle part ne peuvent avoir de compagnon de voyage.

Le grand horizon

Quelle est alors l'utilité du mariage ? Il nous aide, l'un et l'autre, à devenir les versions futures et glorieuses de nous-mêmes, les nouvelles créations que Dieu fera un jour de nous. L'horizon commun vers lequel se tournent mari et femme, c'est le Trône, et notre future nature, sainte, immaculée et irréprochable. Je ne peux rêver d'un horizon commun plus puissant. C'est pourquoi l'amitié chrétienne, placée au cœur de la relation, a le pouvoir d'élever le mariage à un niveau qui dépasse de loin tout ce que peuvent offrir les autres visions.

Vous est-il déjà arrivé de séjourner en montagne par temps nuageux et pluvieux ? Vous regardez par la fenêtre et ne voyez pratiquement que le sol. La pluie s'arrête, les nuages se dissipent et vous retenez votre souffle. Devant vous se dresse un pic superbe. Mais quelques heures plus tard, les nuages réapparaissent et le dissimulent, cette fois pour longtemps. Apprendre à connaître un chrétien ressemble à cela. Il a une ancienne et une nouvelle nature (Éphésiens 4.24). L'ancienne nature est paralysée par les angoisses, le besoin de faire ses preuves, les mauvaises habitudes dont elle n'arrive pas à se défaire, de nombreux péchés qui l'assiègent et des défauts bien ancrés. La nouvelle nature appartient bien à la même personne, vous, mais libérée de tous ses péchés et défauts. Cette nouvelle nature est toujours un « travail en cours » et, parfois, les nuages de l'ancienne nature la rendent pratiquement invisible. Mais quand les nuages se dissipent vraiment, la sagesse, le courage et l'amour dont on est capable deviennent visibles. On a alors un aperçu de notre destinée.

Dans cette vision chrétienne du mariage, voici ce que tomber amoureux veut dire. C'est regarder l'autre, l'entrevoir tel que Dieu est en train de le façonner et lui dire : « Je vois quelle personne Dieu fait de toi, et ça m'enthousiasme ! Je veux faire équipe avec toi et Dieu dans le voyage que tu entreprends jusqu'à son trône. Et quand nous y serons, je contemplerai ta splendeur et je dirai : "J'ai toujours su que tu pouvais être comme ça. J'en ai eu des aperçus sur terre mais là, regarde-toi !" » Chaque conjoint devrait voir la grande œuvre qu'accomplit Jésus dans la vie de son partenaire, par la Parole, l'Évangile. Chaque conjoint devrait s'engager à être le vecteur de cette œuvre et rêver du jour où les deux se tiendront devant Dieu, chacun voyant l'autre dans sa beauté et sa gloire immaculée.

Kathy, ma femme, dit souvent que la plupart des gens à la recherche d'un conjoint veulent une statue finie, quand en fait ils devraient rechercher un beau bloc de marbre. Non pour créer le genre de personne qu'*ils* désirent, mais plutôt pour voir le genre de personne que Jésus est en train de créer. Quand on a demandé à Michel-Ange comment il avait taillé son magnifique *David*, il a, paraît-il, répondu : « J'ai regardé à l'intérieur du marbre et j'ai simplement enlevé les morceaux qui n'étaient pas David ». Quand on cherche son conjoint, il faut être capable de regarder à l'intérieur de l'autre, de voir ce que Dieu est en train de faire et d'être impatient à l'idée de faire partie du processus de libération du « nouveau toi ».

> Si nous le laissons agir [...] il transformera le plus déchu et le plus immonde d'entre nous en un dieu ou une déesse ; créature éblouissante, rayonnante, immortelle, vibrant corps et âme d'énergie, de joie, d'amour et de sagesse. Tel un miroir brillant et sans tache, nous réfléchirons parfaitement l'image de Dieu (bien que sur une petite échelle évidemment), sa puissance illimitée, sa félicité et sa bonté. Le processus sera long et parfois très douloureux, mais c'est sur cette voie que nous sommes engagés. Rien de moins[104].

Cette approche n'est en aucun cas naïve et idéaliste ; elle est au contraire franchement réaliste. Selon cette perspective du mariage, chacun dit à l'autre : « Je vois tous tes défauts, toutes tes imperfections, tes faiblesses, tes dépendances ; mais derrière tout cela, je vois grandir la personne que Dieu veut que tu sois ». C'est fondamentalement différent de la recherche de « compatibilité », qui, les chercheurs l'ont compris, s'applique à notre recherche d'un partenaire qui nous accepte tels que nous sommes. De nos jours, c'est exactement le contraire ; la recherche du compagnon idéal est une quête désespérée. Cette approche diffère aussi totalement du procédé cynique ou froid de recherche d'un conjoint qui ne nous satisfasse que d'un point de vue social, économique, ou sexuel.

Si vous ne voyez pas les profonds défauts, les faiblesses et les dépendances de votre partenaire, vous êtes dans le déni. Mais si vous ne vous réjouissez pas du chemin que votre conjoint a déjà parcouru et de la personne qu'il deviendra, vous n'avez pas goûté au pouvoir du mariage en tant qu'amitié spirituelle. Le but est de voir que Dieu transforme la personne que vous aimez en une créature absolument fascinante. Vous voyez déjà quelques lueurs de gloire. Vous voulez aider votre conjoint à devenir celui que Dieu veut qu'il soit.

Quand deux chrétiens, qui ont intégré cela, se tiennent devant le pasteur, bien apprêtés dans leurs costumes de mariés, ils se rendent compte qu'ils ne jouent pas à faire semblant. Ils déclarent qu'un jour ils se tiendront non devant le pasteur mais devant Dieu. Ils se tourneront alors l'un vers l'autre, pour se voir sans tache, immaculés. Ils espèrent entendre Dieu leur dire : « Très bien, mes bons et fidèles serviteurs. Année après année, vous vous êtes remis l'un l'autre entre mes mains. Vous vous êtes sacrifiés l'un pour l'autre. Vous vous êtes soutenus mutuellement par la prière et en rendant grâces. Vous vous êtes confrontés. Vous vous êtes repris l'un l'autre. Vous vous êtes embrassés, vous vous êtes aimés et vous avez constamment poussé votre conjoint vers moi. Et maintenant, regardez-vous. Vous êtes radieux. »

La romance, le plaisir sexuel, les rires et les bons moments ensemble sont des produits dérivés de ce processus de sanctification, de perfectionnement, de glorification. Ces éléments sont importants mais ils ne peuvent préserver le mariage des années de quotidien répétitif à venir. Seul le peut votre engagement envers la sainteté de votre conjoint. Il s'est engagé pour sa beauté. Elle s'est engagée pour sa grandeur et sa perfection. Il s'est engagé pour son honnêteté et sa passion pour les choses de Dieu. C'est votre travail de conjoint. Viser moins haut que cela et réduire vos objectifs, ne vous amènera alors qu'à jouer à être marié.

Nous voyons maintenant pourquoi le mariage-amitié s'accorde si bien avec l'amour-engagement. Sur la croix, Jésus ne nous a pas regardés le cœur rempli d'admiration et de tendresse. Il ne ressentait aucun « courant ». Mais il s'est donné. Il a placé nos besoins au-dessus des siens; il s'est sacrifié pour nous. Mais la Bible appelle les époux non seulement à imiter la qualité et la nature de l'amour du Christ, mais également le *but* de cet amour. Jésus n'est pas mort parce que nous étions beaux mais pour nous rendre beaux. Paul dit qu'il est mort pour « nous rendre *saints* ». Cela signifie paradoxalement que Paul exhorte les conjoints à aider leurs partenaires à aimer Jésus plus qu'eux-mêmes[105]. Il s'agit d'un paradoxe, non d'une contradiction. En réalité, ce n'est que si j'aime Jésus plus que ma femme que je serai capable de faire passer ses besoins avant les miens. Ce n'est que si mon réservoir émotionnel est rempli de l'amour de Dieu que je peux être patient, fidèle, tendre et ouvert avec ma femme quand les choses vont mal dans la vie ou dans notre relation. Et plus je reçois de joie de ma relation avec Jésus, plus je peux la partager avec ma femme et ma famille.

Un message pour notre culture

L'enseignement de Paul sur le mariage était certes radical pour les cultures anciennes et traditionnelles. Mais son message peut être tout aussi radical pour la société d'aujourd'hui.

Il arrive souvent que deux personnes du sexe opposé soient de bons amis car ils partagent les mêmes engagements. Imaginez la situation : vous faites confiance à la sagesse de l'autre et vous sentez libre de vous confier et de partager plusieurs sujets intimes sans crainte. Il vous comprend bien, vous écoute et vous donne de très bons conseils. Mais vous n'avez aucune attirance ni sur le plan romantique ni sexuel, peut-être son corps ne vous plaît-il pas. Imaginez ensuite que vous rencontriez quelqu'un d'autre, qui vous attire *beaucoup*. Cette personne possède les attributs physiques et sociaux que vous recherchiez et elle s'intéresse aussi à vous.

Vous commencez donc à vous voir et vous avez du plaisir à être ensemble ; la relation évolue peu à peu vers l'intimité romantique. Pourtant, si vous êtes honnête avec vous-même, cette personne dont vous vous dites amoureux est loin d'être un ami aussi proche que votre autre ami. Et il est peu probable que cela change[106].

Vous avez un problème. Votre conjoint doit être votre meilleur ami, ou sur le point de le devenir, sinon vous n'aurez pas ce mariage fort, enrichissant et durable, qui vous rendra tous deux meilleurs.

Je ne dis pas que vous devriez épouser quelqu'un qui ne vous attire pas du tout. La Bible précise que si votre conjoint doit être plus que votre meilleur ami, il ne doit pas être moins. Nous savons tous que le cliché, qui dit que les hommes surestiment la beauté chez une épouse potentielle et que les femmes font de même pour la richesse d'un futur mari, contient un fond de vérité. Mais, si vous épousez quelqu'un pour ces raisons plutôt que pour l'amitié que vous partagez, vous courez non seulement à l'échec, puisque la richesse peut diminuer et que l'attraction sexuelle *diminuera*, mais vous vous destinez également à la solitude. Dans le jardin, Adam n'avait pas juste besoin d'un partenaire sexuel, mais d'une compagne, os de ses os, chair de sa chair.

Si de nos jours les célibataires admettaient ce principe, le mode de recherche d'un conjoint changerait du tout au tout. Quand on est célibataire, qu'on entre dans une pièce et voit plusieurs représentants du sexe opposé, la méthode classique consiste à immédiatement démarrer un scan, non pour trouver un ami potentiel mais en fonction de l'attirance première. Disons que trois sur dix sont intéressants. La prochaine étape consiste à aborder ces trois-là, afin de voir quelle entente est possible. L'un des trois accepte un rendez-vous et une relation romantique débute alors. Ensuite, ils voudront peut-être voir s'ils peuvent aussi devenir amis. Le problème est que, dans cette salle, plusieurs des meilleurs amis potentiels faisaient probablement partie de ceux qui ont tout de suite été écartés, parce que trop grands, trop petits, trop gros ou trop maigres.

Lorsque nous pensons à un conjoint éventuel, nous l'imaginons principalement épris de nous (ou subvenant à nos besoins) ; s'il peut en plus être un ami, eh bien, n'est-ce pas magnifique ? Il faudrait faire l'inverse. Détectez d'abord un ami possible. Recherchez quelqu'un qui vous comprenne mieux que vous-mêmes et qui, par sa simple présence, vous rende meilleur. Ensuite, essayez de découvrir si cette amitié peut devenir une romance, puis un mariage.

Trop de gens procèdent à l'envers quand il s'agit de leur vie amoureuse et ils finissent dans des mariages qui n'ont pas vraiment de sens ni de direction.

La priorité du mariage

Ce principe de mariage-amitié présente une conséquence très importante. Si vous considérez que votre conjoint est avant tout un partenaire sexuel ou économique, vous aurez besoin d'activités extérieures à votre couple, pour mobiliser réellement votre âme. Ainsi, les enfants, les parents, la carrière, l'activisme politique ou social, les passe-temps, ou encore un réseau d'amis proches (au moins un de ces éléments) s'empareront de votre imagination, vous procureront joie et sens, et accapareront davantage votre énergie émotionnelle que votre mariage. Ce sera fatal. Votre mariage mourra lentement si votre conjoint sent qu'il n'est pas la priorité de votre vie. Mais si votre conjoint devient votre meilleur ami et n'est pas seulement votre partenaire sexuel ou économique, alors votre mariage peut être la relation la plus importante et la plus satisfaisante de votre vie.

Dans Éphésiens 5, Paul cite Genèse 2.24 qui dit à un homme qui se marie qu'il « se séparera de son père et de sa mère et s'attachera à sa femme ». Curieusement, ce commandement ne choque pas les Occidentaux. Songez pourtant au contexte historique et social de cette déclaration. Les cultures de l'Antiquité attribuaient une importance énorme à la relation parent-enfant. Satisfaire ses parents et respecter leur volonté avaient une grande importance. Même aujourd'hui, dans les cultures plus traditionnelles que la nôtre, parents et grands-parents ont beaucoup d'autorité, et l'on attend des enfants qu'ils donnent la priorité à l'obéissance. Cette forme de respect peut se justifier. Tout jeune adulte doit admettre que sa personnalité a été forgée, en bien et en mal, avant tout par sa relation avec ses parents. Sans eux, on ne serait pas en vie et, sauf rares exceptions, tout parent a fait d'énormes sacrifices pour le bien-être de ses enfants.

Et pourtant, au cœur de ces cultures patriarcales et en présence de ces réalités, Dieu dit : « Je n'ai pas placé un parent et un enfant dans le jardin d'Éden mais un mari et une femme. Quand vous vous mariez, cette relation doit supplanter toute autre relation, fût-elle parentale. Votre conjoint et votre mariage doivent être la priorité absolue de votre vie. »

Votre mariage doit surpasser toute autre chose. Aucun autre être humain ne doit recevoir davantage d'amour, d'énergie, d'empressement ou d'engagement de votre part. Dieu demande à l'homme de quitter père et mère, aussi forte qu'ait été leur relation, pour forger une nouvelle union, qui gagnera en importance et en force dans sa vie.

Pseudo-conjoints

Alors jeune pasteur, dans une petite ville du sud des États-Unis, j'ai dû faire beaucoup de relation d'aide conjugale. Certains mariages étaient gangrénés par des choses comme l'alcool, la drogue, la pornographie ou l'adultère. Mais, dans la plupart des mariages tourmentés, l'origine du problème ne résidait pas dans des pratiques négatives, mais dans de bonnes pratiques qui avaient pris trop d'importance. Une bonne chose qui nous absorbe et devient plus importante que notre conjoint peut détruire le mariage.

Les exemples étaient nombreux. Parfois, une femme me disait : « Il accorde plus d'importance à l'opinion de ses parents qu'à la mienne. Pour lui, il est plus important de leur faire plaisir qu'à moi ». Ou encore, un mari : « Elle est complètement prise par les enfants, leurs besoins, leurs activités, leur éducation, leur vie sociale. Si j'ai besoin de quelque chose, elle hausse les épaules et dit "d'accord" mais, ce qui l'enthousiasme vraiment, ce sont les enfants et leurs besoins. Pour elle, être mère lui procure bien plus de plaisir qu'être mon épouse ». Les maris, comme les femmes, disaient de leur conjoint : « Sa carrière, voilà ce qui compte vraiment. Son vrai conjoint, c'est sa carrière : elle accapare sa créativité, son temps et son énergie ». Si votre conjoint considère que vous ne lui attribuez pas la première place dans votre vie, eh bien, par définition, c'est le cas, et en conséquence, votre mariage est en voie de disparition.

Beaucoup de problèmes conjugaux viennent de ce que les gens n'ont pas « quitté » pour s'attacher à leur conjoint. Vous n'avez pas quitté vos parents si leurs désirs et attentes comptent plus que ceux de votre conjoint. Vous ne les quittez pas non plus si vous les détestez et leur en voulez. Par exemple, si vous dites : « Je n'amènerai pas mes enfants à l'Église, parce que mes parents l'ont fait et je détestais ça ! », vous êtes toujours sous leur contrôle. Votre choix n'est pas motivé par le besoin de vos enfants mais par votre rejet de vos parents. Ou vous direz peut-être : « Je ne peux pas l'épouser : il me rappelle trop mon père ! » Et alors, où est le problème ? Vous devriez le juger sur ce qu'il est dans son ensemble et sur son attitude envers vous. Ne permettez pas à votre mauvaise relation avec votre père de contrôler la manière dont vous vous comportez envers votre conjoint. Vous devez la laisser derrière vous.

Certains couples se disputent sans arrêt sur des questions pratiques : comment prendre des décisions, comment partir en vacances, comment élever les enfants. Nous devons prendre garde de ne pas vouloir reproduire à tout prix les méthodes utilisées par nos parents. Notre famille avait peut-être de la sagesse dans un domaine particulier, mais nous ne pouvons l'importer dans notre nouvelle famille que si elle trouve un écho chez notre conjoint. Nous ne pouvons agir au seul prétexte que « chez moi, on faisait comme ça ». En nous mariant, nous nous engageons à devenir une nouvelle unité décisionnelle et à développer de nouveaux modèles et de nouvelles façons de faire. Si nous imposons de façon rigide les modèles observés dans notre propre famille, au lieu de collaborer avec notre conjoint pour en créer de nouveaux qui conviennent aux deux, nous n'avons toujours pas « quitté nos parents ».

Un attachement trop fort aux parents est un problème qui détruit de nombreux mariages. Mais un attachement trop fort envers les enfants est sans doute un problème encore plus grand. Cette tendance actuelle, considérable, s'explique pour plusieurs raisons. En premier lieu, nos enfants ont, bien sûr, désespérément besoin de nous. Comme ils font partie de notre nouvelle famille, pas de l'ancienne, il est juste de considérer que leur éducation est une tâche noble et importante. Ensuite, si un mariage tiédit, il paraît normal de reporter notre besoin vital d'affection et d'amour sur nos enfants, plutôt que sur la relation conjugale.

Cependant, si nous aimons nos enfants plus que notre conjoint, toute la famille se désagrègera et tout le monde en souffrira. Et je dis bien tout le monde. Je connais l'histoire d'une femme qui consacrait sa vie à sa fille, à un point tel qu'une tension énorme s'était installée entre son mari et elle. Le mari en voulait à sa femme à cause du temps et de l'énergie qu'elle investissait dans la carrière musicale de sa fille. Presque tout le monde se rendait compte que cette mère compensait l'échec d'un de ses propres rêves par le biais de sa fille, mais ce faisant, elle détruisait son mariage. Paradoxalement, sa fille vivait la pire des situations et était profondément angoissée par la désintégration du mariage de ses parents. Un mariage solide permet aux enfants de grandir en sentant que ce monde est sûr et que l'amour y est possible. De plus, avec l'exemple de ses parents, cette fille ne pouvait ni apprendre ce qu'est un bon mariage ni comment les hommes et les femmes peuvent vivre en harmonie. En la plaçant avant son mari, cette femme nuisait à sa fille.

Une avancée s'est produite quand un thérapeute lui a dit : « La meilleure manière d'être une bonne mère pour votre fille, c'est d'être une bonne épouse pour votre mari. C'est la chose la plus importante dont votre fille a besoin ». Quand elle a commencé à comprendre cela, elle a rendu à son mariage la place qui était la sienne.

La recherche sur la maltraitance dans l'enfance a montré que beaucoup de personnes qui abusent physiquement de leurs progénitures ne le font pas par haine. C'est souvent parce qu'ils comptent sur leurs enfants pour recevoir l'amour dont ils ont tant besoin. Et si leurs enfants ne leur rendent pas cet amour en se comportant de manière irréprochable, ils craquent et donnent libre cours à leur colère. Mais les enfants sont des enfants. Personne ne peut attendre d'eux qu'ils nous offrent l'amitié et l'amour d'un conjoint.

La puissance du mariage

Le mariage ressemble tellement au salut et à notre relation avec Jésus-Christ que Paul dit qu'on ne peut comprendre le mariage sans avoir médité sur l'Évangile. Faisons-le donc. Le salut est un nouveau départ. Les choses anciennes sont passées, voici les nouvelles choses. Et quand, par l'Évangile, nous entrons dans cette relation semblable au mariage avec Jésus comme Époux divin, cela revient à donner au Christ la suprématie dans notre vie (Colossiens 1.15 ss). Autrement dit, Jésus demande la même chose qu'un conjoint : « Donne-moi la première place, n'aie aucun autre pseudo-dieu devant moi ». Il en est de même avec le mariage. Il ne fonctionne que si la relation et le conjoint sont la priorité absolue et si l'on ne transforme pas de bonnes choses (les parents, les enfants, la carrière et les passe-temps) en pseudo-conjoints.

Dans Éphésiens 5.28, Paul utilise une autre métaphore. Il dit qu'un mari devrait aimer sa femme comme il aime son propre corps. Paul s'appuie sur le fait que la santé est primordiale dans tout ce que nous faisons. Que se passera-t-il si je décide de trouver mon bonheur en gagnant beaucoup d'argent, quitte à privilégier mon travail aux dépens de ma santé ? J'allonge mes journées de travail, au point de ne plus dormir et de ne plus faire de sport, je mange très mal et je me mets beaucoup de pression. Bien sûr, je vais gagner beaucoup d'argent, mais l'arrêt cardiaque qui va suivre ne me permettra pas d'en profiter. Autrement dit, si je crois pouvoir mettre mon « bonheur » avant ma santé, en réalité je ne serai pas du tout heureux. Une bonne santé est donc plus fondamentale au bonheur que de grandes richesses, comme vous le diront la plupart des personnes riches dont la santé s'est délabrée.

Paul compare le mariage à la santé de notre corps. Comme nous l'avons vu, le mariage doit être la relation humaine la plus fondamentale de notre vie. Par lui, on entre dans quelque chose qui a été inventé par Dieu. Si nous décidons de n'en faire qu'à notre tête, nous allons au-devant d'ennuis, car le mariage a été institué par Dieu. Il l'a conçu pour qu'il soit la relation la plus importante de votre vie. Si vous croyez que votre mariage sera la note de bas de page de votre belle carrière, qu'il prendra la deuxième ou la troisième place dans votre vie et que votre conjoint ferait mieux de s'y habituer, faites attention. Le mariage n'est pas conçu ainsi. Quand on est marié, le mariage doit avoir la priorité.

Pourquoi la priorité ? À cause de son pouvoir. Le mariage peut diriger le cours de votre vie entière. Avec un mariage solide, même si les aléas de la vie vous attirent soucis et faiblesse, cela n'aura pas d'importance. Vous irez de l'avant avec force. Mais avec un mariage fragile, même si tout ce que vous entreprenez est couronné de succès, cela n'aura pas d'importance. Vous avancerez avec faiblesse. Voilà la puissance du mariage : il a le pouvoir de diriger la totalité de votre vie. Ce pouvoir lui vient de Dieu, qui l'a institué. Et parce qu'il a un pouvoir inégalé, il doit avoir une priorité suprême et inégalée.

Le message central de ce chapitre est que l'amitié spirituelle est la clé qui donne cette priorité au mariage. Tant de gens se marient en ne pensant qu'après coup à ce voyage vers Dieu. Beaucoup de chrétiens se félicitent d'avoir épousé un autre croyant, mais la foi de leur conjoint n'est qu'un élément de « compatibilité » de plus, au même titre que les centres d'intérêt et les loisirs communs. L'amitié spirituelle, c'est autre chose. Elle permet de s'aider mutuellement et avec enthousiasme à connaître, servir, aimer Dieu et à lui ressembler toujours plus profondément.

Alors qu'elle m'avait entendu prêcher sur Éphésiens 5, où Paul dit que le but du mariage est de nous « sanctifier », une femme m'a dit : « Je pensais que le but du mariage, c'était d'être heureux ! À vous entendre, c'est un travail de tous les instants ». Elle avait raison, le mariage demande beaucoup de travail, mais elle avait tort de l'opposer au bonheur. Paul dit qu'un des objectifs principaux du mariage est de nous « sanctifier » pour nous rendre « sans tache, ni ride, ni rien de semblable [...] » (versets 26-27 – *Colombe*). Qu'est-ce que cela veut dire ? Cela signifie reproduire en nous le caractère de Jésus, décrit comme « le fruit de l'Esprit » dans Galates 5.22-25 : l'amour, la joie, la paix, la patience, la bonté, la bienveillance, une fidélité sans faille, une douce humilité et la maîtrise de soi. Quand l'amour de Jésus, sa sagesse et sa grandeur se reproduisent en nous, chacun avec nos propres dons et notre appel unique, nous devenons alors réellement « nous-mêmes », ceux que nous sommes destinés à devenir. Chacune des pages de la Bible annonce avec force que le chemin vers cet horizon ne peut être parcouru seul. Nous devons l'affronter et le vivre avec des frères et des sœurs, des amis de cœur. Et la meilleure amitié possible pour partager cette aventure, c'est celle que l'on cultive avec l'ami-amoureux qu'est notre conjoint.

Cela demande-t-il beaucoup de travail ? Certes, mais c'est le travail pour lequel nous avons été conçus. Cela veut-il dire que « le mariage n'est pas fait pour être heureux, mais pour être saint » ? Oui et non. Comme nous l'avons vu, cette formulation est trop tranchée. Si vous comprenez ce qu'est la sainteté, vous verrez que le vrai bonheur est en aval de la sainteté, pas en amont. La sainteté nous donne de nouveaux désirs et met les anciens désirs en conformité les uns avec les autres. Si donc nous voulons que notre mariage soit heureux, nous accepterons qu'il ait été prévu pour nous sanctifier.

C.S. Lewis l'a bien dit :

> Il donne le bonheur qui existe, et non le bonheur qui n'existe pas. Trois éventualités seulement se présentent à nous : être Dieu, être comme Dieu et participer à son bien de la manière réceptive propre aux créatures, être malheureux. Si nous ne voulons pas apprendre à manger l'unique nourriture que produit l'univers, l'unique nourriture qu'aucun univers possible ne puisse jamais produire, alors il nous faudra demeurer éternellement affamés[107].

Nous sommes désormais prêts à aborder des questions spécifiques. Comment les conjoints peuvent-ils s'aider mutuellement le long de ce chemin vers Dieu ? Les réponses sont dans le chapitre suivant.

Chapitre 5

Aimer l'étranger

... il a donné sa vie pour elle afin de la rendre digne de Dieu après l'avoir purifiée par sa Parole, comme par le bain nuptial...

Éphésiens 5.25-26

Reprenons la remarque de Stanley Hauerwas :

On ne connaît jamais l'être qu'on épouse ; on croit seulement le connaître. Même si, au départ, c'est la bonne personne, laissez-lui un peu de temps et, à coup sûr, elle changera. Car le mariage, étant [une des plus grandes choses qui soient], implique que nous ne sommes plus le même, une fois que nous nous y sommes engagés. Le problème majeur est [...] d'apprendre à aimer et à prendre soin de l'étranger auquel on s'est uni[108].

Le réalisme de Hauerwas trouve un écho chez les couples de longue date. Le mariage nous change. Avoir des enfants nous change et changer de métier également. Prendre de l'âge nous change. Pour courónner le tout, le mariage met en lumière des caractéristiques déjà présentes en nous, cachées de tous, y compris de nous-mêmes, et désormais notre conjoint les voit toutes.

Presque tout le monde se marie poussé par un amour euphorique à ses débuts. Deux personnes peuvent devenir presque obsédées l'une de l'autre. Gary Chapman, conseiller conjugal et écrivain, affirme que la période amoureuse, normalement de quelques mois à deux ans, entretient l'illusion que l'être aimé est parfait en tous points. Il écrit, à propos d'une de ses patientes, Jen : « Sa meilleure amie voyait les défauts [de son fiancé] : elle n'aimait pas la manière dont il s'adressait parfois à Jen, mais celle-ci ne voulait rien entendre. Sa mère, ayant remarqué l'incapacité du jeune homme à conserver un travail stable, taisait ses inquiétudes, mais s'enquérait poliment des "projets de Ryan". »

Chapman poursuit :

Bien sûr nous ne sommes tout de même pas complètement naïfs. Nous savons, en théorie, que nous aurons des points de vue divergents et que nous connaîtrons des tensions. Mais nous sommes certains que [...] nous tomberons [vite] d'accord. [...] Nous sommes aveuglés par l'amour et sous le charme de la personnalité de l'autre. Notre amour mutuel est la plus belle expérience que nous ayons jamais faite. Nous constatons que certains couples semblent avoir perdu cet amour, mais cela ne nous arrivera jamais. « Peut-être n'ont-ils pas vécu ce grand amour comme nous[109]. »

Cette expérience amoureuse prend fin quand les défauts de l'autre s'invitent. Ce qui nous paraissait insignifiant prend tout à coup de l'ampleur. Nous en venons à penser qu'après tout, nous ne connaissions pas vraiment l'autre. Et nous voilà face au défi d'aimer quelqu'un qui ressemble davantage à un étranger qu'au souvenir de la personne épousée.

À ce stade, plusieurs réactions sont possibles. Si vous recherchiez une « âme sœur », quelqu'un qui vous aide à réaliser vos ambitions sans vouloir vous changer, cette réalité précise du mariage vous déstabilisera profondément. Vous réaliserez qu'il faut investir un temps considérable, juste pour faire fonctionner votre mariage. La découverte que votre conjoint *vous* voit comme un étranger sera tout aussi déconcertante. Il vous confrontera même avec une liste de vos graves défauts. Votre première réaction sera de vous dire que vous avez fait un mauvais choix et que vous n'avez pas trouvé la personne réellement compatible.

Une autre option serait de comprendre le but du mariage : créer une relation d'amitié spirituelle pour cheminer vers la nouvelle création, et faire de votre union un tremplin pour vous aider à sortir de vos péchés et de vos défauts et à vous élancer vers la nouvelle nature que Dieu crée en vous. Vous vous attendrez alors aux rencontres de « l'étranger », et lorsqu'elles arriveront telles des saisons, vous pourrez retrousser vos manches et vous mettre à l'œuvre.

De quels « outils » disposerez-vous ? Comment s'investir dans cette amitié spirituelle et se soutenir mutuellement dans la marche vers notre identité future ? Comment nous aimer pour fortifier sans cesse notre mariage et ne pas stagner dans des disputes répétées qui finissent en silence stérile ? La meilleure réponse est de dire la vérité dans l'amour, par la puissance de la grâce de Dieu.

> *En exprimant la vérité dans l'amour, nous grandirons*
> *à tous égards vers celui qui est la tête : le Christ*
> (Éphésiens 4.15).

Cette affirmation semble banale au premier abord. En tant qu'institution divine, le mariage détient diverses «puissances » qu'il nous appartient d'accepter et d'utiliser : la puissance de la vérité, la puissance de l'amour et la puissance de la grâce. En les mettant en œuvre dans la vie de notre conjoint, nous l'aiderons à refléter le caractère de Christ, mais également à nous aimer et nous aider comme lui. C'est lorsqu'il nous sera difficile d'aimer le semi-étranger auquel nous sommes mariés que ces trois puissances seront le plus efficaces.

La puissance de la vérité – affronter le pire

Un passage de l'œuvre de Søren Kierkegaard nous compare tous à des invités à un bal masqué. « Ne sais-tu pas que vient l'heure de minuit où chacun doit lever le masque[110]? » À l'époque, la coutume voulait que l'on garde son masque pendant la première partie de la fête. Les invités dansaient, mangeaient et échangeaient, sans savoir avec qui. À minuit, tout le monde ôtait son masque et révélait ainsi sa vraie identité. L'histoire de Cendrillon repose en quelque sorte sur le même thème. Il est un temps où les paillettes disparaissent et où ce que vous êtes réellement est dévoilé aux yeux de tous. Cela évoque le Jugement dernier, mais aussi le mariage, où il est impossible de dissimuler. Nous sommes mis à nu, le masque et le costume sont pour ainsi dire arrachés. Qu'entendons-nous par là?

Le mariage établit un contact plus étroit qu'aucune autre relation humaine. La relation parent-enfant est bien sûr très forte : ils vivent ensemble et chacun connaît le caractère de l'autre, mais l'écart entre les pouvoirs est énorme. Ils vivent sur des plans tellement différents qu'il est facile pour le parent d'ignorer les critiques de l'enfant et vice versa. Par ailleurs, les enfants sont censés grandir et quitter le foyer.

Le mariage est aussi une relation bien plus décisive que le concubinage. Quand deux célibataires vivent ensemble, ils se voient « de près », certes, mais chacun sait que l'autre ne peut avoir les mêmes prétentions que s'ils étaient mariés. Leurs vies ne sont pas fusionnées (socialement, financièrement, légalement). Chacun peut donc quitter la relation sans trop de complications s'il n'apprécie pas ce que l'autre dit de lui.

Le mariage est tout autre. Son aspect fusionnel vous met en contact avec l'autre de la façon la plus intime et la plus inéluctable qui soit. Non seulement vous voyez les détails de chacun, mais vous êtes également contraints de composer avec vos défauts et vos péchés respectifs.

Quels défauts votre conjoint verra-t-il? Peut-être êtes-vous quelqu'un de craintif, avec une tendance à l'anxiété. Peut-être êtes-vous orgueilleux, enclin à l'intransigeance et à l'égoïsme ; ou inflexible, plutôt exigeant et boudeur quand vous n'obtenez pas ce que vous voulez. Vous pouvez être l'individu caustique, sévère, que les autres respectent plus qu'ils n'aiment ; ou alors, indiscipliné, peu fiable et désorganisé. Peut-être êtes-vous insouciant, souvent distrait, insensible et peu concerné par votre image. À moins que vous ne soyez perfectionniste, prompt à juger et à critiquer, dur avec vous-même. Ou encore quelqu'un d'impatient, d'irritable, avec une tendance à être rancunier et à trop souvent s'emporter. Vous êtes peut-être une personne très indépendante, peu désireuse de prendre en compte les besoins des autres et de partager des décisions communes, et qui répugne à demander de l'aide. Il se peut qu'un fort besoin d'être aimé vous pousse à nuancer la vérité, à dévoiler des secrets, et à vous mettre en quatre pour plaire à tout le monde. Peut-être enfin êtes-vous économe jusqu'à la pingrerie, avare envers votre prochain, refusant même de dépenser pour vos propres besoins.

Les autres ont vu ces défauts en vous. Vos parents, sans aucun doute, mais aussi ceux qui ont partagé votre vie, comme vos frères et sœurs, vos colocataires ou vos amis. S'ils pointaient vos imperfections du doigt, vous pouviez soit les ignorer, en les considérant comme partiales ou erronées, soit au contraire vous soustraire au poids de la critique en promettant vaguement de vous améliorer. Quoi qu'il en soit, vos contradicteurs n'ont pas insisté lourdement, ce qui ne vous a jamais fait prendre totalement la mesure du problème, pour la simple raison que vos défauts ne leur posaient pas autant problème qu'à votre conjoint.

Mais ces mêmes défauts, qui dérangeaient finalement assez peu les autres, deviendront de vrais problèmes pour votre conjoint et votre mariage. Par exemple, une tendance à garder rancune peut entraver une amitié, mais dans un mariage elle peut tuer la relation. Personne n'est aussi incommodé et blessé par vos défauts que votre conjoint ; par conséquent, il est nettement plus conscient de ce qui ne va pas chez vous que n'importe qui d'autre.

Lorsque je célèbre un mariage, j'aime expliquer cet aspect par une comparaison. Imaginez un vieux pont au-dessus d'un ruisseau, avec des défauts de structure presque invisibles. Il y a peut-être des fissures microscopiques, que seul un examen approfondi pourrait déceler, car à l'œil nu, tout est conforme. Imaginez maintenant qu'un camion de dix tonnes traverse ce pont. Que se passera-t-il ? La pression exercée par son poids agrandira les fissures qui deviendront visibles. Les défauts de structure apparaîtront à tous à cause de la tension créée par le véhicule. Le camion n'a pas créé la faiblesse de la structure mais il l'a révélée.

Lorsque vous vous mariez, votre conjoint est comme un grand camion qui traverse votre cœur. Le mariage révèle ce qu'il y a de pire en vous. Mais il ne crée pas vos faiblesses (même si vous rendez votre conjoint responsable de vos explosions de colère), il les met en lumière. Et c'est une bonne chose. Comment être transformés pour revêtir notre « identité glorieuse », si nous partons du principe que nous frôlons déjà la perfection ?

En 2002, on m'a diagnostiqué un cancer de la thyroïde, lors d'une visite de routine chez le médecin. Il avait senti une petite boule dans mon cou. Même si l'intervention chirurgicale et les traitements postopératoires ont été douloureux et effrayants, à aucun moment je n'ai pensé : « Si seulement mon médecin n'avait jamais trouvé cette tumeur. Elle était si petite ! Il aurait pu passer à côté. Pourquoi l'a-t-il remarquée, ça m'aurait évité tous ces problèmes ! » « Éviter tous ces problèmes » aurait donné naissance à des problèmes bien plus

grands, et bien plus dangereux que la découverte et le traitement précoce du cancer, alors qu'il était encore petit et isolé.

La première chose à faire pour transformer votre mariage en une relation qui stimule la croissance est d'accepter
cette particularité inhérente à la vie conjugale. Par nature, le
mariage possède « le pouvoir de vérité », le pouvoir de vous
montrer qui vous êtes réellement. Les gens sont consternés
par les critiques sévères et acerbes de leurs conjoints et pensent immédiatement avoir épousé la mauvaise personne.
Comprenez bien que ce n'est pas votre conjoint qui expose le
péché de votre cœur, c'est le mariage. Il vous fait entrer bien
plus en confrontation avec vous-même qu'avec votre partenaire. Le mariage vous renvoie une image réaliste et peu flat-
teuse de vous-même, puis il vous prend par la peau du cou et
vous oblige à en tenir compte.

Cela peut paraître décourageant, mais c'est pourtant la
voie de la liberté. D'après les thérapeutes, seuls les défauts
que vous refusez de voir peuvent vous enchaîner. Si vous oc-
cultez un trait de votre caractère, il vous contrôlera. Mais le
mariage fait sauter le couvercle et met tout en lumière. Grâce
à cela, il est permis d'espérer. Vous pouvez enfin commencer
à traiter le « vrai moi ». Ne résistez pas à ce pouvoir du mariage. Donnez à votre conjoint le droit de vous dire ce qui ne
va pas. Paul expose la manière dont Jésus nous « nettoie » et
nous « purifie » des taches et des souillures. Laissez ce droit
à votre conjoint.

Robert n'a jamais eu beaucoup d'amis. De tout temps, il
a peiné à se mettre à la place des autres. Il n'avait pratiquement aucune empathie et était souvent étonné que ses paroles ou ses actes entraînent, chez les autres, des réactions
négatives. En CM1, un psychologue scolaire a dit à ses parents
qu'à son avis, Robert était un « sociopathe modéré »,
quelqu'un qui piétinait souvent les sentiments des autres
parce qu'il était incapable de se les imaginer en éprouvant de
la compassion. Ce défaut de caractère lui créait des problèmes depuis longtemps, mais il n'arrivait pas à l'identifier.
Ses relations évoluaient rarement en amitié et, lors de ses

premiers emplois, il a régulièrement commis des impairs qui ont exaspéré ses supérieurs et les employés placés sous sa responsabilité. Cela lui a même valu un licenciement.

Puis il a rencontré Jessica. Au deuxième rendez-vous, ils baignaient déjà dans l'expérience amoureuse. Elle trouvait sa conversation brillante, à juste titre. De son côté, il aimait qu'elle soit suffisamment sûre d'elle pour ne pas se froisser facilement. L'humour de Robert pouvait parfois devenir cinglant et insultant. C'était son problème depuis toujours, mais contrairement à tant d'autres, Jessie l'envoyait simplement promener et le remettait à sa place. Il aimait ça ! Enfin une femme qui n'avait pas froid aux yeux.

Ils se sont donc mariés. Pourtant, au cours des mois suivants, l'humour indélicat de Robert et ses remarques à la limite de l'abus émotionnel ont empiré. Lorsqu'on est amoureux, on se montre sous son meilleur jour mais, chez soi, la familiarité grandissant, le naturel revient au galop. Nous ne nous surveillons plus. Bien vite, Jessica a pris la mesure de l'étendue du problème de caractère de Robert et en a vu l'aspect déplaisant. Elle a fait attention à la manière dont il parlait aux autres et a observé que peu de personnes avaient la même souplesse et la même carapace qu'elle. Toute sa vie, il allait rencontrer ce genre de problème relationnel. C'était devenu une évidence. Après un an de mariage, profondément déçue, elle s'est surprise à rêver de redevenir célibataire et ainsi libérée de son mari.

La prise de conscience du chagrin intense de sa femme, a effrayé Robert. Ils ont demandé à leur pasteur d'être suivis. Un long cheminement a débuté. Ils ont vécu leur première avancée après plusieurs semaines de rencontres avec leur conseiller. Un soir, ils ont commencé à comprendre que Jessica avait été placée dans la vie de Rob pour un but bien précis. Elle *était* forte, tout le contraire d'une femme fragile. *Exactement* le genre de personne qui pouvait tenir tête à Robert et lui dire : « Cela m'a blessée. Je vais te dire exactement ce que j'ai ressenti jusqu'à ce que tu comprennes l'effet de tes paroles sur les autres. Je ne vais pas simplement me taire et renoncer, et je ne vais pas non plus riposter. Je vais faire ce que Jésus a fait pour nous : il nous a acceptés dans son amour, tout en nous empêchant de nous détruire avec notre péché ».

Jamais personne n'avait autant aimé Robert. Soit on l'avait laissé tomber, soit on l'avait agressé. Et voici quelqu'un qui lui décrivait posément mais sincèrement les effets dévastateurs de ses paroles. Ce qui l'a métamorphosé, c'est que celle qui lui disait à quel point il pouvait être blessant soit justement celle qu'il aimait le plus au monde. Plus Jessica faisait preuve d'un amour noble et véritable, moins il voulait la voir souffrir. Peu à peu, Robert s'est mis à écouter, à apprendre et à changer.

Jessica a alors compris qu'elle avait également besoin d'une transformation radicale. « J'avais un esprit férocement indépendant, et il m'était difficile de dépendre de qui que ce soit, dit-elle. Si quelqu'un me décevait, je le laissais tomber. Je n'avais aucune patience envers les autres. » Quand elle a vu l'étendue des problèmes de Robert, elle a voulu fuir, comme elle l'avait toujours fait, mais cette fois-ci, elle était liée par ses promesses de mariage. Pour la première fois de sa vie, elle ne pouvait pas fuir une personne dysfonctionnelle.

Trois ans après leur mariage, les parents de Robert le reconnaissaient à peine. Ils n'auraient jamais imaginé qu'il puisse être un jour aussi attentionné et compatissant. Les parents de Jessica étaient étonnés de la douceur et de la gentillesse de leur fille à l'égard des faiblesses des autres. Le « pouvoir de vérité » du mariage avait fait son œuvre.

Ce « quelqu'un de mieux », c'est votre conjoint

Le « pouvoir de vérité » accompagnant le mariage est donc un don, même s'il est vraiment difficile à recevoir. Chaque nouveau défaut relevé chez votre conjoint, ou chaque critique à votre égard laissent leur empreinte. Nous sommes comme un minerai fraichement extrait. Le jour de votre mariage, vous voyez l'or dans votre conjoint, mais plus le temps passe et plus les impuretés apparaissent. Vous remarquez des attitudes, des traits de caractère et des habitudes qui, au fil du temps, seront débarrassés de leurs « scories » à la lumière de la gloire de Dieu. Ces défauts ne sont pas définitifs, mais ils peuvent peser sur votre esprit, causant de gros problèmes difficiles à gérer.

Pourtant, un couple qui apprend à distinguer les scories de l'or trouve une aide précieuse. Plutôt que de dire : « Il est comme ça et je déteste ça », souvenez-vous que cette partie exécrable de sa personnalité n'est pas le vrai « lui » définitif. Paul parle de cette dynamique dans sa propre vie, dans Romains 7.14-25 : « c'est ce que je déteste que je fais » (7.15) ; par conséquent : « ce n'est plus moi qui le fais mais c'est le péché qui habite en moi » (7.20). Cela ne veut pas dire que Paul rejette la pleine responsabilité de ses actes mais il sait que ses actions pécheresses ne proviennent pas de son « être intérieur le plus profond » où, dit-il, « je prends plaisir à la Loi de Dieu » (7.22). Les époux chrétiens doivent faire la même différence.

Dire : « Je déteste quand il fait ça, mais ce n'est pas vraiment *lui*. Ce n'est pas définitif » sera d'une grande aide. Elle sera encore plus efficace si vous déterminez ensemble la part de l'or et celle des scories de chacun, pour pouvoir dire : « Voici le vrai toi et voici le vrai moi, voici ce que Dieu veut que nous soyons et voici ce dont nous devons nous débarrasser. Nous devons lutter ensemble. »

Je ne veux pas minimiser la déception ressentie en voyant les scories. Certains quittent leur conjoint au moment où ils remarquent ses défauts. D'autres se replient sur eux-mêmes et diminuent drastiquement leurs souhaits de bonheur, en apprenant simplement à bien s'entendre. Certains traversent de longues périodes d'hostilité, rendant leur conjoint responsable de leur mécontentement. Mais toutes ces démarches ont un point commun. Un des époux regarde les faiblesses de l'autre et dit : « Je dois trouver quelqu'un de mieux ».

Le grand mérite du modèle du mariage chrétien présenté ici est d'imaginer ce « quelqu'un de mieux », en pensant à la version future de la personne à laquelle vous êtes déjà marié. Votre conjoint est ce quelqu'un de mieux. Dieu a effectivement donné le désir d'un conjoint parfait, mais il faut le chercher dans celui que vous avez épousé. Pourquoi laisser tomber ce partenaire dans le seul but de découvrir les défauts profonds et cachés du *suivant* ? Certains multiplient les mariages, traversent le cycle d'engouement, de désenchantement, de rejet et de fuite vers quelqu'un autre, encore et encore. La seule façon d'avoir les premiers aperçus de l'identité glorieuse de l'autre, c'est de choisir de rester avec lui.

On m'a souvent demandé : « Comment savoir si une amitié est suffisante pour construire un mariage ? » Kathy et moi répondons toujours : lorsque vous voyez vos problèmes respectifs, avez-vous envie de fuir ou de collaborer pour les résoudre ? Si vous allez d'instinct vers la deuxième proposition, vous avez les outils nécessaires pour vous marier. Êtes-vous obsédé par les défauts visibles de votre partenaire ou pouvez-vous deviner sa beauté intérieure ? Si vous désirez la voir se développer toujours plus, lancez-vous. Le pouvoir de vérité du mariage ne devrait pas vous effrayer[111].

Une sainte colère

Avant de passer de la puissance de la vérité à celle de l'amour, je veux encourager les conjoints à ne pas hésiter à se dire toute la vérité. Kathy nomme cela « une sainte colère ». Elle ne signifie pas par là, de s'emporter au point de ne plus se contrôler, mais d'insister sans relâche pour être entendu.

Quand nous avons emménagé à New York, pour implanter l'Église presbytérienne *Redeemer*, nous savions que cela demanderait un temps considérable, surtout si l'on tient compte de ma tendance à trop travailler. J'avais appris que celui qui implante une Église voyait sa vie « chamboulée » pendant environ trois ans. J'allais devoir travailler plus d'heures que je ne pourrais en supporter sans nuire à long terme à ma santé ou ma famille. J'ai donc demandé à Kathy de m'offrir ces nombreuses heures de travail pendant trois ans. J'ai promis qu'ensuite les choses changeraient, je ralentirais. « Tu es d'accord ? » « D'accord » a-t-elle dit.

La date butoir est arrivée, et Kathy m'a demandé de réduire mes heures de travail, comme convenu. Je lui ai répondu : « Encore deux ou trois mois. J'ai ceci et cela à terminer. Juste deux ou trois mois ». C'était devenu un refrain. Les mois passaient sans que rien ne change.

Un jour, je suis rentré du travail. Le temps était agréable et j'ai remarqué que la porte du balcon était ouverte. Au moment où j'ai enlevé ma veste, j'ai entendu quelque chose se briser bruyamment. Quelques secondes plus tard, le même bruit s'est reproduit. Je suis sorti sur le balcon et j'ai découvert avec surprise, Kathy, un marteau à la main. Elle était assise à côté d'une pile de vaisselle en porcelaine, notre cadeau de mariage, avec sur le sol, deux sous-tasses en miettes.

« Que fais-tu ? », lui ai-je demandé. Elle a levé la tête et a dit : « Tu ne m'écoutes pas. Tu ne comprends pas que si tu continues à ce rythme, tu vas détruire notre famille. Je ne sais plus comment te le dire. Tu ne vois pas à quel point l'heure est grave. Voilà ce que tu fais ». Et le marteau s'est abattu sur une troisième sous-tasse, qui a volé en éclats.

Tremblant, je me suis assis. Je pensais que ses nerfs avaient lâché. « Je t'écoute, je t'écoute » lui ai-je dit. Au fur et à mesure de la discussion, j'ai vu qu'elle était sérieuse et déterminée, nullement enragée ou hors d'elle. Elle parlait calmement, mais avec force. Ses arguments étaient toujours les mêmes, et j'ai compris à quel point je m'étais bercé d'illusions. Il n'y aurait jamais de moment approprié pour réduire mes heures. J'étais devenu dépendant de toujours produire le même rendement. Je devais agir. Pour la première fois, elle a vu que je l'écoutais vraiment, et nous nous sommes embrassés.

À la fin, je lui ai demandé : « Quand je suis arrivé sur le balcon, j'ai cru que tu faisais une crise de nerfs. Comment as-tu fait pour te ressaisir aussi vite ? »

Elle a souri : « Une crise de nerfs ? Tu vois ces trois sous-tasses que j'ai fracassées ? » J'ai hoché la tête. « Je n'ai plus les tasses. Elles se sont cassées. J'avais trois sous-tasses en trop. Je suis contente que tu te sois assis avant de devoir en casser d'autres ! »

Autorisez votre conjoint à vous rappeler à l'ordre. « Encouragez-vous les uns les autres, jour après jour [...] afin qu'aucun d'entre vous ne se laisse tromper par le péché et ne s'endurcisse » (Hébreux 3.13)[112].

La puissance de l'amour – renouveler le cœur

Le mariage détient la puissance de vérité, la faculté de vous révéler qui vous êtes vraiment, avec tous vos défauts. Quelle merveille de savoir qu'il possède aussi la « puissance de l'amour » : une force sans égale pour vous encourager et vous guérir des blessures et des douleurs les plus profondes de votre vie.

Vous vous mariez avec une certaine image de vous-même, une certaine idée de votre valeur. Il s'agit d'un mélange de plusieurs verdicts émis à votre sujet au cours du temps, par une multitude de gens. Parents, fratrie, amis, professeurs et entraîneurs vous ont tous jugé d'une manière ou d'une autre, en bien ou en mal, selon vos mérites, considérant que vous étiez prometteur ou sans espoir. Vous avez fait le tri, essayé d'oublier certains jugements, mais c'est difficile. Les encouragements ont un impact bien plus fugace dans le cœur humain que les critiques et les condamnations. Certaines paroles sont blessantes et laissent des traces indélébiles. L'image de soi comporte donc plusieurs facettes, souvent contradictoires, assemblées sans ligne directrice. Si elle était visible, cette ligne ressemblerait peut-être au monstre de Frankenstein, composée d'éléments disparates.

Cependant, les messages les plus destructeurs à notre égard sont peut-être ceux que nous avons prononcés nous-mêmes. Dans la tête de beaucoup de personnes, un dialogue intérieur tourne en boucle. Elles se répètent sans fin qu'elles sont bêtes, stupides, ratées, nulles.

Quelqu'un fait alors irruption dans votre vie, avec le pouvoir d'annuler tous les jugements négatifs accumulés, qu'ils viennent des autres ou de vous-même[113]. Le mariage confère un pouvoir énorme à votre conjoint, celui de reprogrammer votre opinion sur vous-même. Il a le pouvoir d'inverser toutes paroles prononcées à votre encontre, de racheter en grande partie le passé. Son amour et ses encouragements ont le pouvoir de guérir bon nombre de vos blessures les plus profondes. Pourquoi? Si le monde entier vous estime laid, mais que votre conjoint vous trouve beau, vous vous sentez beau. Pour paraphraser un passage des Écritures, votre cœur peut vous condamner, mais c'est l'opinion de votre conjoint qui l'emportera.

Pour ma part, je dois avouer qu'avant mon mariage je ne m'étais jamais senti « viril ». J'étais mordu d'informatique avant que ce soit à la mode, trompettiste dans une fanfare et scout jusqu'à la fin du lycée. De bonnes choses, bien sûr, mais pas particulièrement cool ou masculines. On se moquait souvent de moi et on me marginalisait, surtout au lycée parce que j'étais décalé. Mais Kathy me voyait comme son chevalier en armure flamboyante. Elle m'a toujours dit, et elle continue, que, même si le monde entier voit en moi un Clark Kent, elle sait que je porte des sous-vêtements bleus. Elle a toujours été prompte à remarquer et à applaudir le moindre de mes actes de courage. Au fil des ans, petit à petit, l'idée a fait son chemin. Pour ma femme, je suis Superman et rien ne pourrait davantage me faire ressentir ma masculinité.

La puissance de vérité du mariage impacte également la puissance de l'amour. Parce que l'alliance fusionne deux vies et crée le contact le plus intime possible, un avis positif de votre conjoint est d'une crédibilité absolue. Si une vague connaissance venait à me dire: « Tu es un des hommes les plus gentils que je connaisse », ça me ferait sans doute plaisir. Mais à quel point cette phrase me ferait-elle de l'effet? Pas tant que ça. Pourquoi? Parce qu'une partie de mon cœur répondrait: « C'est sympa, mais en fait, il ne me connaît pas du tout ». Mais si ma femme, après des années de vie commune, me disait: « Tu es un des hommes les plus gentils que je connaisse », cela me toucherait profondément. Quel réconfort! Elle me connaît mieux que quiconque. Et si vous avez appris, au fil des années, à aimer et admirer toujours plus votre conjoint, ses éloges vous affermiront et vous guériront encore et encore. Comme le dit Faramir à Sam Gamegie dans *Le Seigneur des Anneaux: Les Deux Tours*: « Les louanges de ceux qui sont dignes d'éloges sont au-dessus de toute récompense ». Être tenu en estime par quelqu'un que l'on admire est la meilleure chose au monde.

Ce principe explique pourquoi, au bout du compte, savoir que le Seigneur de l'univers vous aime est la base la plus stable que puisse avoir un être humain. Avoir une conscience croissante de l'amour de Dieu en Christ est la plus belle des récompenses. N'oublions pas pour autant Adam dans le jardin. Sa relation avec Dieu était parfaite. Mais sa nature humaine et relationnelle était également conçue pour l'amour humain. L'amour de votre conjoint et celui de Christ agissent ensemble dans votre vie, en puissante interaction.

Le pouvoir guérisseur de l'amour dans le mariage est le modèle réduit de celui de Jésus dans nos vies. En Christ, Dieu nous considère justes, saints et beaux (2 Corinthiens 5.21). Le monde nous parle de nos fautes, et nous savons qu'elles existent, mais l'amour de Dieu couvre nos péchés et perdure malgré eux. Jésus a donc le pouvoir de détruire tout ce qui a été dit de vous, ou sur vous par le passé. Dans un mariage chrétien, vous vivez cette dimension en miniature. Votre conjoint vous renvoie parfois directement vers l'amour de Jésus. À d'autres moments, ses encouragements imitent son amour, vous incitent à croire davantage à l'amour que vous avez en Christ et à l'accepter.

Bien au-delà de toute autre relation humaine, le mariage possède une puissance unique de guérir toute blessure et de nous convaincre de notre beauté et de notre valeur.

Aime-moi – Non, toi, aime-*moi* !

Comment donner à son conjoint cet amour guérisseur afin qu'il se sente aimé ? Il s'agit là d'une question et d'une compétence capitales. Permettez-moi d'introduire ces principes par une illustration.

Le père de Kathy s'investissait régulièrement dans les tâches ménagères. Il participait activement aux activités domestiques quotidiennes, soins et repas des enfants compris. Dans ma famille, mon père n'était jamais sollicité pour ce genre de besogne et il ne se sentait nullement concerné lorsqu'il s'agissait de nourrir ou d'habiller les enfants. Quand nous nous sommes mariés, nous n'étions guère conscients de ces différences de pratiques familiales, même si un incident aurait dû nous alerter.

Un soir, ayant rendu visite à Kathy, j'ai dîné dans la cuisine avec sa famille. (Nous avions dépassé le stade « salle à manger et porcelaine ».) Le repas terminé, je me suis levé et j'ai quitté la pièce. Ma future belle-mère était scandalisée. Chez Kathy, *chacun* participait, prenant au minimum son assiette, ses couverts, son verre et ce qui se trouvait à proximité de sa place, pour les poser dans l'évier ou dans le frigo. Quand elle a vu que l'idée ne m'avait même pas effleuré, elle a murmuré à l'oreille de Kathy que je voulais qu'on soit à mon service. Pourtant, chez moi, ma mère aurait pris comme une insulte que quiconque, a fortiori un invité, l'aide à débarrasser la table. C'était son travail : servir et faire toutes les tâches ingrates afin que les autres n'aient pas à les faire.

Cette différence de mentalité ne s'est révélée qu'à la naissance de notre premier enfant. Je me souviens d'un jour où j'étais assis et tenais David dans mes bras, pendant que Kathy s'affairait à la cuisine. Remarquant une odeur suspecte, j'ai dit : « Kathy, il faut changer sa couche ».

Kathy m'a répondu : « Eh bien, tu sais ce qu'on dit chez nous, non ? »

« Quoi ? »

« Trouver, c'est garder ! » Et elle a ri. Autrement dit : « Ne me regarde pas comme ça ; je suis occupée. Le bébé est dans tes bras, change-le. »

J'ai ressenti une bouffée de colère. Je me suis senti... Eh bien, je n'ai pas réussi tout de suite à l'identifier J'avais l'impression qu'elle me manquait de respect. Ce n'était pas censé être mon travail. Comme je protestais, alors à son tour, Kathy s'est énervée. « C'est juste une couche sale, a-t-elle dit. Tu ne fais rien et je suis occupée. » Le problème n'a pas été réglé ce jour-là, car nous n'avions pas vraiment compris ce qui venait de se passer. Prendre soin des enfants en général, et les couches sales et puantes en particulier, sont devenus une source de dispute, jusqu'à ce que nous commencions à comprendre les mécanismes cachés dans nos cœurs.

Aux alentours de la quarantaine, la mère de Kathy avait eu un accident vasculaire cérébral. Son père avait donc pris en charge plusieurs tâches ménagères. Ce fonctionnement était très inhabituel pour cette génération d'hommes travaillant à l'extérieur et de femmes au foyer. Sa mère en était profondément reconnaissante ; elle admirait l'humilité et l'amour de son époux. Kathy l'entendait dire : « Mon mari m'aime ; la preuve, il m'aide dans les tâches ménagères et s'occupe des enfants ». Mais dans ma famille, mon père n'avait jamais eu à faire ce genre de travail. Je me demande d'ailleurs s'il a déjà vu l'intérieur d'une couche sale. Il travaillait énormément et était souvent très fatigué. Ma mère lui était reconnaissante de subvenir à nos besoins et sentait que sa seule possibilité de contribuer à parts égales au bien-être familial était de prendre en charge la totalité du travail domestique. Elle disait : « Voici comment j'aime ton père : il travaille si dur, il pourvoit à nos besoins et, quand il rentre à la maison, je ne lui demande pas de faire ces choses. C'est moi qui m'en occupe ».

Cette différence dans nos familles ne se résumait pas seulement à deux modèles de partage des tâches. Elle résidait aussi dans ce qu'on pourrait appeler « la monnaie de l'amour ». Le père de Kathy était taciturne. Mais il aimait sa femme en répondant à ses besoins particuliers, et elle en mesurait le prix. Pour elle, cette valeur dépassait de loin celle de fleurs ou de bijoux. Elle appréciait profondément ce qu'il faisait et se sentait aimée. De son côté, mon père, qui travaillait tant, aurait pu avoir une femme qui se plaignait de devoir élever les enfants seule. Ce n'était pas le cas ; il appréciait profondément ce qu'elle faisait, et se sentait comme un « roi dans son château ».

Ces modèles de monnaie d'amour observés dans nos familles respectives étaient devenus des schémas inconscients. Voilà pourquoi la question de « qui change les couches sales ? » a fait l'objet d'un conflit durable. De prime abord, c'était troublant. Le problème paraissait plutôt simple. Pourquoi, dans ce cas, soulevait-il une telle tension ?

Nous avons finalement réalisé que, lorsque Kathy me demandait de changer la couche de notre fils, j'en déduisais qu'elle ne m'aimait pas et qu'elle estimait que je ne travaillais pas suffisamment. Quand c'était moi qui lui en faisais la demande, elle comprenait que c'était un travail de femme, pas vraiment gratifiant. Plus ou moins consciemment, Kathy voulait dire : « Si tu m'aimais comme mon père aime ma mère, tu changerais les couches ». De mon côté, je répondais intérieurement : « Si tu m'aimais comme ma mère aime mon père, tu ne me le demanderais même pas ». Chacun croyait entendre l'autre lui dire : « Je ne t'aime pas », car aucun de nous n'entendait le langage d'amour susceptible de toucher son cœur.

Comment cela s'est-il terminé ? Nous avons décrypté les mécanismes en jeu et, dans ce cas précis, c'est moi qui ai changé la couche. Je ne voulais pas tomber dans un schéma qui opposerait mon travail à mon investissement auprès de mes enfants. Mais nous n'avons jamais oublié cette leçon. Dire « Je t'aime » ne suffit pas. Donner de l'amour à son conjoint de la façon qui *vous* est naturelle ne suffit pas davantage. Il existe plusieurs façons de donner 100 euros à quelqu'un. Vous pouvez les donner en liquide, en chèque, en or, ou en nature, voire en utilisant différentes devises. Alors, vous demandez : « Comment veux-tu ces 100 euros ? » De la même manière, vous devez apprendre à donner de l'amour à votre conjoint de la manière qu'il considèrera comme la plus forte et la plus précieuse émotionnellement. C'est la seule façon d'activer la puissance de l'amour capable de reconstruire et de guérir, dans la vie de votre conjoint[114].

Les monnaies de l'amour

Les monnaies de l'amour sont souvent appelées « langages de l'amour ». Cette métaphore est particulièrement parlante. Si nous disons « Je t'aime » à quelqu'un qui ne comprend pas un mot de français, alors l'amour ne « passe pas ». Le message est transmis, mais il n'est pas reçu. Nous devons apprendre à utiliser le langage que l'autre peut comprendre. Je me permets d'utiliser une autre métaphore. Un signal radio émis sur une certaine fréquence ne sera pas capté si le récepteur est calé sur une autre fréquence. De la même manière, un mari peut émettre le message « Je t'aime » avec beaucoup de sensualité et de romantisme, mais le récepteur d'amour de sa femme n'est peut-être pas réglé sur cette fréquence-là. Il n'a pas une écoute attentive lorsqu'elle veut lui parler de choses qui la découragent. Elle a désespérément besoin d'une oreille compatissante et lui, dans son impatience, ne lui lance que de brefs conseils. Elle lui dit alors : « Je n'ai pas l'impression que tu m'aimes ! » Il rétorque : « Mais bien sûr que je t'aime ! » D'où vient cette discordance ? Sa femme et lui ne sont pas branchés sur la même fréquence. Voilà pourquoi, si souvent dans un couple, l'amour est donné sans être reçu.

L'amour s'exprime de maintes manières. On peut acheter un cadeau, déclarer « Je t'aime », faire un compliment, exprimer physiquement un amour tendre et romantique, répondre aux désirs de sa moitié, avoir un temps d'écoute en focalisant toute son attention sur elle. Ce n'est que le début de la liste. Pendant des siècles, des penseurs ont identifié diverses formes d'amour. Les Grecs utilisaient des termes différents pour exprimer la tendresse (*storge*), l'amitié (*philos*), l'amour érotique (*eros*) et le service (*agape*). On peut également classer les expressions de l'amour en d'autres catégories. Toutes ces formes sont nécessaires, aucune ne doit être négligée, mais chacun de nous attribue plus de valeur émotionnelle à certaines formes d'amour qu'à d'autres. Il s'agit d'une monnaie qui a une valeur particulière, d'un langage qui transmet le message d'amour à notre cœur avec la plus grande force. Quand nous recevons certains styles d'amour, ils nous ravissent plus et nous comblent plus que d'autres.

Pourquoi ? Une certaine forme d'amour a parfois une grande valeur à nos yeux, simplement parce que quelqu'un qui a beaucoup compté pour nous était soit particulièrement maladroit dans ce domaine, soit l'exprimait particulièrement bien. Une forme d'amour peut aussi être vitale à un moment précis à cause de circonstances particulières. Quoi qu'il en soit, certaines formes d'amour charment plus spécialement votre cœur. Quiconque veut vous exprimer son amour doit connaître vos préférences et s'y conformer.

Nous devrions agir ainsi envers nos conjoints, car Dieu l'a fait pour nous. Quand Moïse a demandé à Dieu de lui montrer sa gloire, Dieu lui a répondu qu'il ne pouvait la voir sans mourir. Pourtant, dans l'Évangile de Jean, nous lisons que Dieu est venu sous une forme humaine et qu'en la personne de Jésus : « Nous avons contemplé sa gloire, la gloire du Fils unique envoyé par son Père : plénitude de grâce et de vérité ! » (Jean 1.14). C'est extraordinaire. Dieu nous a manifesté sa gloire sous une forme qui nous est familière : la forme humaine. Par l'incarnation, Dieu est venu à nous d'une façon que nous pouvions comprendre. Nous devons donc, à notre tour revêtir notre amour de la forme qui parle à notre conjoint. Nous devons l'exprimer en fonction de ses besoins. Voici quelques principes pratiques.

Tout d'abord, comprenez que vous êtes doté d'un « filtre ». Vous avez tendance à n'« entendre » que certains langages d'amour. Par exemple, votre conjoint travaille dur pour pourvoir à vos besoins matériels, alors que vous aimeriez qu'il s'exprime davantage. Vous pouvez alors penser : « Il ne m'aime pas ! », puisqu'il ne communique pas son amour dans le langage qui vous est le plus cher. Ôtez ce filtre et voyez l'amour dont votre conjoint fait preuve.

Le théologien R. C. Sproul nous a raconté un jour une histoire, vécue avec sa femme Vesta, illustrant ce principe. « Pour mon anniversaire, j'avais vraiment envie de quelque chose que je n'aurais jamais acheté de moi-même. Je rêvais de nouveaux clubs de golf. Vesta, pragmatique, savait qu'il me fallait de nouvelles chemises blanches. Elle m'en a donc acheté six. Elles étaient très belles. J'ai fait de mon mieux pour ne pas afficher ma déception. » Pour l'anniversaire de Vesta, il n'a pas fait beaucoup mieux. Désireux de lui offrir quelque chose de somptueux et d'extravagant, il lui a acheté un manteau de fourrure, sans se rendre compte qu'elle avait envie d'un nouveau combiné lave-linge sèche-linge. Ils se donnaient tous deux beaucoup de peine pour exprimer leur amour. Mais chacun parlait sa propre langue à un conjoint qui avait besoin d'entendre l'amour dans son dialecte.

Demandez-vous si certains conflits récurrents avec votre conjoint ne sont pas des conflits de langage d'amour. Cela vous amènerait à être plus indulgent et à changer votre stratégie. Peut-être, comme Kathy et moi, avez-vous un conflit insoluble au sujet des responsabilités envers les enfants. Le mari, estime peut-être (comme je le faisais) : « Si tu m'aimais comme ma mère aimait mon père, tu ne me demanderais pas de changer les couches », tandis que sa femme pense certainement (comme le faisait Kathy) : « Si tu m'aimais comme mon père aimait ma mère, tu le ferais spontanément ». Au lieu de croire : « Il (ou elle) est si égoïste », chacun devrait penser : « Il (ou elle) ne se sent pas vraiment aimé(e) ».

Apprenez les langages fondamentaux de votre conjoint et exprimez votre amour selon ses propres canaux et non selon les vôtres. Nous avons tendance à donner de l'amour en utilisant les fréquences mêmes qui nous permettent d'en recevoir.

N'oubliez pas qu'un langage d'amour inapproprié risque d'être compris « à l'envers ». Par exemple, en lui offrant des cadeaux alors qu'elle désire une autre forme d'amour, elle risque de dire : « Tu cherches à acheter mon amour ! »

Ne maltraitez jamais le langage d'amour principal de l'autre. Ne faites pas exprès de ne pas le parler dans le but de blesser votre conjoint. La blessure sera profonde. Un homme pour qui le respect de sa femme en public est primordial ne supportera pas qu'elle le ridiculise devant leurs amis. Une femme qui a régulièrement besoin de mots d'encouragement sera anéantie par les éternels silences de son mari.

Passer de « être amoureux » à aimer

Nous avons déjà évoqué le fait que l'amour romantique a tendance à passer. Nous faisons alors l'expérience d'un retour à la réalité où il importe d'opérer une bonne transition pour bien aimer son conjoint de manière réfléchie et sur le long terme. Comment l'effectuer ?

Gary Chapman s'appuie sur son expérience de conseiller conjugal pour répondre de façon étayée à cette question[115].

Becky est venue le voir seule, et lui a appris en sanglotant que son mari Brent, la quittait. Ultérieurement, à la demande de sa femme, Brent est venu le voir, et a dit : « Je ne l'aime plus. Je ne veux pas lui faire de mal et j'aimerais que ce soit différent, mais je n'éprouve plus aucun sentiment pour elle. » Au début de leur amour, Brent et Becky étaient dans un état d'euphorie. Mais quelques mois après leur mariage, tous deux ont fini par voir les défauts de l'autre et leurs sentiments se sont refroidis, plus vite pour Brent, chez qui ils ont tout bonnement disparus. À présent, il voulait rompre. Il était amoureux de quelqu'un d'autre depuis plusieurs mois. Il ne pouvait imaginer vivre sans ce nouvel amour et était déterminé à obtenir le divorce.

Le conseiller lui a demandé de considérer les choses d'un autre point de vue. La plupart des mariages commencent par une phase de puissant sentiment d'amour, pendant laquelle les conjoints se sentent profondément aimés, du seul fait de la présence de l'autre. Cette euphorie finit par s'estomper et aimer devient alors un choix délibéré. Il a dit à Brent:

[Après cette phase d'euphorie] si notre conjoint a appris à nous parler dans la langue sentimentale que nous comprenons, nos besoins affectifs continueront d'être comblés. Mais s'il ne parle pas la même langue que nous, notre réservoir se videra peu à peu, et nous finirons par ne plus nous sentir aimés. La satisfaction des besoins d'amour de mon conjoint est le résultat d'un libre choix de ma part. Si j'apprends à parler la langue dans laquelle mon épouse saisit bien l'expression de mon amour, si je la parle fréquemment [...] quand elle redescendra de son nuage d'amour romantique où elle aura vécu quelque temps, elle ne perdra rien car son réservoir émotionnel restera rempli. Mais si je n'ai pas appris à parler la première langue sentimentale de mon épouse, ou si je refuse de la parler, quand elle reviendra sur terre après le coup de foudre, elle connaîtra les soupirs d'insatisfaction. Après quelques années de vie avec un réservoir vide, il est probable qu'elle tombera amoureuse d'un autre homme et le cycle recommencera[116].

Brent est resté insensible aux paroles de Gary Chapman. Il n'était pas convaincu que cette nouvelle expérience d'amour soit semblable à celle qu'il avait avec Becky. Cette fois était « la bonne », celle de l'amour qui allait durer. Il a remercié poliment le conseiller pour sa sollicitude et lui a demandé de faire son possible pour aider Becky. Quant à lui, il partait.

Quelques semaines plus tard, Brent a rappelé et a demandé un rendez-vous à M. Chapman. Il est arrivé visiblement troublé, en rien l'homme calme et confiant de la rencontre précédente. Il a expliqué que son nouvel amour semblait lui tourner le dos. Sa compagne émettait les mêmes critiques que Becky concernant son caractère, mais en étant bien plus cruelle et virulente. La nouvelle relation semblait se dégrader.

Chapman lui a réexpliqué la marche à suivre : au début, l'amour vous emporte inconsciemment, mais pour finir, il doit devenir un choix. Dans un premier temps, cela semblera artificiel, mais si les deux conjoints agissent de concert, le sentiment d'être aimés abondamment adoucira leur vie. Brent s'est engagé à essayer et un an plus tard, Becky et lui ont renouvelé leurs promesses de mariage.

Mais tous les problèmes de couple ne peuvent se résoudre en s'astreignant à décrypter les langages d'amour et en exprimant l'amour dans la forme la plus adaptée. Le cœur humain est infiniment complexe (Jérémie 17.9). Les difficultés liées au mariage peuvent provenir d'une idolâtrie profondément ancrée, d'une colère dont on n'est qu'à moitié conscient et de craintes qui doivent être éradiquées par de la thérapie et la grâce de Dieu. Néanmoins, faire volontairement l'effort difficile de connaître son conjoint et de l'aimer de manière *appropriée* est indispensable à un bon mariage. Comme notre culture croit que l'amour est un sentiment involontaire plus qu'une action réfléchie, cette compétence fondamentale est souvent complètement ignorée.

La tendresse

Il est utile de faire une liste d'exemples des différentes formes de langages d'amour[117]. Le seul fait de la lire peut enclencher le processus de discernement. En l'étudiant, l'un des conjoints dira peut-être : « Si tu faisais *ça* pour moi chaque semaine, notre mariage serait différent ! » Vous êtes alors sur la bonne voie.

Commençons par la tendresse. L'amour s'exprime par le regard, les caresses, en s'asseyant près de l'autre et en se tenant par la main. Si ces gestes sont limités aux seules intentions de rapport sexuel, ils perdent leur valeur de preuve de tendresse. L'amour peut aussi se traduire par la recherche de moments originaux qui facilitent les petites attentions. Prévoyez des promenades, des moments au coin du feu, des sorties touristiques et des pique-niques. Prendre le temps d'organiser ces activités est un indice important et une vraie manifestation d'amour. Prendre soin de votre apparence peut aussi être un cadeau pour votre conjoint. Se détendre et s'amuser contribuent également à créer une atmosphère de tendresse.

L'amour s'exprime avec d'autres mots qu'un simple : « Bien sûr que je t'aime ! » Nous devons apprendre à envoyer des messages d'amour de façon directe, personnelle, originale et toujours nouvelle. Découvrez les points forts et les dons de votre partenaire, et faites-lui des éloges sincères, témoignez de votre appréciation et de votre reconnaissance. Exprimer ainsi son amour oblige à s'abstenir de paroles dures et de critiques. Les mots d'amour peuvent être dits, mais aussi écrits : utilisez des post-it, des cartes, des lettres et des maximes adaptées aux occasions particulières, comme les anniversaires.

Enfin, on peut aussi manifester de la tendresse par des cadeaux attentionnés, personnels, utiles et beaux.

L'amitié

Comme nous l'avons dit, l'amitié est essentielle au mariage et cette forme d'amour a sa propre gamme d'expressions. L'amour-amitié se cultive en partageant des moments « de qualité ». Cela implique de faire ensemble ce qui plait beaucoup au moins à l'un d'entre vous tout en communiquant. La plupart des gens pensent tout de suite aux loisirs et aux divertissements, et c'est juste. Mais partager des activités (comme le jardinage) peut également renforcer la complicité. Avant tout, faites savoir à votre conjoint que vous donnez la priorité au temps passé avec lui.

L'amour-amitié se démontre aussi par un soutien sincère, de l'intérêt et de la fierté pour tout ce qui a trait au travail de votre conjoint. Si chacun travaille à l'extérieur, cela signifie chercher à connaître et à apprécier ce que l'autre fait. Si la femme est à la maison et s'occupe des enfants et des tâches ménagères, le mari doit absolument avoir à cœur de s'impliquer et d'aider sa femme à faire de leur maison un foyer et un havre de paix.

L'amour s'exprime également par un partage intellectuel, incluant la lecture commune de livres (pourquoi pas à voix haute), la confrontation de vos réflexions ou l'étude d'un même sujet.

Finalement, l'amour-amitié se manifeste et mûrit par l'écoute et l'ouverture mutuelles. L'amitié est avant tout une relation sécurisante, dans laquelle il est possible de partager ses craintes, ses blessures et ses faiblesses. C'est un refuge affectif. Écouter exige de l'attention. Certains savent écouter, mais pas se confier, et inversement. La confiance se construit également en honorant fidèlement nos engagements.

Le service

Servir l'autre commence par les tâches les plus terre-à-terre et les moins gratifiantes. Si l'épouse s'occupe en grande partie ou totalement des enfants et du ménage, cela voudra peut-être dire que le mari doit participer autant que possible. Il peut, par exemple, changer les couches de bon cœur et aider spontanément au ménage, sans qu'on l'y invite.

Mais servir son conjoint, c'est aussi lui témoigner beaucoup de respect. C'est lui donner l'assurance que vous prendrez toujours sa défense, qu'il peut compter sur vous, que vous vous montrerez loyal et reconnaissant devant les autres, famille et amis.

Servir son conjoint, c'est également montrer que l'on a son bien-être et son épanouissement à cœur. Ce genre d'amour est offert quand vous l'aidez à développer ses talents et à poursuivre ses aspirations à croître.

Une des plus belles manifestations d'amour est la volonté de changer. C'est s'engager à modifier nos attitudes et nos comportements qui dérangent ou blessent notre conjoint. Pour changer en profondeur, il faut accepter d'être redressé et de rendre des comptes. Ce genre de changement est toujours difficile, et presque impossible, sans la grâce de

Dieu, mais c'est également un des signes d'amour les plus puissants au sein d'un mariage.

Pour finir, la meilleure façon de se servir mutuellement, pour des époux chrétiens, est de s'entraider à grandir spirituellement comme nous l'avons vu au chapitre 4. Cela signifie s'encourager à participer activement ensemble à la vie de l'Église, à la communauté chrétienne. C'est aussi partager la lecture et l'analyse d'ouvrages chrétiens, étudier la Bible et prier ensemble. Pendant des siècles, les couples chrétiens ont pratiqué diverses formes de prière familiale quotidienne.

Prier chaque jour l'un avec l'autre et l'un pour l'autre est un langage d'amour qui, à bien des égards, réunit les autres langages. C'est faire preuve de tendresse affectueuse et de transparence ; vous entendez votre conjoint vous remettre à Dieu pour être béni. Agir ainsi chaque jour ou presque, pimente toute votre relation avec l'amour de Dieu et votre amour mutuel.

Cet inventaire des langages ou des monnaies d'amour est loin d'être exhaustif. Accorder à son conjoint des périodes de solitude plus ou moins longues, en fonction de ses besoins affectifs, peut constituer un autre exemple. Exclure son conjoint de sa vie est inexcusable, mais chacun de nous a besoin de passer du temps seul ou plutôt d'avoir des activités extérieures, à des degrés divers. Faire une liste aidera les couples à identifier et à verbaliser ce qui relève souvent en partie de l'inconscient, et qu'ils peinent à exprimer avec des mots. La tâche qui vous attend est à la fois difficile et simple : apprenez les langages d'amour de votre conjoint. Définissez-les ensemble, ainsi que quelques moyens concrets de démontrer régulièrement votre amour sous ces formes-là. Puis mettez-les en pratique. Chaque semaine, choisissez une façon bien particulière de faire preuve d'amour l'un envers l'autre.

Le Grand Problème

Nous l'avons vu, par nature, le mariage détient la puissance de la vérité qui vous montre qui vous êtes réellement ; et la puissance de l'amour qui reprogramme votre image de vous-même, en rachetant le passé et en guérissant vos blessures les plus profondes. À présent, une mise en garde s'impose.

Nous avons dit que, si tout le monde vous trouvait laid, mais qu'aux yeux de votre conjoint vous étiez beau, vous vous sentiriez beau, grâce à la puissance de ses paroles. Mais l'inverse est également vrai : si tout le monde vous trouve beau, alors qu'aux yeux de votre conjoint vous êtes laid, vous vous sentirez laid. L'opinion de votre conjoint peut être une arme redoutable. Une fois mariés, vous réaliserez très rapidement que vous détenez le pouvoir de blesser votre conjoint. Vous connaîtrez sa sensibilité mieux que quiconque. Des remarques acérées de votre part pénétreront son âme plus profondément qu'un couteau.

Dans ce monde déchu, les puissances de vérité et d'amour du mariage peuvent entrer en conflit. Le mariage détient le pouvoir de me montrer ce qui ne va pas chez moi parce que mon conjoint me connaît de fond en comble, mieux que moi-même. Voilà pourquoi son soutien, son jugement et sa bénédiction ont autant de poids et de puissance. Mais il y a un problème. Ma femme ne découvre pas mes péchés comme le médecin découvre mes maladies ou le thérapeute mes craintes et ma colère. Elle connaît mes péchés parce que, bien souvent, ils sont commis contre *elle*. Elle sait que je suis insensible parce que je suis dur avec elle. Elle me sait égoïste, car je suis égoïste avec elle.

Voilà le Grand Problème du mariage. La seule personne au monde qui tient votre cœur entre ses mains, celle dont vous avez tant envie et besoin de l'approbation et des encouragements, est justement celle que vous blessez plus que quiconque, à cause de vos péchés. Lorsque notre conjoint pèche contre nous de façon grave, nous utilisons la puissance de la vérité : nous le traitons de sale égoïste, d'imbécile, de bon à rien. Pourtant, dès les premières fois, nous sommes parfois surpris de découvrir à quel point nos critiques peuvent être accablantes. Parfois nous incendions notre partenaire de remarques dures et insultantes, pour nous retrouver avec une paire de baskets fumantes et sans conjoint. Que s'est-il passé ? Nous possédons la puissance d'aimer et d'encourager, mais retirez l'amour, alors affirmer la vérité n'aidera pas, mais détruira votre conjoint.

Constater le pouvoir destructeur de la vérité dans le mariage, peut nous pousser à commettre l'erreur inverse, et seulement encourager. Nous évitons de dire à notre conjoint à quel point nous sommes déçus. Nous nous taisons. Nous refoulons et dissimulons ce que nous pensons et ressentons réellement. Nous exerçons la puissance de l'amour, mais pas celle de la vérité.

Dans ce cas, l'énorme potentiel détenu par le mariage pour la croissance spirituelle est perdu. Si je me rends compte que mon conjoint n'est pas totalement honnête avec moi, tous les encouragements aimables qu'il me prodigue perdent leur efficacité. J'ai besoin d'être sûr que ma femme me dit régulièrement la vérité pour que ses tendres encouragements me transforment réellement.

Voilà l'idée : la vérité et l'amour doivent aller de pair, mais c'est très difficile. Quand nous sommes blessés, nous utilisons la puissance de la vérité sans l'amour. La fureur et la douleur qui en résultent peuvent mener à l'erreur d'aimer sans dire la vérité, même si, en fin de compte, personne ne se sentira aimé.

Nous avons besoin qu'amour et vérité soient étroitement entrelacés. Nous avons besoin de nous sentir aimé par notre conjoint à un point tel que lorsqu'il nous critique, nous nous sentons encore en sécurité pour admettre nos torts. Nous pouvons alors savoir qui nous sommes, y faire face et grandir. Mais les choses se passent souvent différemment. Pourquoi ? Voir les défauts de notre conjoint nous met en colère. Il est extrêmement difficile de dire la vérité avec amour, de concilier vérité et amour. Comment résoudre ce problème ?

La puissance de la grâce – la réconciliation

La vérité dépourvue d'amour gâche l'harmonie, et l'amour sans la vérité crée un semblant d'unité, mais bloque en réalité l'avancée et la croissance. La grâce est la solution. Connaître la grâce de Jésus permet d'appliquer deux des compétences les plus importantes du mariage : le pardon et la repentance. La vérité et l'amour ne peuvent cohabiter que si l'on excelle à pardonner et à se repentir.

Arvin Engelson, qui suivait les mêmes cours que Kathy et moi à l'université, comparait le mariage à une machine à polir les pierres précieuses. On place les pierres dans le tambour et elles interagissent, de façon constructive et créatrice. Les arêtes s'entrechoquent, jusqu'à ce que chaque pierre soit belle et polie. Mais sans une substance spécifique introduite dans le tambour, les pierres rebondiront les unes contre les autres sans autre résultat que des fêlures et des éclats. La substance polisseuse dans le tambour a le même rôle que la grâce de Dieu dans le mariage. Sans la puissance de la grâce, la vérité et l'amour ne peuvent s'unir. Soit les conjoints restent à distance de la vérité et ils « rebondissent l'un contre l'autre », soit ils s'attaquent mutuellement et volent en éclats.

Dans Marc 11.25, Jésus dit que, lorsqu'on prie, et que l'on en veut à quelqu'un, il faut lui pardonner à l'instant même. Cela veut-il dire qu'il ne faut pas confronter cette personne ? Non, au contraire. Jésus, dans Matthieu 18, tout comme Paul dans Galates 6 et ailleurs, dit aux chrétiens d'aller voir celui qui leur a fait du tort et de lui parler de son péché. Je veux bien, mais la Bible me dit de pardonner d'abord et d'aller *ensuite* m'expliquer ? Oui ! Nous sommes surpris parce qu'en général, *nous affrontons ceux qui nous ont fait du tort afin de leur rendre la pareille*. En fait, en leur « adressant des reproches », nous nous vengeons. Ils nous ont dénigrés alors nous les dénigrons à notre tour. C'est vraiment pernicieux. La personne incriminée, sensible à notre esprit de vengeance, sera anéantie ou furieuse, voire les deux. En lui disant la vérité, nous ne cherchons pas son intérêt, mais notre propre satisfaction. Il en résultera du chagrin, de l'amertume et du désespoir.

Jésus nous donne la solution. Les chrétiens, sachant qu'ils ne vivent que par la grâce et le pardon de Dieu, doivent s'appliquer à d'abord pardonner dans leur cœur à ceux qui leur ont nui et ensuite, aller les voir. Si vous agissez dans cet ordre, la confrontation sera radicalement différente. Autrement dit, sans la « substance spécifique », la puissance de la grâce qui pardonne, vous utiliserez la vérité pour blesser. L'autre choisira de riposter ou de se mettre en retrait. Votre mariage fonctionnera alors en mode vérité-sans-amour, avec des disputes constantes, ou en mode amour superficiel-sans-vérité, dans lequel les conjoints évitent les problèmes de fond.

Être capable de reprendre l'autre en lui disant la vérité pure et simple, en toute honnêteté, puis exprimer un pardon total, dans la joie, sans l'humilier, ni en tirer une quelconque autosatisfaction ou supériorité, est l'une des compétences de base du mariage. Cela ne signifie pas qu'il est interdit d'exprimer sa colère, auquel cas, la vérité n'aurait pas l'effet escompté. Mais la grâce qui pardonne doit toujours être présente. Comme le sel sur la viande, elle empêchera la colère de devenir rance. L'amour et la vérité pourront alors cohabiter, car au préalable, vous aurez pardonné à votre conjoint comme Christ vous a pardonné.

Que faut-il pour connaître la puissance de la grâce ? Avant tout, de l'humilité. Si vous avez du mal à pardonner, c'est en partie parce qu'au fond de votre cœur, vous pensez : « *Moi* je ne ferais jamais une chose *pareille* ! » Tant que vous vous sentez supérieur, une bien meilleure personne que l'autre, il vous sera très difficile, voire impossible, de pardonner. Si vous persistez dans le mépris et la supériorité, la vérité dévorera l'amour. Vous ne ferez que critiquer, avec mépris et dureté, au point de ne pouvoir être entendu.

Dire la vérité avec amour nécessite une humilité émotionnelle, mais également une « richesse émotionnelle », avec à la base une joie et une confiance intérieures. Si vous vous sous-estimez, si vous avez une mauvaise image de vous-même, il peut être primordial pour vous d'avoir un conjoint toujours content de vous. Vous ne supporterez pas qu'il soit en colère contre vous. Cela signifie que vous ne le critiquerez pas et n'arriverez pas non plus à lui dire à quel point il vous a blessé. Incapable d'affronter et de pardonner, vous garderez votre rancune enfouie, sans pouvoir l'extérioriser. Vous acquiescerez toujours, sans jamais affronter. Ici, « l'amour dévore la vérité ».

Nous constatons qu'il faut une profonde humilité, doublée d'une grande joie et de confiance en soi, pour user, correctement et conjointement, de la puissance de l'amour et de la puissance de la vérité, de façon transformatrice, intégrative et équilibrée. Où trouver ces qualités ? Nulle part sur cette terre, elles doivent venir d'ailleurs. Sans aide, notre nature humaine est incapable de les associer. Sans une expérience de la grâce de Dieu, ceux qui croient avoir réussi dans la vie sont sûrs d'eux, mais ne font preuve d'aucune humilité face à ceux qui agissent mal. Ceux qui croient avoir grandement échoué dans la vie sont humbles, mais ne sont ni sûrs d'eux ni heureux.

Mais l'Évangile nous transforme pour que notre compréhension de nous-mêmes ne se fonde plus sur nos performances dans la vie. À cause de notre grande méchanceté, de nos péchés et de nos imperfections, Jésus a dû mourir pour nous. Seule la mort du Fils de Dieu pouvait nous sauver d'un tel état de perdition. Il l'a fait volontiers car nous sommes précieux à ses yeux et il nous aime profondément. Le Seigneur de l'univers nous a suffisamment aimés pour cela ! L'Évangile nous rend à ce point humble qu'il nous met à terre et nous élève en même temps aux plus hauts des cieux. Nous sommes à la fois pécheurs et totalement aimés et acceptés par le Christ.

Comment obtenir la puissance de la grâce? Elle ne se créée pas, on ne peut la refléter que si on l'a reçue. Voir Jésus mourir sur la croix pour les autres, pardonner à ceux qui l'ont tué, peut représenter un sacré exemple d'amour qui pardonne, hors de notre portée. Mais voir Jésus mourir sur la croix pour *toi*, te pardonner et te débarrasser de ton péché, fait toute la différence. Il a posé son regard au plus profond de ton cœur, mais t'a porté aux nues par son amour. La joie et la liberté de savoir ce que le Fils de Dieu a fait pour toi, te permettent d'en faire autant pour ton conjoint. Cela vous donne à tous les deux l'humilité et la richesse émotionnelle nécessaires pour mettre en œuvre la puissance de la grâce.

Le pouvoir ultime

Le mariage a le pouvoir exclusif de nous montrer la vérité sur nous-mêmes. Il a le pouvoir unique de racheter notre passé et de guérir notre perception de nous-mêmes par l'amour. Le mariage a aussi le pouvoir exclusif de nous révéler la grâce de ce que Dieu a fait pour nous en Jésus-Christ. Dans Éphésiens 5, Paul nous dit que Jésus a donné sa vie pour nous, pardonnant à un grand prix, pour faire de nous quelque chose de magnifique. Et puisqu'il l'a fait pour nous, nous pouvons le faire pour les autres.

Les péchés de votre conjoint vous blessent. Mais vos péchés blessent Jésus infiniment plus. Vous pouvez avoir l'impression que votre conjoint vous crucifie, mais vos péchés ont vraiment cloué Jésus à la croix et pourtant, il vous a pardonné.

On raconte que le fidèle général d'un ancien tsar de Russie était mortellement blessé. Le tsar a promis au soldat agonisant d'élever son fils et de s'en occuper à sa place. Le général mort, il a tenu parole en donnant au jeune garçon le meilleur toit et la meilleure éducation. Plus tard, nommé officier, le jeune homme est entré dans l'armée. Cependant, il était un joueur invétéré. Ne pouvant honorer ses dettes de jeu, il détournait l'argent du régiment. Un soir, assis dans sa tente, il a étudié les comptes et a compris que ses agissements allaient être découverts. Il ne pouvait les dissimuler plus longtemps. Il s'est mis à boire, tout en préparant son suicide. Son révolver à portée de main, il a encore pris quelques verres pour renforcer sa détermination. Mais l'alcool était trop fort, et il est tombé ivre mort sur la table.

Ce soir-là selon son habitude, le tsar habillé en simple soldat, traversait le camp, essayant d'évaluer le moral de son armée, relevant des bribes de conversation çà et là. Il est entré dans la tente de son fils adoptif et l'a trouvé affalé sur le livre de comptes. Après avoir étudié ce dernier, il a compris ce que le jeune homme avait fait et qu'elles étaient ses intentions.

En se réveillant quelques heures plus tard, le jeune homme a constaté avec surprise la disparition de son révolver. À sa place se trouvait une lettre. Plus surprenant encore, c'était un billet à ordre stipulant : « Je soussigné, le tsar, paierai sur mes propres deniers la totalité de la somme manquante afin de rééquilibrer ces comptes. » Il portait le sceau personnel du tsar. Ayant clairement vu le péché du jeune homme, l'étendue de sa faute, il avait choisi néanmoins de couvrir et de payer personnellement pour son péché.

Voici pourquoi vous pouvez dire à votre conjoint, qui vous a blessé : « Je vois ton péché, mais je peux le couvrir avec le pardon, puisque Jésus a vu le mien et l'a couvert. » C'est possible parce que le Seigneur de l'univers est venu dans ce monde, incognito, en la personne de Jésus-Christ ; il a regardé dans nos cœurs et a vu le pire. Ce n'était pas un exercice théorique : nos péchés l'ont mis à mort. Cloué à la croix, Jésus nous a regardés : certains l'ont renié, d'autres l'ont trahi, et tous l'ont abandonné. Il a vu notre péché et l'a couvert.

Je ne connais aucune ressource aussi puissante que celle-ci pour accorder le pardon et je ne connais rien d'aussi nécessaire, dans un mariage, que d'être capable de pardonner complètement, librement, sans désir de punir, du fond du cœur. Une expérience approfondie de la grâce de Dieu, à savoir que vous êtes des pécheurs sauvés par grâce, permettra à la puissance de l'amour et de la vérité de travailler ensemble dans votre mariage.

Et en utilisant cette puissance, conscient de la grâce de Dieu, vous aidez votre conjoint à devenir merveilleux.

Kathy et moi avons, sur le mur de notre chambre, une photo de notre mariage datant d'il y a 37 ans. Physiquement, nous étions bien plus beaux : j'avais encore des cheveux et, disons-le, nous étions bien plus minces. Quand j'officie à des mariages et que je vois les jeunes mariés, ravissants, dans leurs plus beaux atours, j'ai souvent envie de plaisanter en disant : « Vous êtes splendides, mais à partir de maintenant la descente commence. Vous ne serez plus jamais aussi beaux. »

Mais, cette affirmation s'avérera fausse si vous intégrez la puissance de la grâce à celles de la vérité et de l'amour et si vous vous engagez dans l'aventure de l'amitié spirituelle, en partenariat avec Dieu pour ce voyage vers la nouvelle création. Alors, aux yeux de Dieu et au fil des ans, vous vous embellirez mutuellement, comme un diamant taillé, poli et serti.

> *Voilà pourquoi nous ne perdons pas courage. Et même si notre être extérieur se détériore peu à peu, intérieurement, nous sommes renouvelés de jour en jour. En effet, nos détresses présentes sont passagères et légères par rapport au poids insurpassable de gloire éternelle qu'elles nous préparent. Et nous ne portons pas notre attention sur les choses visibles, mais sur les réalités encore invisibles. Car les réalités visibles ne durent qu'un temps, mais les invisibles demeureront éternellement* (2 Corinthiens 4.16-18).

Un conjoint doté de discernement spirituel peut avoir un aperçu de ce que Dieu voit dans son partenaire, et cela l'enthousiasme. Les gens voient nos rides se creuser, mais en utilisant les puissances du mariage avec la grâce de Jésus, nous nous voyons devenir toujours plus magnifiques sur le plan spirituel, où nous nous aidons mutuellement à nous habiller, nous laver et nous parer. Et un jour, l'univers entier verra ce que Dieu voit en nous.

Le jour de notre mariage, nous devrions nous déclarer : « Bien que tu sois magnifique aujourd'hui, un jour, tu te tiendras à mes côtés devant Dieu, et ta beauté sera telle que ces habits auront l'air de haillons. »

Chapitre 6

Accueillir l'Autre

Femmes, soyez soumises chacune à votre mari, comme au Seigneur ; car le mari est le chef de la femme, comme Christ est le chef de l'Église, qui est son corps et dont il est le Sauveur. Maris, aimez chacun votre femme, comme le Christ a aimé l'Église et s'est livré lui-même pour elle.

Éphésiens 5.22-23, 25 – *Colombe*

Bien que Tim et moi (Kathy) ayons collaboré tout au long de cet ouvrage, nous avons trouvé plus judicieux que j'écrive seule ce chapitre, de mon point de vue, étant mieux placée pour parler de ma propre expérience et des difficultés rencontrées dès que l'on aborde le sujet de la différence des rôles entre hommes et femmes. Rien de bien surprenant : à cause de la malédiction dans la Genèse, chaque culture a trouvé le moyen d'interpréter l'autorité masculine de manière à marginaliser et opprimer les femmes, qui sont en général les premières à dénoncer ces agissements et à s'y opposer.

Que vous vous déclariez égalitariste, féministe, traditionaliste, complémentariste, ou que vous releviez de toute autre nuance dans la gamme d'interprétations, les différences entre les hommes et les femmes constitueront un problème inévitable dans chaque mariage. Ne pas les admettre, c'est refuser de voir le nez au milieu de la figure. Tout le monde se marie en ayant sa propre idée des rôles de chacun : comment le mari doit se comporter envers sa femme, la femme envers son mari et les enfants envers leurs parents. Cela peut provenir d'influences diverses : notre famille d'origine, les normes culturelles en vigueur, l'observation de couples amis, ou même les clichés glanés dans nos lectures, films et programmes télévisés habituels.

Le sujet des rôles de l'homme et de la femme dans le mariage est incontestablement litigieux et polémique. J'ai moi-même vécu au cœur du débat pendant plus de 40 ans. J'ai vu des versets bibliques servir d'armes pour justifier l'oppression et la rébellion. J'ai également constaté la guérison et l'épanouissement quand des mots brûlants, tels que « chef » ou « soumission », sont tous deux correctement compris dans le couple, selon le modèle inspiré par Jésus.

Tim et moi nous sommes mariés sans avoir d'idées précises sur le rôle de l'homme et de la femme dans les relations au quotidien. En effet, malgré maintes discussions théoriques de haut niveau lors de nos cours, je n'étais pas préparée au premier matin dans notre nouvelle Église, quand Tim a rempli sa mallette, m'a embrassée et « est parti travailler ». Je me revois, debout dans la cuisine, à me dire : « Et maintenant, que suis-je censée faire toute la journée ? » Jusqu'ici, nous avions vécu dans un monde pratiquement unisexe. Tous deux étudiants, nous partagions les mêmes cours, nous entrions en compétition pour la meilleure note sur un pied d'égalité, et nous avions rarement eu à réfléchir aux intentions de Dieu en nous créant homme et femme. Je devais soudain réfléchir à mon rôle de femme et d'épouse, sur le plan à la fois pratique et biblique.

Bien que Tim et moi ayons parfois été maladroits et ignorants, nous avons découvert qu'en nous soumettant à nos rôles respectifs divinement attribués, Dieu nous offrait un de ses plus grands cadeaux, correspondant à notre identité la plus profonde et à notre entrée dans la Grande Marche de l'univers. Je n'ai pas pour autant appris à aimer les habits à froufrous, ni Tim à réparer une voiture. Aucune personne avisée ne refuserait le cadeau de quelqu'un qui l'aime, sans y avoir au moins jeté un coup d'œil. Nous espérons donc que, même si cette idée de rôles différents et divinement attribués au sein du mariage vous gêne, vous suspendrez votre jugement le temps de ce chapitre, et réfléchirez à la façon dont Dieu a pu les concevoir pour notre bien[118].

Au commencement

Un débat sur le rôle de l'homme et de la femme dans le mariage doit commencer par un examen du bien que Dieu avait prévu à l'origine, de la façon dont les êtres humains l'ont corrompu, et de ce que Jésus a fait pour restaurer ces rôles. Alors seulement, nous pourrons aborder les notions délicates d'autorité, de soumission, de chef et la notion d'aide.

Dans la Bible, la première mention d'être sexué va de pair avec la première citation concernant l'humanité[119]. « Il le créa à l'image de Dieu, homme et femme il les créa » (Genèse 1.27 - *Colombe*). Que nous soyons homme ou femme n'est donc pas un plus à notre humanité, cela en constitue l'essence même. Dieu ne crée pas une humanité générique qui se scindera par la suite, mais au contraire, dès l'origine, nous sommes masculin ou féminin. Chacune de nos cellules est estampillée XX ou XY. Je ne peux donc pas comprendre qui je suis si je cherche à ignorer comment Dieu m'a conçue, ou si je méprise ses dons, destinés à m'aider à accomplir ma vocation. Si la perspective postmoderne du genre en tant que « concept social » était correcte, nous pourrions alors choisir toute voie qui nous semblerait bonne. Si notre genre est au cœur de notre nature, nous courons le risque de perdre un élément-clé de nous-mêmes en abandonnant nos rôles distinctifs d'homme ou de femme.

En parallèle, la Genèse nous montre que les hommes et les femmes ont été créés dans une égalité absolue. Tous deux ont été créés à l'image de Dieu, tous deux ont été bénis, et ils ont reçu le même mandat de dominer la terre. Cela signifie que hommes et femmes sont appelés, en totale collaboration, à construire la civilisation et la culture, selon la mission de Dieu. Les hommes comme les femmes sont appelés à s'intéresser à la science et à l'art, à fonder des familles et des communautés humaines[120].

Tout de suite après nous avoir créés homme et femme, Dieu nous dit d'être « féconds » et de « remplir la terre ». Dieu donne ici à la race humaine la mission de procréer, reflétant ainsi sa propre créativité, féconde et illimitée. Évidemment, ce don magnifique de créer une nouvelle vie humaine ne peut s'accomplir qu'à deux. Aucun des sexes ne possède toutes les caractéristiques nécessaires : nous avons besoin d'une complémentarité dans l'union. Ces versets indiquent clairement qu'hommes et femmes, bien qu'égaux en dignité et en valeur, sont complémentaires.

Quand Dieu voit Adam seul, homme sans femme, il dit que cela « n'est pas bon[121]. » Il s'agit de la première chose que Dieu trouve imparfaite dans l'univers. Adam est la source physique d'Ève, et il reçoit la responsabilité de lui donner un nom. Le Nouveau Testament s'appuiera sur ces deux éléments du récit pour déclarer que le mari est le « chef[122] ». Pourtant, bien que Dieu donne l'autorité à l'homme, la femme n'est pas décrite comme inférieure, ainsi que l'on pourrait s'y attendre. Elle est appelée « une aide qui soit son vis-à-vis » (Genèse 2.18).

« Aide » n'est pas la meilleure traduction pour le terme hébreu *'ezer*. « Aide » désigne une personne qui assiste simplement quelqu'un dans une tâche qu'il aurait presque pu faire tout seul. Mais *'ezer* est pratiquement toujours utilisé dans la Bible pour parler de Dieu lui-même. À d'autres occasions, il fait référence à l'aide militaire, à des renforts sans lesquels la bataille serait perdue. « Aider » signifie donc compenser ce qui manque à l'autre avec notre force[123]. La femme est faite pour être une « aide puissante ».

Le terme de « vis-à-vis » est également une traduction inadéquate. Il traduit une expression composée qui signifie littéralement « comme et opposé à lui[124] ». L'ensemble du récit de Genèse 2, dans lequel une partie de l'homme est prélevée pour créer la femme, laisse bien entendre que chacun est incomplet sans l'autre[125].

Homme et femme sont « comme et opposés » l'un à l'autre. Ce sont deux pièces d'un puzzle qui s'ajustent parce qu'ils ne sont ni exactement identiques, ni différents par hasard : unies, leurs différences forment un tout. Chaque sexe est doté de pas de danse différents dans la même Grande Marche de l'univers.

Genèse 3 raconte la Chute, lorsque l'homme et la femme pèchent contre Dieu et sont exclus du jardin d'Éden. Nous voyons tout de suite la transformation catastrophique de l'unité entre l'homme et la femme. L'air est rempli de rejet de la faute sur l'autre, de doigts accusateurs, de critiques[126]. Leur différence, loin d'être source de complémentarité, devient moyen d'oppression et d'exploitation. La femme reste dépendante et attachée à son mari, mais son désir devient idolâtre, tandis que la protection et l'amour de l'homme deviennent convoitise égoïste et exploitation.

La danse de la Trinité

Par Jésus-Christ et son œuvre, s'amorce la restauration de l'unité et de l'amour originels entre conjoints. Jésus exalte et souligne l'égalité des femmes, porteuses de l'image de Dieu et du mandat de la création au même titre que les hommes[127]. De plus, il restaure les rôles confiés à l'homme et à la femme au commencement, en les incarnant lui-même, à la fois comme serviteur-chef et comme *ezer*-subordonné.

Philippiens 2.5-11[128], un des premiers hymnes chantés par l'Église, célèbre le fait qu'en dépit de son égalité avec Dieu, Jésus a laissé sa gloire pour endosser le rôle de serviteur. Il s'est dépouillé de ses privilèges divins sans rien perdre de sa divinité, et a assumé son rôle dans une soumission allant jusqu'à l'extrême : celle de serviteur mourant au service de son maître. Ce passage enseigne l'égalité fondamentale des premier et deuxième membres de la Trinité, ainsi que la soumission volontaire du Fils au Père pour assurer notre salut. Je tiens à souligner que Jésus accepte ce rôle de façon absolument délibérée, c'est un don qu'il offre à son Père. J'ai appris ainsi que ma soumission dans le mariage était un cadeau que j'offrais et non un devoir qui m'était imposé.

À l'époque où je m'efforçais de comprendre l'*égalité* des sexes et leurs rôles, j'ai découvert que c'est ce passage qui anéantissait complètement le rôle secondaire attribué à la femme. Nés dans les années 1950, mes frères, mes sœurs et moi-même avons été élevés de manière « sexuellement neutre ». Ma mère était une des seules femmes diplômées parmi ses connaissances. La question de mon égalité avec un garçon ne s'était jamais posée pendant mon enfance. Il ne m'était tout simplement jamais venu à l'esprit de diviser le monde en filles et garçons, sauf quand il s'agissait d'aller aux toilettes. Par certains côtés, le mouvement féministe était donc un grand choc pour moi. « Vous voulez dire, pensais-je, qu'il y a des femmes maltraitées, insultées, exploitées, marginalisées, dévalorisées ? » Le remède préconisé m'a montré que j'avais été complètement inconsciente du malaise.

Néanmoins, la première fois que j'ai entendu des chrétiens dire que l'homme et la femme sont « différents mais égaux », j'ai trouvé que cela se rapprochait de la devise de la ségrégation raciale : « séparés mais égaux » (N.D.É. : Devise officialisée par la Cour suprême des États-Unis en 1896). Mon premier contact avec l'idée de chef et de soumission a donc été intellectuellement et moralement traumatisant. Heureusement, de brillants professeurs m'ont guidée vers le passage dans Philippiens 2. Et j'ai compris. Si la deuxième personne de la Trinité se soumettait et prenait le rôle de serviteur sans que cela ne constitue une atteinte à sa dignité ou à sa divinité (mais le mène plutôt à une plus grande gloire), comment le fait d'assumer le « rôle de Jésus » dans mon mariage pourrait-il me nuire ?

Ce passage est l'un des premiers à révéler « la danse de la Trinité ». Le Fils se soumet à son Père, prenant un rôle subalterne. Le Père accepte ce don, mais il élève ensuite le Fils au-dessus de tout. Chacun cherche à faire plaisir à l'autre, à le louer. L'amour et l'honneur sont offerts, acceptés et donnés à nouveau. Dans 1 Corinthiens 11.3, Paul explique sans ambages ce que sous-entend Philippiens 2 : la relation entre le Père et le Fils est un modèle pour la relation entre le mari et la femme[129]. Le Fils se soumet à la direction du Père avec un empressement libre, volontaire, plein de joie, et non par contrainte ou par infériorité. La direction du Père est donnée et reçue dans la joie, le respect et l'amour mutuels. Il n'existe aucun déséquilibre de compétences ou de dignité. Nous sommes sexués pour refléter cette vie au sein de la Trinité. L'homme et la femme sont appelés à incarner et refléter la « danse » de la Trinité, l'autorité caractérisée par l'amour et le sacrifice de soi, la soumission caractérisée par l'amour et le courage. Le Fils endosse un rôle secondaire et, ce faisant, il montre non sa faiblesse, mais sa grandeur. C'est une des raisons qui fait dire à Paul que le « mystère » du mariage nous permet d'apprendre quelque chose du cœur même de Dieu dans l'œuvre du salut qu'il nous offre (Éphésiens 5.32). C. S. Lewis écrit : « Dans les illustrations de Christ et de l'Église, l'homme et la femme ne sont pas présentés comme de simples faits de la nature, mais comme les ombres vivantes et grandiose de réalités totalement hors de notre contrôle et bien au-delà de notre connaissance[130] ».

Que dire de la « tête » ?

J'avais franchi une grande étape en comprenant qu'accepter mon rôle n'était ni avilissant ni dangereux. J'avais vécu la période exaltante des débuts du féminisme sans jamais ressentir le besoin de le défendre ou de le protéger. Choisir de mon plein gré de « me soumettre » ou d'être « soumise » ne me ressemblait pas du tout et n'était ni compris, ni encouragé par mon entourage[131].

J'ai dû faire un pas encore plus grand pour comprendre que le degré de soumission des *hommes* était le même en ce qui concerne leurs rôles. Ils sont appelés à être des « chefs-serviteurs ».

Notre monde tient pour acquis que ceux qui ont un statut social élevé bénéficient d'avantages et de privilèges : ceux qui volent avec le *Miles-Statut Platinum* sont surclassés, leurs repas et boissons sont offerts et ils ont droit à un surplus de bagages, gratuitement. Ceux dont le compte en banque est bien plus garni que le nôtre prennent rendez-vous avec leur banquier au lieu de faire la queue devant le guichet.

Dans la danse de la Trinité, la grandeur se définit par l'effacement, le sacrifice, la dévotion au bien de l'Autre. Jésus a redéfini, ou plutôt défini correctement, les concepts de chef et d'autorité, les débarrassant de leur toxicité, du moins pour ceux qui appliquent sa définition plutôt que celle du monde.

La nuit précédant sa mort, Jésus a fait quelque chose de merveilleux, il a lavé les pieds de ses disciples (Jean 13.1-17), leur enseignant par l'exemple sa propre définition des concepts d'autorité et de chef. Il leur a dit :

> *Avez-vous compris ce que je viens de vous faire ? Vous m'appelez Maître et Seigneur – et vous avez raison, car je le suis. Si donc moi, le Seigneur et le Maître, je vous ai lavé les pieds, vous devez, vous aussi, vous laver les pieds les uns aux autres. Je viens de vous donner un exemple, pour qu'à votre tour vous agissiez comme j'ai agi envers vous. Vraiment, je vous l'assure, un serviteur n'est jamais supérieur à son maître (Jean 13.12-16).*

Le maître vient de se faire serviteur en lavant les pieds de ses disciples, démontrant ainsi de manière spectaculaire qu'autorité et fonction de dirigeant riment avec service, c'est-à-dire qu'on meurt à soi-même pour aimer et servir l'Autre. Jésus a redéfini toute autorité par rapport à la notion de chef-serviteur. Tout exercice du pouvoir doit avoir pour objectif de servir l'Autre, et non d'assouvir ses désirs personnels. Jésus est le seul qui ne soit pas venu pour être servi, comme l'attendent les dirigeants de ce monde, mais pour servir au point de donner sa vie.

Ses disciples, en écrivant les Évangiles, nous révèlent sans détour à quel point ils ne l'avaient pas compris. Ils se sont même disputés la veille de sa crucifixion, pour savoir qui aurait l'honneur de s'asseoir à sa droite et à sa gauche, positions d'autorité dans son règne qu'il allait bientôt inaugurer. Jésus ancre sa position sur le sens de l'autorité et du pouvoir : les dirigeants et les grands de ce monde exercent leur autorité en « dominant » sur les autres. *Il ne doit pas en être ainsi parmi vous !* Ceux qui sont chargés de diriger doivent être les esclaves de tous, suivant ainsi leur maître, qui « n'est pas venu pour se faire servir, mais pour servir [...][132]. »

Après la résurrection et la venue du Saint-Esprit, les paroles de Jésus semblent avoir fait leur chemin. Lorsque Paul écrit aux Éphésiens à propos de la relation mari-femme, il prend pour modèle la relation entre Jésus et l'Église. Nous, l'Église, nous soumettons à Christ en toute chose ; l'analogie de la femme se soumettant en « toute chose » à son mari n'est plus redoutable, puisque nous savons quel comportement ce dernier est appelé à imiter. Quel doit être son rôle ? Celui d'un sauveur, un chef-serviteur qui met son autorité et son pouvoir au service d'un amour infini allant jusqu'à mourir pour sa bien-aimée.

En Jésus, le côté dominateur de l'autorité se dissipe et toute l'humilité de la soumission est glorifiée. Loin de le rabaisser, la soumission de Christ le conduit à sa glorification ultime, où Dieu « l'élève à la plus haute place et lui donne le nom qui est au-dessus de tout nom. » Cela implique-t-il que, par la soumission qu'elle lui témoigne, un mari prépare sa femme à être glorifiée au-dessus de lui ? Je l'ignore mais je sais que si le rôle de la femme à l'égard de son mari est analogue à la soumission de l'Église à Christ, alors nous n'avons rien à craindre.

Les femmes *comme* les hommes doivent « jouer le rôle de Jésus » dans le mariage : Jésus dans son autorité vouée au sacrifice, Jésus dans sa soumission vouée au sacrifice. En acceptant notre rôle d'homme ou de femme et en l'exerçant, nous pouvons témoigner de concepts si paradoxaux qu'ils en sont absolument incompréhensibles aux yeux du monde, sauf quand ils sont appliqués par des hommes et des femmes dans des mariages chrétiens.

Accepter l'autre

Dieu appelle la femme à être une « aide » appropriée pour son mari. Il serait donc étrange qu'il n'ait pas doté chacun d'eux de capacités distinctes leur permettant d'accomplir au mieux leurs appels spécifiques. Pour les femmes, les caractéristiques les plus évidentes sont physiques. Elles leur permettent de porter des enfants et de les nourrir, mais des dons divers et variés, plus subtils d'un point de vue émotionnel et psychologique complètent ces différences.

Il est surprenant de constater que certaines théories féministes rejoignent l'enseignement biblique sur la différence entre hommes et femmes. Ils ne sont pas des individus unisexes, interchangeables, mais ont leurs propres points forts, qui se traduisent dans leurs différentes manières de résoudre les problèmes, de trouver un accord et d'assumer des qualités de dirigeant. Un article du *New York Times* a présenté une étude de cas intéressante, intitulée « Quand les femmes font de la musique ». Une femme, chef d'orchestre renommée, y explique comment la différence de sexe dans ces trois domaines la pousse à diriger son orchestre différemment d'un homme[133]. D'après elle, les femmes dirigent « peut-être mieux » que les hommes. Elle souligne aussi que les musiciens, sous une direction féminine, « améliorent leur performance sur le long terme ». L'auteur a évidemment été taxé, par certains, de sexisme à l'envers. L'idée maîtresse reste néanmoins qu'hommes et femmes ont une façon radicalement différente d'aborder une même tâche, fait confirmé par un vaste mouvement d'études empiriques, ces vingt dernières années, qui ont révélé à quel point nous nous comportons, réfléchissons, ressentons, travaillons et menons nos relations de façon totalement différente selon notre sexe.

Une des premières études féministes prônant l'idée de ces différences irréductibles a été *Une voix différente* de Carol Gilligan, en 1982. Son éditeur, Harvard University Press, l'avait décrite comme « le petit livre qui a provoqué une révolution ». Avant sa publication, les théories sociologiques soulignaient la futilité des différences entre les sexes ; Mme Gilligan affirmait au contraire que le développement psychologique, les motivations, et même le raisonnement moral des femmes, étaient différents de ceux des hommes[134]. Pour elle, alors que les hommes cherchaient la maturité en se détachant, les femmes atteignaient la leur en s'attachant[135].

Toutes études confondues, les hommes ont un don d'indépendance, un don pour « envoyer ». Ils regardent vers l'extérieur. Ils entreprennent. Sous l'influence du péché, ces caractéristiques peuvent, si elles sont transformées en idole, faire de l'homme un individualiste phallocrate ou, s'il rejette sa nature profonde par rébellion, quelqu'un de dépendant. Le premier péché est une virilité exacerbée, alors que le second en est le rejet.

Toutes études également confondues, les femmes ont un don d'interdépendance, un don pour « accueillir ». Elles regardent vers l'intérieur. Elles maternent. Sous l'influence du péché, ces caractéristiques peuvent, si elles sont transformées en idole, créer chez la femme une dépendance à l'attachement ou, si elle rejette sa nature profonde par rébellion, l'amener à l'individualisme. Le premier péché est une féminité exacerbée, alors que le second en est le rejet.

Si nous sommes créés à l'image du Dieu trine, du Dieu qui danse, on peut s'attendre à de telles différences et bien d'autres, avec la danse de la Trinité[136].

Il est triste de constater que les plus ardents pourfendeurs de ces différences innées (moins nombreux aujourd'hui, depuis que la recherche scientifique et médicale s'est rangée aux côtés des études sociologiques et psychologiques) risquent de finir par dévaloriser la femme là même où ils cherchent à la défendre. On suppose que pour aller de l'avant ou être pris au sérieux dans ce monde, l'homme doit par défaut se comporter en dominateur arrogant (et pécheur). On demande aux femmes de se dépouiller de leurs qualités féminines, de devenir des ersatz d'hommes, afin d'être « un des leurs ». Le monde des affaires, les relations romantiques, et même les ministères dans l'Église, perdent à ne pas tirer profit des forces distinctes des femmes dans leurs qualités de dirigeantes, leur créativité et sensibilité, pour n'en citer que quelques-unes.

Ces trente dernières années, plusieurs philosophes et théoriciens de la société ont réfléchi à la « question de l'Autre[137] ». Il est naturel de définir sa propre identité par rapport à celles des autres, forcément différentes. Beaucoup d'entre eux ont estimé que ce processus renforçait automatiquement le sentiment de valeur et d'originalité des gens, en les amenant à exclure et rabaisser ceux qui sont « autres », qui ne sont pas comme eux. Les chrétiens peuvent reconnaître que leur tendance à l'autojustification (un péché) les amène souvent à mépriser ceux qui pensent, réagissent et se comportent différemment d'eux. La fierté, personnelle, raciale et sociale prend racine lorsque le cœur évince Dieu. Il en résulte un besoin de faire ses preuves et d'acquérir une identité basée sur son prestige, sa supériorité et ses performances.

Un des meilleurs exemples de « l'exclusion de l'autre » concerne les différences entre les sexes. Aimer quelqu'un du sexe opposé est *difficile*. Les malentendus, les explosions de colère et les larmes abondent. Les hommes ont tendance à mépriser les femmes, quand elles se réunissent à la pause-café pour parler chiffons. Les femmes leur rendent la pareille en révélant leurs prétentions et leurs faiblesses. Que ceux qui n'ont jamais ironisé « Ah, les hommes ! » ou « Ah, les femmes ! » lèvent la main. Effectivement, le fossé s'apparente souvent à un gouffre. Hommes et femmes n'arrivent pas à s'entendre. Et puisque la réaction par défaut du cœur humain est l'autojustification, quand nous n'arrivons pas à comprendre l'autre, nous partons du principe qu'il est inférieur. Mais en perdant ou en niant leurs « honneurs particuliers[138] », les hommes et les femmes perdent aussi leur capacité de communiquer et de se délecter d'être avec l'Autre.

C'est là qu'intervient la conception chrétienne du mariage. Selon la perspective biblique, le mariage remédie au gouffre entre les sexes : l'autre y est totalement accepté. Composer avec l'altérité de notre conjoint nous aide à grandir et à nous épanouir, d'une manière qui serait autrement impossible. Car, comme le dit la Genèse, homme et femme sont « comme et opposé à » l'autre : radicalement différents, et pourtant incomplets l'un sans l'autre. Des amis homosexuels, hommes et femmes, m'ont confié qu'une des raisons de leur attrait pour l'amour homosexuel, c'était l'approche tellement plus facile qu'avec quelqu'un du sexe opposé. Je n'en doute pas. Quelqu'un du même sexe n'offre pas autant de différences à comprendre qu'un « autre ». Mais le projet de Dieu pour les couples mariés consiste à embrasser toute l'altérité de l'autre dans le but de les réunir et cela ne peut se faire qu'entre un homme et une femme[139]. Même à l'échelon atomique, l'univers entier est maintenu par l'attraction de forces positives et négatives. Saisir qui est l'Autre *est*, de façon certaine, ce qui fait tourner le monde.

La croix et l'autre

Dans tout vrai mariage, il y aura des conflits provenant de différences entre les sexes qui se révèleront gigantesques. Ce n'est pas que l'autre soit simplement différent ; c'est que ses différences *n'ont pas de sens*. Dès que l'on se heurte à ce mur d'incompréhension, le péché tapi dans notre cœur se fait fort de donner un sens moral à ce qui n'est qu'une profonde différence de tempérament. Les hommes ne voient que pure *dépendance* dans le besoin d'interdépendance des femmes et les femmes ne voient que de l'*ego* dans le besoin d'indépendance des hommes. Les époux s'éloignent l'un de l'autre parce qu'ils s'autorisent au quotidien des pensées méprisantes, envers les différences propres au sexe de leur conjoint, avec la constance d'un battement de tambour.

Mais Jésus donne à chacun un modèle et une puissance pour transformer tout cela.

Miroslav Volf nous montre, dans son livre *De l'exclusion à l'étreinte*, que le Dieu de la Bible étreint l'Autre, c'est-à-dire nous. En citant un autre théologien, Volf écrit :

> Sur la croix du Christ [l'amour de Dieu] est là *pour les autres :* les pécheurs (les récalcitrants), les ennemis. L'abandon de soi réciproque qui a lieu au sein de la Trinité se manifeste par le renoncement de Christ à lui-même, dans un monde qui s'oppose à Dieu ; ce don de soi attire tous ceux qui croient en lui dans la vie éternelle de l'amour divin[140].

Christ a accueilli l'ultime « Autre » : l'humanité pécheresse. Il ne nous a pas exclus en nous livrant simplement au jugement. Il nous a accueillis en mourant sur la croix pour nos péchés. Aimer l'Autre, surtout quand il est hostile, entraîne un sacrifice. Cela signifie parfois connaître la trahison, le rejet et des agressions[141]. Partir est la solution la plus simple. Jésus ne l'a pas fait. Nous sommes « l'Autre » et il nous a étreint, aimé, amené à vivre une nouvelle unité avec lui.

Connaître cet amour miséricordieux, qui couvre les péchés, donne aux croyants à l'Évangile de Christ les fondements d'une identité qui n'a besoin ni de supériorité ni de rejet pour se forger. En Christ, notre sécurité est totale. En lui, nous savons qui nous sommes et cela nous libère de l'impulsion naturelle de mépriser quiconque diffère trop de nous. Nous sommes alors capables de l'accueillir plutôt que de l'exclure. Notre conjoint en est le premier concerné, avec toutes ses différences incompréhensibles et souvent exaspérantes.

Dans la perspective biblique, c'est un aspect de la gloire du mariage. En accueillant l'Autre, deux personnes de sexe opposé s'engagent et acceptent de se sacrifier. C'est souvent douloureux et toujours compliqué mais cette expérience nous aide à nous développer et à grandir en maturité plus qu'aucune autre. Elle crée une profonde unité grâce à l'intense complémentarité des sexes. Cela n'a rien à voir avec qui gagne le plus ou qui se sacrifie le plus pour les enfants. Le schéma familial selon lequel l'homme travaille à l'extérieur et la femme reste à la maison avec les enfants est une évolution plutôt récente. Pendant des siècles, le mari et la femme (et souvent les enfants) travaillaient ensemble dans la ferme ou dans la boutique. Les détails annexes du partage des tâches dans la famille pouvaient se régler différemment en fonction des mariages et de la société. Cependant, l'autorité tendre et serviable d'un mari-chef, et le cadeau marquant et bienveillant de la soumission d'une femme nous rétablit dans notre rôle tel qu'il a été pensé lors de la création.

Accueillir l'autre dans le foyer

Sur papier les idées semblent bonnes, mais comment les traduire de nos jours, dans un mariage ?

Vous devez d'abord trouver un endroit très sûr où vivre les qualités de dirigeant et la soumission. Je le précise car je n'ignore pas l'avertissement de Dieu dans la Genèse : le péché conduira les hommes à chercher à dominer sur les femmes (Genèse 3.16)[142]. Celles qui désirent accepter ces rôles différenciés dans leur mariage doivent impérativement trouver un mari qui soit réellement un *serviteur*-chef, pour qu'elles lui soient assorties en tant qu'aide solide.

Nous avons tous vu, à la télévision ou au cinéma, des cascades ou des scènes d'action accompagnées de cet avertissement : « N'essayez pas de faire cela chez vous[143]. » Dans le cas des rôles différenciés, c'est exactement le contraire : « Ne le faites que chez vous, ou dans l'Église, la communauté des croyants[144]. » Chercher à reprendre notre héritage royal ainsi que le cadeau qui nous a été donné à la création : notre rôle d'homme ou de femme, ne peut se faire en toute sécurité que là où nous pécheurs pouvons avoir accès à la repentance et au pardon (souvent nécessaires).

N'allez pas imaginer que j'oublie ou que j'occulte le triste palmarès des violences faites aux femmes par des hommes qui ont détourné à leur profit les définitions bibliques de termes comme « chef » et « soumission ». L'Église ne devrait ni ignorer ni minimiser toute cette souffrance, mais je vous supplie de « ne pas jeter le bébé avec l'eau du bain ». Videz l'eau, par tous les moyens disponibles, mais sauvez le bébé qui, dans le cas qui nous occupe, est l'acceptation légitime des rôles de l'homme et de la femme, tels que Jésus les a définis et incarnés.

Le foyer sera comme une fenêtre donnant sur une société humaine restaurée et rachetée, dans laquelle nos rôles respectifs nous apporteront une meilleure compréhension de nous-mêmes et une union plus complète avec l'Autre[145]. Dans ce contexte de mariage en tant que ministère, les femmes sont appelées à « se soumettre » à leurs maris et les hommes à être « les chefs » de leurs femmes.

Votre conjoint et vous devez saisir un des aspects les plus surprenants de l'enseignement biblique sur les rôles de l'homme et de la femme dans le mariage. Bien que le principe soit clair (le mari est le serviteur-chef et détient la responsabilité et l'autorité finales sur la famille), la Bible ne donne pratiquement aucun détail sur la conduite à adopter. Les femmes ne devraient-elles jamais travailler à l'extérieur ? Leur est-il interdit de créer, de se cultiver, de devenir des scientifiques ? Les maris ne devraient-ils jamais faire la lessive ou le ménage ? La femme devrait-elle s'occuper principalement du soin quotidien des enfants et le mari gérer les finances ? Les esprits traditionalistes sont tentés de répondre par l'affirmative, jusqu'à ce qu'on leur signale que rien de tel n'est écrit dans la Bible. Les Écritures ne dressent pas de liste de tâches ou d'interdictions respectives. Elles ne donnent *aucune* directive spécifique de ce genre.

Pourquoi ? Souvenons-nous que la Bible a été écrite pour toutes les époques et toutes les cultures. Si elle avait établi des règles concernant les rôles des maris et femmes dans les cultures agraires de l'Antiquité, elles auraient été difficilement transposables à notre époque. Mais elle ne l'a pas fait.

Qu'est-ce que cela signifie pour nous? Aucun modèle rigide concernant les rôles de chacun ne peut se justifier bibliquement. Les chrétiens ne peuvent s'appuyer sur la Bible pour imposer des stéréotypes masculins ou féminins. Bien que les sociologues aient pu établir des thèses intéressantes sur les différentes façons qu'ont les hommes et les femmes du monde entier d'exprimer leurs émotions, de conduire leurs relations et de prendre des décisions, ces caractéristiques seront modulées en fonction des personnalités et des cultures. Tel père jugé autoritaire en Europe sera peut-être perçu comme plutôt passif dans un pays non-occidental. Nous devons trouver des manières d'honorer et d'exprimer nos rôles, mais la Bible nous laisse libre quant aux détails, tout en maintenant le caractère obligatoire du principe[146].

Comme Tim devait enseigner au séminaire théologique de Westminster, nous avons déménagé et acheté une maison à Philadelphie, pour la première (et seule) fois de notre vie. Nous avons rapidement compris que le salaire de Tim ne suffirait pas à couvrir nos dépenses régulières plus le crédit de la maison. J'ai donc travaillé à temps partiel, comme rédactrice aux éditions Great Commission. Je devais travailler toute l'année tous les matins, alors que l'emploi du temps de Tim était plus flexible, surtout pendant l'été, et faisait de lui « M. Maman » : il allait chercher les enfants à l'école et les gardait pendant les vacances d'été. En observant notre mariage, une personne extérieure aurait pu penser qu'il y avait une inversion, voire un rejet, des rôles. En fait, c'était tout le contraire. Même si en apparence les petites tâches de chacun avaient changé, j'apportais toujours une aide déterminante à Tim, lui permettant ainsi d'enseigner.

J'imagine deux objections à ce qui précède. La première émane de quelqu'un qui veut plus de précisions: « Il me faut plus d'indications que ça! Quelles sont précisément les tâches du mari et de la femme, ce qu'ils font et ne font pas ? Il me faut des détails ! » La réponse est que la Bible ne nous donne, volontairement, pas de réponses. Ainsi, les couples aux idées plus traditionnelles ne tomberont pas dans le travers du : « Eh bien chez *moi*, on faisait comme ça ! » Votre conjoint et vous êtes différents, vous vivez à une autre époque et probablement dans un autre lieu. Les rôles fondamentaux de chef et d'aide sont contraignants, mais chaque couple doit trouver la façon de les traduire dans son mariage. Ce travail de prise de décisions est essentiel si vous voulez réfléchir à vos différences et leur faire honneur.

Mais la notion de chef peut également en irriter certaines : « D'accord, les hommes et les femmes sont profondément différents à cause de leur sexe, mais pourquoi *l'homme* devrait-il diriger ? Si les hommes et les femmes sont égaux en dignité, pourquoi l'homme est-il le chef ? » Je crois que la réponse la plus honnête est de dire tout simplement qu'on ne sait pas. Pourquoi est-ce Jésus, le Fils, qui s'est soumis et a servi (Philippiens 2.4 ss) et pas le Père ? Nous n'en savons rien, mais nous savons que c'était un signe de sa grandeur et non de sa faiblesse.

Je pense que ces deux objections relèvent d'une même réponse pratique. C'est en cherchant à nous soumettre à ces rôles de serviteur-chef et d'aide déterminante que nous apprendrons le mieux à connaître nos différences et à les honorer.

Au quotidien, la Bible demande aux hommes et aux femmes de faire ressortir leurs dons respectifs dans leurs rôles familiaux : leurs cahiers des charges dans l'équipe. Les femmes sont *plus directement et plus souvent* exhortées à être un soutien tendre, et encourageant (1 Pierre 3.1-2, 4). Il leur est aussi demandé *plus directement et plus souvent* de s'occuper des enfants et du foyer (Tite 2.4-5). Les maris sont appelés *plus directement et plus souvent* à diriger la famille, à pourvoir à ses besoins et à la protéger, sans être pour autant dispensés d'éduquer et de prendre soin des enfants (1 Timothée 3.4 ; 5.8).

Ces dons peuvent aller du plus fort au plus faible, mais si nous acceptons nos rôles comme un don de Dieu, nous chercherons à améliorer nos capacités les plus faibles, plutôt que de les nier. Par exemple, Tim et moi sommes tous deux issus de familles dotées de femmes dominantes et de maris passifs. Une fois mariés, par défaut, nous avons reproduit le modèle dans lequel nous avions grandi. Il nous a fallu bien des efforts pour lutter contre nos propres affinités, pour que je laisse la direction des choses à Tim (et pour qu'il l'assume) et pour que, de son côté, il m'aide à ne pas usurper cette autorité en négligeant mon propre appel à prendre soin et à soutenir.

Tim a donc dû faire des efforts côté *chef*, dans son rôle de serviteur-chef. Voir dans ce rôle un cadeau de Dieu, l'a fait grandir et l'a fortifié. Certains hommes ont peut-être plutôt besoin de faire des efforts du côté *serviteur*, dans leur rôle de serviteur-chef. Se soumettre à ce rôle sera alors un cadeau. (Pour plus d'informations sur la façon dont les rôles de l'homme et de la femme ont un impact pratique sur la prise de décisions dans le mariage, voir l'appendice en fin d'ouvrage.)

Accueillir l'autre accroît la sagesse

Vous soumettre aux normes du mariage prévues par Dieu, vous permet de mieux comprendre certaines choses profondément ancrées en vous, principalement votre masculinité ou votre féminité. Le mariage vous équilibre et vous ouvre également l'esprit. Les qualités du sexe opposé « déteignent » sur vous. Elles vous rendent plus fort et plus tendre et vous permettent de le servir de manières distinctes. Tim aime à dire qu'après des années de mariage, il lui arrive souvent, alors qu'il s'apprête à réagir, de savoir intérieurement ce que je dirais ou ferais à sa place. « L'espace d'une fraction de seconde, il peut se demander : "Kathy réagirait-elle avec plus de sagesse et plus convenablement que moi ?" Tim se rend compte que cela a fortement élargi son champ de réponses ou d'actions. Il estime que je lui ai transmis ma vision de la vie. Il dispose d'un plus grand choix de réponses, ce qui améliore ses chances de bien agir. »

Le mariage est donc aussi utile aux personnes exagérément stéréotypées dans leur masculinité-féminité qu'à celles qui le sont très peu. Il élargit notre horizon et nous fortifie.

Par certains aspects, Tim appartient à la seconde catégorie (par exemple dans sa volonté de ne pas blesser les autres). Mais il peut aussi être désespérément masculin. À ma question : « Tu es fâché, non ? » il peut répondre : « Pas du tout. Je vais très bien » et venir me dire, trois jours plus tard : « Tu avais raison, j'étais furieux et plein de rancune. » Je vais me demander : « Comment un *adulte* peut-il être à ce point déconnecté de ses émotions ? » Tim a tendance à être dans l'action et a du mal à bien analyser ses propres sentiments. Au fil du temps, j'ai dû, avec beaucoup de respect, lui apprendre à le faire. Mais parfois, j'ai aussi été amenée à dire : « Là, tu vas devoir t'en occuper, parce que tu sais mieux que moi te détacher de tes émotions. »

On pourrait rétorquer : « L'homme insensible et la femme émotionnelle sont des stéréotypes. » Mais il s'agit réellement de nous, de Tim et moi. Quelle idée vous faites-vous des stéréotypes ? C'est la masculinité et la féminité en déséquilibre, sans la rédemption. Mais mari et femme sont ensemble pour se compléter l'un l'autre. C'est un « grand mystère », comme le dit l'apôtre Paul. En réalité, à un niveau très profond, cette personne, qui est si Autre, me guérit, et réciproquement.

Rappelez-vous qu'elle diffère totalement de vous. L'homme agit, réfléchit et fonctionne autrement, et dans certains cas, ce n'est pas seulement frustrant et effrayant, mais aussi carrément déconcertant ! Mais, à un niveau plus profond, vous découvrez qui vous êtes vraiment. Vous le voyez comme votre autre moitié. Vous voyez comment Dieu vous complète à travers votre mari. Il en résulte un sentiment d'être à l'aise. Avant la Chute, Adam et Ève étaient nus et n'en éprouvaient aucune honte. L'angoisse, la dissimulation n'existaient pas. Nous n'avons jamais connu cette atmosphère d'unité initiale, d'harmonie primitive entre Adam et Ève, puisque le péché est venu la troubler. Lorsque le mariage est compris comme un achèvement de l'individu, la soumission trouve sa place.

Qu'en est-il d'un mariage où l'un des deux ne comprend pas son rôle ?

Il faut être deux pour reconnaître que les rôles de l'homme et de la femme sont fondamentaux dans un mariage. Que faire si votre conjoint s'obstine à mal interpréter son rôle ? N'est-il pas préférable d'adopter les rôles égalitaires et unisexes, en vigueur dans le monde, et se protéger ainsi contre tout risque d'abus ?

Même s'il est vrai que le péché a tout changé et tout déformé, supprimer ces rôles pose un problème : chaque fois que la Bible y fait référence, c'est en relation avec l'histoire de la création. Il n'est donc pas si facile de les écarter négligemment. De plus, si les rôles assignés en fonction de notre sexe ont pour origine les relations au sein de la Trinité, il ne nous appartient certainement pas de dénaturer la révélation de ce mystère, qui reflète le dessein de Dieu pour le mariage.

Les instructions du Nouveau Testament, s'adressant à des croyants qui sont mariés à des incroyants, sont un bon point de départ. Mais imaginons un couple soi-disant chrétien dans lequel la femme ne veut pas entendre parler d'un rôle qui lui demande d'être « soumise » à son mari, le « chef ». Ou bien un mari pratiquant qui se sert d'une lecture erronée de la Bible pour ignorer et mépriser l'opinion de sa femme, sa collaboration et même sa personne.

Si je n'ai jamais vécu ce genre de situations, certains de mes amis les vivent au quotidien, parfois en bien pire. De plus, je pèche et suis mariée à un pécheur ; nous n'assumons donc pas non plus nos rôles de manière parfaite.

Voici l'un des meilleurs conseils de sagesse : « La seule personne que vous pouvez contrôler, c'est vous-même. »

Vous ne pouvez changer aucun comportement à part le vôtre. Si quelqu'un désire se conformer pleinement à son rôle, tel qu'il est défini dans la Bible, il n'a pas besoin de la permission de l'autre. Puisque les qualités de dirigeant du mari et la soumission de la femme, sont tous deux des rôles de *service*, on peut toujours commencer à servir l'autre sans attendre son autorisation.

Il s'agira souvent d'un changement d'attitude invisible avant qu'il ne devienne visible dans les actes. Un mari qui cherche à canaliser son énergie pour aider sa femme à s'épanouir spirituellement (peu importe où elle en est à ce moment-là) devra peut-être commencer par une vie de prière régulière, s'il n'en a pas. Une femme habituée à déplorer tous les comportements d'ermite de son mari pourrait commencer par offrir sa soumission avec grâce plutôt que de lui en vouloir pour le manque d'égards dont il fait preuve.

Dans un mariage où les deux conjoints sont prêts à endosser ces rôles, ils devront s'accorder sur les détails ; d'un couple à l'autre, il y aura des variantes. Glorifier Dieu sera plus difficile dans un mariage déséquilibré. Mais soyez assurés que, si vous n'éprouvez aucune satisfaction à obéir à Dieu, vous n'en aurez certainement aucune à éviter de suivre son modèle. Pourquoi ne pas essayer et revêtir ce « rôle de Jésus » auquel le mariage vous appelle ?

Chapitre 7

Mariage et célibat

Au début de notre aventure d'implantation d'Église à Manhattan, Kathy et moi nous sommes bien vite retrouvés dans une assemblée composée de plus de 80 % de célibataires. Quelle surprise ! Nous avons finalement réalisé que l'Église Redeemer n'était que le reflet de la démographie du centre de Manhattan. Pendant mes premiers mois de prédication, j'ai supposé qu'une assemblée de célibataires n'aurait pas besoin du nombre habituel de sermons sur le mariage et la famille. J'ai compris assez vite mon erreur et, de la fin de l'été au début de l'automne 1991, j'ai donné une série de neuf sermons sur le mariage, dont l'essentiel est repris dans ce livre.

Qu'est-ce qui m'a poussé à prêcher sur le mariage à des célibataires ? La réponse est qu'ils sont incapables de vivre correctement leur célibat s'ils n'ont pas une vision équilibrée, bien informée, du mariage. Sans elle, leur désir de mariage sera trop fort ou trop faible. Dans les deux cas, cela faussera leur vie.

Dans 1 Corinthiens 7, Paul écrit : « N'as-tu aucun engagement ? Ne cherche pas de femme. Mais si tu te maries, tu ne commets pas de péché. Ce n'est pas non plus un péché pour une jeune fille de se marier. Mais les gens mariés connaîtront bien des souffrances et je voudrais vous les épargner. Je vous assure, frères : le temps est limité » (7.27-29). En apparence, ce passage est très ambigu. Cette vision du mariage semble en total désaccord avec l'image exaltée qu'en donne Éphésiens 5.21 ss. Paul a-t-il écrit ce chapitre dans un mauvais jour ? À moins que Paul n'ait été influencé par la conviction que Jésus aurait pu revenir à tout instant (« le temps est limité »). L'histoire ne montre-t-elle pas qu'il avait tort ?

Mais Paul poursuit aussitôt :

> *Que désormais ceux qui sont mariés vivent comme s'ils n'avaient pas de femme, ceux qui pleurent comme s'ils ne pleuraient pas, ceux qui se réjouissent comme s'ils ne se réjouissaient pas, ceux qui achètent comme s'ils ne possédaient rien. Bref, que tous ceux qui jouissent des biens de ce monde vivent comme s'ils n'en jouissaient pas. Car le présent ordre des choses va vers sa fin (1 Corinthiens 7.29-31)*[147].

Une vision sophistiquée de l'histoire sous-tend l'idée du « temps limité ». Paul enseignait le « chevauchement du déjà / pas encore[148] ». Les prophètes de l'Ancien Testament prêchaient que le Messie mettrait fin à l'ancien ordre des choses, cette « terre où la mort est prompte et le bonheur fugitif », et qu'il inaugurerait la nouvelle ère du royaume de Dieu, où toutes choses seraient rectifiées et d'où la mort et la destruction seraient bannies. Sur terre, Jésus a annoncé qu'il était le Messie cependant, à la surprise générale, il n'est pas monté sur un trône, mais est allé sur une croix. Il n'est pas venu apporter le jugement, il est venu le prendre sur lui. Quelle en est l'implication ? Jésus a *effectivement* inauguré le royaume de Dieu. Nous pouvons y accéder aujourd'hui, par la repentance et la foi (Jean 3.5). La puissance de son règne est désormais parmi nous. Jésus nous guérit en nous réconciliant avec Dieu et avec les autres (Luc 11.20 ; 12.32). Pourtant, ce monde-ci n'a pas disparu. Nous vivons toujours dans un monde de décadence, de maladie et de mort. Voilà ce qu'est le

« chevauchement du déjà / pas encore ». Le royaume de Dieu avec sa puissance de renouveler la création tout entière s'est immiscé dans le monde ancien lors de la première venue du Christ, mais n'est pas encore installé. L'ancien ordre des choses est toujours là, bien que ses jours soient comptés. Comme le dit Paul, il « va vers sa fin ».

Quelles en sont les conséquences ? D'un côté, toutes les préoccupations matérielles et sociales de ce monde persistent. La terre tourne et nous y vivons. Nous devons penser au lendemain. De l'autre, la promesse du futur monde de Dieu transforme notre façon d'appréhender nos activités terrestres. Nous pouvons nous réjouir de nos succès mais sans démesure, et être attristés par nos échecs sans en être anéantis, car notre vraie joie placée dans la vie à venir est garantie par Dieu. Nous pouvons donc apprécier les choses de ce monde, sans en être obsédés (1 Corinthiens 7.31)[149].

Comment appliquer cela à notre compréhension du mariage et de la famille ? Pour Paul, mariage et célibat sont deux bonnes positions. Ne soyons ni trop exaltés de nous marier ni trop déçus de ne pas l'être. En effet, Christ est le seul époux qui puisse réellement nous combler, et la famille de Dieu est la seule famille susceptible de nous accueillir et de nous entourer.

Le célibat, une bonne chose

Cela étant posé, nous pouvons mieux comprendre la position radicale de Paul envers le mariage et le célibat. Le théologien Stanley Hauerwas soutient que le christianisme a été la première religion à élever le célibat au rang de mode de vie valable pour un adulte. Il écrit : « Une [...] des différences évidentes entre le christianisme et le judaïsme [et toutes les autres religions traditionnelles] se trouve dans l'idée qu'il présente le célibat comme un mode de vie possible pour ses adeptes[150]. » Presque toutes les cultures et religions anciennes faisaient de la famille et des enfants une valeur absolue. L'honneur ne pouvait être que celui de la famille et la transmission du nom et des biens ne pouvait se faire en l'absence d'héritiers. Sans enfants on était transparent, on n'avait aucun avenir. La meilleure promesse pour le futur était donc d'avoir des enfants. Dans les cultures de l'Antiquité, on considérait que les célibataires endurcis n'avaient que des vies incomplètes.

Et pourtant, le fondateur du christianisme, Jésus-Christ, et son principal théologien, Paul, ont été célibataires toute leur vie. On ne peut considérer les adultes célibataires comme moins complets ou moins accomplis que ceux qui sont mariés car Jésus-Christ, lui-même célibataire, était l'homme parfait (Hébreux 4.15 ; 1 Pierre 2.22). Dans 1 Corinthiens 7, Paul estime que le célibat est une bonne chose, qu'il est béni par Dieu et que, dans bien des cas, il est de loin préférable au mariage. À cause de cette attitude révolutionnaire, l'Église primitive ne pressait pas ses membres de se marier (comme nous le lisons dans la lettre de Paul) et prenait même en charge les veuves pauvres pour qu'elles ne soient pas obligées de se remarier. Un historien sociologue a décrit cette pratique :

> Si elles devenaient veuves, les femmes chrétiennes jouissaient d'avantages importants. Les veuves païennes étaient soumises à de fortes pressions sociales pour qu'elles se remarient ; l'empereur Auguste allait jusqu'à mettre à l'amende les veuves qui ne se remariaient pas dans les deux ans suivant la mort de leur mari. Mais chez les chrétiens, le veuvage était hautement respecté et le remariage était plutôt déconseillé. L'Église était prête à soutenir les veuves pauvres, leur donnant ainsi le choix de se remarier ou non. [Les veuves célibataires étaient socialement actives, prodiguant soins et bonnes actions dans leur voisinage[151].]

Pourquoi l'Église primitive agissait-elle ainsi ? L'Évangile chrétien et l'espoir d'un royaume futur « dé-idolâtrait » le mariage. À cette époque, vivre sans laisser d'héritiers était révolutionnaire. Pour un adulte, avoir des enfants était synonyme d'avoir de l'importance puisque les enfants transmettaient le souvenir. Ces derniers apportaient aussi une sécurité en prenant soin des parents plus âgés. C'est alors que les chrétiens célibataires ont déclaré que leur avenir n'était pas assuré par la famille, mais par Dieu.

Les célibataires chrétiens témoignaient ainsi qu'ils plaçaient leur espoir en Dieu, et non dans la famille. Dieu assurerait leur avenir, en leur donnant, pour commencer, une vraie famille, l'Église, afin qu'ils ne manquent jamais de frères, de sœurs, de mères ou de pères, en Christ. Mais à la fin, l'héritage des chrétiens n'est rien de moins que la plénitude du royaume de Dieu dans les nouveaux cieux et sur la nouvelle terre. Hauerwas poursuit en montrant que si l'espoir du chrétien permettait aux célibataires d'être comblés même sans conjoint et sans enfant, cela encourageait également les gens à se marier et à *avoir* des enfants, sans craindre de les faire naître dans ce monde mauvais. « Car les chrétiens ne mettent pas leur espoir dans leurs enfants, leurs enfants sont au contraire un signe de leur espoir [...] que Dieu n'a pas abandonné ce monde[152]. »

En occident, l'Église chrétienne semble avoir malheureusement perdu le sens des vertus du célibat. Il est plutôt étiqueté « plan B pour la vie chrétienne ». Paige Benton Brown, dans son superbe article « Singled Out by God for Good » [Mis à part par Dieu, pour un bon dessein], énumère les arguments habituels qu'utilisent les Églises pour « expliquer » le célibat :

- « Dès que tu ne trouveras ta satisfaction qu'en Dieu, il mettra une personne spéciale dans ta vie », comme si notre contentement achetait les bénédictions de Dieu.
- « Tu pinailles trop », comme si Dieu était frustré par nos caprices et avait besoin de critères moins restrictifs pour œuvrer.
- « Puisque tu es célibataire, tu peux t'engager sans réserve dans l'œuvre du Seigneur », comme si Dieu exi-

geait que seuls les martyrs émotionnels accomplis-
sent son œuvre, dans laquelle le mariage n'a aucune
part.

- « Avant que tu puisses épouser quelqu'un de merveilleux, Dieu doit faire de toi quelqu'un de merveilleux »,
comme si Dieu accordait le mariage en bénédiction
supplémentaire à ceux qui sont suffisamment sancti-
fiés.

Le postulat sous-jacent de ces affirmations est que le célibat
constitue un état de privation réservé à ceux qui ne sont pas
suffisamment prêts pour le mariage. Paige Brown répond en
s'appuyant sur le passage de Paul dans 1 Corinthiens : « Je ne
suis célibataire ni parce que je suis bien trop instable spirituellement pour mériter un mari ni parce que je suis bien trop
mûre spirituellement pour en avoir besoin. Je suis célibataire
parce que Dieu est infiniment bon envers moi et que c'est ce
qu'il a de mieux pour moi[153]. » Ce raisonnement et cette attitude correspondent parfaitement à ceux de Paul. Le christianisme soutenait les vertus du célibat comme aucune autre
croyance ou vision du monde.

Le mariage comme avant-dernière étape

Qu'en est-il aujourd'hui ? Dans les cultures traditionnelles
non occidentales, une pression sociale forte pousse toujours
l'individu à fonder ses aspirations sur la famille et les héritiers. En occident, la pression est moindre, mais n'a pas totalement disparu. Comme nous l'avons vu au début du livre, notre culture nous incite à placer nos espoirs dans la « romance
apocalyptique », idée d'un complet épanouissement spirituel
et émotionnel possible, grâce au partenaire parfait. D'innombrables récits de la culture populaire, dans le pur style Disney,
commencent lorsque deux personnes sont sur le point de
rencontrer le Grand Amour. Lorsqu'elles l'ont trouvé, l'his-

toire perd son charme. Le message est clair : ce qui compte c'est vivre un roman d'amour et se marier. Tout le reste n'est que préface et postface. Chaque culture, qu'elle soit occidentale ou traditionnelle, peut rendre le célibat effroyable et indigne d'un être humain.

Pourtant, le Nouveau Testament présente les choses différemment. En effet, si nous passons de 1 Corinthiens 7 à Éphésiens 5, qui présente une vision plus élevée du mariage, nous y trouvons d'autres arguments en faveur des vertus du célibat. En effet, Éphésiens 5 nous dit que le mariage ne se réduit pas à faire l'amour, à être socialement stable ou à s'épanouir. Il a été créé pour refléter, sur le plan humain, notre relation d'amour et notre union ultimes avec le Seigneur. Il s'agit d'un signe et d'un avant-goût du futur royaume de Dieu.

Cette haute idée du mariage nous indique donc qu'il n'est que l'avant-dernière étape. Notre union sur terre préfigure le Vrai Mariage dont a besoin notre âme, et la Vraie Famille pour laquelle notre cœur a été créé. Les couples mèneront leur relation de façon lamentable s'ils ne comprennent pas ce statut. Même le meilleur des mariages ne peut remplir de lui-même le vide que Dieu a laissé dans notre âme. Sans une relation totalement satisfaisante, maintenant, avec Christ et sans l'espoir d'une relation d'amour parfaite avec lui dans le futur, les couples chrétiens mettront une pression trop forte sur leur mariage pour qu'il les comble, avec pour résultat des effets pervers dans leur vie.

Mais les chrétiens célibataires doivent aussi considérer que le mariage est l'avant-dernière étape. S'ils ne développent pas une relation profondément satisfaisante avec Jésus, ils idéaliseront leur *idée* du mariage et leur vie souffrira des mêmes effets pervers.

Pourtant, si les célibataires apprennent à trouver le repos dans leur mariage avec Christ et à s'en réjouir, ils seront capables de gérer le célibat sans être ravagés par la sensation de n'être ni épanouis, ni pleinement développés. Et ils feraient bien de s'attaquer immédiatement à cette recherche spirituelle, parce que cette idolâtrie du mariage qui altère leur célibat finira par corrompre leur couple, s'ils trouvent un partenaire. Il est donc inutile d'attendre. Diminuez l'importance du mariage et de la famille dans votre cœur, mettez Dieu à la première place et appréciez les vertus du célibat.

La « complémentarité » homme-femme, et le célibat

Comment pouvons-nous affirmer que le célibat prolongé est une situation enviable, à la lumière du chapitre précédent, qui démontre que les hommes et les femmes sont en quelque sorte incomplets l'un sans l'autre ? La réponse est la même. Tout dépend de notre espoir en Christ et de notre place dans la communauté chrétienne. Tout comme les célibataires chrétiens trouvent leurs « héritiers » et leur famille au sein de l'Église, les frères y trouvent leurs sœurs et vice versa.

L'espoir chrétien fait de l'Église quelque chose de bien plus profond qu'un club ou une quelconque organisation. Croire et vivre l'Évangile créent, entre les chrétiens, un lien plus fort que tout autre, que ce soit celui du sang, de la race ou de l'identité nationale (Éphésiens 2 ; 1 Pierre 2.9-10). La profonde repentance et le salut par grâce, à travers la croix de Christ, impliquent que mes convictions fondamentales, sur le monde et sur moi-même, s'alignent désormais avec celles des autres chrétiens. J'aime ma famille biologique, mes voisins et mes semblables, ethniques ou de race, mais nous ne partageons plus les mêmes sensibilités ou croyances concernant la réalité. En résumé, je suis chrétien avant d'être blanc ou noir. Je suis chrétien avant d'être européen, sud-américain ou asiatique. Je suis chrétien avant d'être un Keller, un Dupont, ou un Martin.

Mais cela ne veut pas dire que, si je suis asiatique, je cesse de l'être pour devenir quelque chose d'autre. Si j'étais asiatique quand j'ai cru en Jésus, je deviens un chrétien asiatique, pas un chrétien latino. Mes croyances fondamentales sont celles que je partage avec tous les chrétiens, mais je partage toujours les us et coutumes importants, voire vitaux, de mon groupe culturel d'origine. La Bible insiste sur l'amour et le soutien dus à ma famille, indépendamment des croyances de ses membres. Cependant, l'Évangile crée un lien avec les autres croyants qui, au bout du compte, fait de l'Église la vraie famille (1 Pierre 4.17) et la vraie nation (1 Pierre 2.9-10) du chrétien.

De ce fait, les célibataires membres d'une communauté chrétienne forte peuvent faire l'expérience de nombreuses relations enrichissantes vécues dans la mixité familiale, particulièrement entre frères et sœurs[154]. Je sais par expérience qu'il est presque impossible de trouver une liste simple, détaillée et spécifique de caractéristiques « masculines » et « féminines » communes à tous les tempéraments et toutes les cultures. Au lieu de définir la « masculinité » et la « féminité » (approche traditionnelle), ou de les rejeter et les nier (approche laïque), je vous propose d'observer et d'apprécier, dans chaque communauté chrétienne, les différences inévitables qui se manifesteront entre hommes et femmes, dans votre tranche d'âge, votre culture, votre groupe et votre milieu.

Cherchez-les et reconnaissez-les. Parlez-en entre vous. Prenez note des idoles spécifiques aux femmes et aux hommes de votre génération, de votre culture et de votre milieu. Prenez note des qualités propres aux femmes et aux hommes de votre génération, de votre culture et de votre milieu. Notez les moyens de communication, les aptitudes à décider, les styles dans la façon de diriger, les priorités de vie, et l'équilibre entre le travail et la famille. Ensuite, respectez-les et appréciez-les pour ce qu'ils sont. Sans l'Évangile, les gens transforment souvent les différences entre hommes et femmes, de tempérament et de culture, en vertus morales. C'est une manière de renforcer l'estime de soi, une forme de « salut par les œuvres », un moyen de mériter un statut supérieur. Et les hommes et les femmes ont alors tendance à mépriser et à railler les traits distinctifs du sexe opposé. Mais l'Évangile devrait supprimer ce genre d'attitude.

Au chapitre précédent, Kathy a fait remarquer que le mariage nous oblige à apprendre, au fil du temps, comment une personne du sexe opposé perçoit les autres et les événements, et y réagit habituellement. Nous finissons par identifier spontanément la réaction de notre conjoint à une situation donnée. Nous en évaluons la sagesse et nous l'adoptons parfois, alors que nous en aurions été incapables avant d'être mariés. Appelons cela un « enrichissement inter-sexes ». Ainsi, l'homme et la femme se « complètent » et reflètent ensemble l'image de Dieu (Genèse 1.26-27). Mais ce n'est pas réservé aux personnes mariées. Dans une communauté chrétienne solide, cet enrichissement est naturel. Nous partageons notre cœur, notre vie, dépassant le superficiel pour vivre ensemble l'enseignement de Dieu, comment il nous forme et nous fait grandir. Quand les frères et les sœurs mettent en pratique ce ministère mutuel « des uns et des autres[155] », une forme d'enrichissement inter-sexes se transmet naturellement. Il est, bien sûr, moins intense que dans un couple. Néanmoins, l'expérience collective n'est en aucun cas un pis-aller du mariage, puisque dans le mariage on ne se rapproche que d'un seul membre du sexe opposé. En quelque sorte, le mariage doit limiter l'importance de nos amitiés avec le sexe opposé. Mais dans la communauté chrétienne, les célibataires peuvent avoir une vaste palette d'amis des deux sexes.

Chercher à se marier, une très bonne chose

Le point de vue chrétien sur le célibat est presque unique. À la différence des cultures traditionnelles, le christianisme voit du bon dans le célibat, parce que le royaume de Dieu nous offre un héritage et des héritiers les plus durables qui soient. À l'inverse d'une société occidentale saturée de sexe et de romantisme, les chrétiens considèrent que le célibat est une bonne chose, car notre union avec Christ peut combler nos aspirations les plus profondes.

Cependant, le christianisme ne craint ni ne fuit le mariage, contrairement à notre société postmoderne, hostile à toute forme d'engagement. Les Occidentaux adultes sont profondément façonnés par l'individualisme, la crainte, voire la haine, à l'idée de devoir restreindre leur liberté pour le bien d'autrui. Les célibataires sont nombreux de nos jours, mais loin de vivre dans une détresse solitaire consciente, du fait qu'ils aspirent trop au mariage, ils vivent plutôt dans une détresse solitaire inconsciente, par peur d'un mariage qu'ils désirent trop peu.

Les sociétés traditionnelles ont tendance à idolâtrer le mariage (la famille et la tribu étant élevées au rang d'idoles), alors que les sociétés contemporaines ont tendance à idolâtrer l'indépendance (la liberté de choix et le bonheur ayant rang d'idoles). Alors que, traditionnellement, le mariage était conclu par devoir social, pour la stabilité et l'obtention d'un statut, son seul objectif, aujourd'hui, est l'épanouissement personnel. Ces deux motivations comportent bien sûr une part de vérité, mais si l'Évangile ne transforme pas nos cœurs, elles ont tendance à devenir une fin en soi.

Pasteur à New York, j'ai remarqué un phénomène sociologique intéressant. Certains célibataires chrétiens de mon Église avaient grandi dans des régions des États-Unis très traditionalistes et étaient imprégnés du « tu n'es pas une personne complète tant que tu n'es pas marié ». Ces jeunes sont arrivés à New York, où ils ont été assaillis par le message opposé : « Tu ne dois *pas* te marier avant d'avoir une belle carrière et d'avoir trouvé le partenaire parfait qui ne cherchera en aucune manière à te changer ». Leur culture d'origine les a rendus trop désireux de se marier ; leur culture d'intégration les a rendus trop effrayés à l'idée de mariage. Le désir intense et la crainte ont cohabité dans leurs cœurs, avec parfois le même niveau d'intensité, créant ainsi un conflit interne.

La peur du mariage s'accompagne de pathologies. L'une des principales, dans notre culture contemporaine, se traduit par un perfectionnisme exacerbé chez les célibataires, ce qui leur enlève pratiquement toute chance de trouver satisfaction dans leur recherche d'un conjoint potentiel. Malheureusement, ce perfectionnisme vient souvent confirmer les stéréotypes : les témoignages anecdotiques comme les études empiriques montrent que les hommes recherchent la quasi-perfection physique chez les femmes, tandis qu'elles cherchent des partenaires financièrement aisés. Autrement dit, quand les gens d'aujourd'hui disent chercher le parti idéal, les facteurs sexuel et économique l'emportent. Par conséquent, les rencontres modernes peuvent devenir une remarquable foire à l'autopromotion. Il faut être beau et gagner beaucoup d'argent pour obtenir des rendez-vous, un partenaire ou un conjoint. Et l'on ne veut un partenaire beau ou aisé que pour son estime de soi.

Je pense qu'il faut admettre qu'à part d'heureuses exceptions, les célibataires chrétiens ont tendance à se comporter plus ou moins de la même façon. Leur cerveau élimine d'emblée la plupart des candidats, en fonction de leur physique, de leur style et de leur statut social ou économique. L'idolâtrie contemporaine de l'attrait sexuel et de l'argent arrive ainsi à influencer les chrétiens célibataires. Ils cherchent quelqu'un qui soit déjà « beau », dans le sens le plus superficiel du terme[156].

Que la recherche serait différente si, comme nous l'avons déjà présenté dans ce livre, les gens voyaient dans le mariage un moyen de s'aider mutuellement à devenir leur « moi » futur glorieux, par le service sacrificiel et l'amitié spirituelle. Si nous considérons que le mariage a pour mission de nous révéler nos péchés de façon personnelle et profonde, et de nous en détourner grâce à la personne bienveillante qui nous dit la vérité avec amour, que se passe-t-il alors ? Et si nous tombons surtout amoureux de l'action glorieuse de Dieu dans la vie de notre conjoint, est-ce que ça créera une différence ? Comble de l'ironie, cette approche du mariage apporte réellement un épanouissement personnel inimaginable, mais pas de la façon superficielle et exempte de sacrifices que souhaitent nos contemporains. Elle apporte à la place la satisfaction unique et phénoménale de voir son caractère grandir (Éphésiens 5.25-27) dans l'amour, la paix, la joie et l'espérance (Colossiens 1 ; Galates 5 ; 1 Corinthiens 13).

Beaucoup de célibataires recherchent un partenaire hautement compatible, exceptionnel et superbe. Pour d'autres, le célibat est devenu au mieux un purgatoire, en attendant que la vraie vie commence et, au pire, une souffrance. Les premiers dédaignent toute une série de bons partis, pris entre leur crainte et leur perfectionnisme. Les seconds risquent de faire fuir, tant leurs besoins sont énormes. Ils peuvent aussi, par désespoir, faire des choix catastrophiques de futurs conjoints. Et si la première catégorie de célibataires rencontre la seconde, l'union qui en résulte peut être extrêmement douloureuse.

Paige Brown atteint cet équilibre unique de la foi chrétienne dans les dernières phrases de son article sur le célibat :

> Rendons-nous à l'évidence : le célibat n'est pas un état inférieur par nature. [...] Cependant, je veux me marier. Je prie pour cela tous les jours. Peut-être vais-je rencontrer quelqu'un et franchir les portes de l'Église à son bras, dans les deux prochaines années, parce que Dieu est si bon pour moi. Peut-être n'aurai-je plus jamais d'autre rendez-vous [...], parce que Dieu est si bon pour moi[157].

L'équilibre se trouve là.

Les rencontres amoureuses à travers les âges

Quels conseils pratiques pouvons-nous donner aux adultes célibataires qui sont à la recherche d'un conjoint ?

Avant tout, il est utile de faire rapidement le tour des réponses apportées à différentes époques[158]. De l'Antiquité aux

XVIIIe et XIXe siècles, les mariages étaient d'ordinaire arrangés. L'amour romantique était certes une raison de se marier (comme dans les romans de Jane Austen). Mais ce n'était qu'une raison parmi d'autres, les motivations sociales et économiques étant bien plus importantes. Vous deviez entrer dans une famille avec laquelle la vôtre souhaitait établir des relations. Vous deviez épouser quelqu'un avec qui vous pourriez avoir une maison et des enfants.

Pourtant, dès la fin du XIXe siècle, le mariage d'amour est devenu culturellement prépondérant. On a alors assisté à l'avènement de la « cour ». Une jeune femme invitait un homme à lui faire la cour. Ils passaient du temps ensemble, sur la véranda ou dans le petit salon. En bref, l'homme était invité *chez* la femme. Il la voyait dans sa famille qui, à son tour, pouvait le jauger. Il est intéressant de remarquer que le privilège de faire le premier pas, en invitant le jeune homme à lui faire la cour, revenait à la demoiselle[159].

C'est au début du XXe siècle que la notion de « sortir ensemble » s'est développée. Ce mot (*dating* en anglais) a fait sa première apparition imprimée aux États-Unis, dans son sens actuel, en 1914[160]. À partir de là, le jeune homme n'allait plus chez la jeune femme, elle *sortait* avec lui, dans des lieux de divertissement, pour qu'il apprenne à la connaître. Plus ce nouveau concept se répandait, plus le processus s'individualisait, supprimant le regard de la famille sur le couple. Mais il a également transformé la romance en amitié et l'évaluation du caractère de l'autre en occasions de dépenser, d'être remarqués et de s'amuser.

Le dernier changement social est plus récent. Au tournant du XXIe siècle, la culture du « coup d'un soir » a vu le jour. Dans l'un des premiers articles sur le sujet, le *New York Times* relatait que les adolescents trouvaient le sexe opposé irritant et compliqué, et que sortir ensemble impliquait un travail difficile de concessions et de communication ; il fallait apprendre à traiter avec quelqu'un de différent. Ils avaient parfaitement compris que sortir avec quelqu'un les engageait, dès le départ dans la tâche difficile, mais gratifiante de construire une relation en vue de se marier. Afin d'éviter cela, une nouvelle méthode de rencontres s'est développée, à but strictement sexuel. Un « coup d'un soir » est une simple rencontre sexuelle, sans obligation d'entamer une relation, qui peut être suivi, ou non, d'une vraie relation[161].

Certains, voyant l'apparition de cette nouvelle culture, ont conclu que nous nous trouvons maintenant dans une des premières civilisations où les adultes célibataires n'ont aucune référence culturelle claire leur permettant de se rencontrer et de se marier. En réaction à ce phénomène, beaucoup de communautés religieuses traditionalistes émergent, concentrant leurs efforts sur la promotion de la famille et œuvrant en faveur du mariage. Par exemple, les familles juives-orthodoxes pratiquent la tradition du *chiddoukh*, dans laquelle les amis et la famille d'un(e) célibataire lui présentent de bons partis, à charge pour eux de se rencontrer pour une évaluation mutuelle[162]. Certaines communautés évangéliques ont voulu rétablir d'anciennes pratiques. Certaines ont proposé une forme de cour clairement supervisée par le père, qui choisit pour sa fille et dirige les opérations.

Je crois que, pour la plupart, ces mouvements de « retour à la cour » posent plusieurs problèmes. Ils ne tiennent pas compte des idoles inhérentes aux cultures traditionnelles et chacun d'eux institutionnalise un moment précis de l'histoire sociologique de l'humanité. Pourquoi « faire la cour » ? Pourquoi ne pas remonter à la source et rétablir les mariages totalement arrangés ? Ils supposent également des communautés stables, où tout le monde se connaît bien et depuis longtemps. Comme l'a dit Lauren Winner: « Si vous avez vingt-six ans et que vous venez de traverser le pays pour faire des études supérieures, le rôle de votre communauté dans votre vie sentimentale ne sera pas le même que si vous avez vingt-six ans, avez grandi dans une petite ville, êtes allée à l'université locale, et travaillez aujourd'hui dans la librairie du quartier[163]. » Elle donne l'exemple de deux jeunes qui développent ce qu'elle appelle « *acquaintanceship* » en anglais. Elle invente le terme pour décrire deux Juifs-orthodoxes qui se découvrent et sont attirés l'un par l'autre, mais qui, par la suite, trouvent des amis pour les aider à arranger des rencontres *chiddoukh* suivies de la cour traditionnelle[164].

Je prends cet exemple, car je pense que c'est une façon intéressante d'envisager la manière dont les chrétiens peuvent aller de l'avant en ces temps troublés. Notre monde est effectivement bien plus mobile et les réseaux traditionnels, qu'ils soient de voisinage, sociaux ou familiaux, perdent de leur influence. Mais pouvons-nous concilier des méthodes anciennes et les réalités contemporaines ? Pouvons-nous écarter l'argent et le sexe pour nous recentrer sur la valeur de l'individu ? Mettre l'accent sur l'édification de la communauté plutôt que sur l'épanouissement personnel ? Pouvons-nous associer davantage la communauté proche dans notre quête du mariage ? Dans la prochaine section, je vais exposer quelques recommandations pratiques sur ces sujets.

Quelques conseils pratiques pour ceux qui cherchent à se marier

Reconnaissez que certaines saisons ne sont pas propices à la recherche d'un conjoint. Quiconque a toujours besoin « d'avoir quelqu'un » idolâtre probablement le mariage. Des périodes de transition importantes, comme un nouvel emploi ou une nouvelle école, le décès d'un parent, ou tout autre période ou événement chronophage ne sont peut-être pas les meilleurs moments pour commencer une relation. Après des moments émotionnellement chargés, il vaudra peut-être mieux éviter volontairement de chercher un conjoint. Dans de telles situations, votre jugement risque d'être faussé. Pendant une convalescence, l'amitié chrétienne profonde est sans doute préférable à des rendez-vous et des idées de mariage.

Comprenez le « don de célibat ». Dans 1 Corinthiens 7.7, Paul appelle le célibat un *don*. Nombreux sont ceux qui ont cru que Paul manquait totalement d'intérêt ou de désir pour le mariage. Selon ce point de vue, avoir le don du célibat signifie n'avoir aucun conflit émotionnel, aucune impatience, aucun désir de se marier. Rien d'étonnant à ce que certains disent, pour rire : « Je ne crois pas avoir ce don ! » Il est important de comprendre la pensée de Paul, sinon nous risquons d'en déduire hâtivement que tout manque de désir romantique est un don de Dieu. De bien mauvaises raisons peuvent expliquer le manque d'intérêt face au mariage, comme une mentalité égoïste, une incapacité à cultiver une amitié ou du mépris pour le sexe opposé.

Dans ses écrits, chaque fois que Paul emploie le terme « don », il parle d'une compétence donnée par Dieu pour édifier les autres. Il ne parle donc pas d'un vague état d'esprit dépourvu de stress. Pour Paul, le célibat était un don qui lui donnait la liberté de se concentrer sur son ministère bien davantage qu'un homme marié. Il est très probable qu'il ait vécu ce que nous appelons aujourd'hui « des conflits émotionnels » liés à son célibat. Peut-être aurait-il voulu être marié. Mais il a découvert que cela lui permettait de mener une vie de service pour Dieu et pour les autres. Il a, de plus, tiré profit des avantages uniques de la vie de célibataire (comme la flexibilité de son emploi du temps), afin de servir avec une grande efficacité[165].

Ainsi, « l'appel au célibat » dont parle Paul n'implique ni un état de béatitude facile ni une détresse permanente. Il s'agit plutôt d'une vie et d'un ministère qui portent du fruit, grâce au célibat. Lorsque quelqu'un a ce don, les difficultés peuvent bien sûr surgir, mais le plus important est que Dieu aide cette personne à grandir spirituellement et à porter du fruit dans la vie des autres, malgré tout. Le don du célibat n'est donc pas réservé à une petite élite, il n'est pas nécessairement permanent, même s'il peut l'être. Le célibat peut être une grâce qui nous est faite pour une période déterminée.

En avançant en âge, devenez plus sérieux dans votre recherche d'un conjoint. « Sortir ensemble » recouvre toute une gamme d'expériences. À un extrême, aller à des spectacles n'est qu'une excuse pour passer du temps ensemble. À l'autre extrême, il s'agit seulement d'être accompagné pour sortir (bal, cinéma, concert). Cette dernière forme de rendez-vous est davantage l'apanage des jeunes et n'a pratiquement rien à voir avec l'évaluation d'un futur conjoint. Mais en prenant de l'âge, l'idée grandit de plus en plus : « Si tu sors avec moi, c'est que tu envisages une relation sérieuse, voire un mariage. » Et si vous persistez à ne rechercher qu'un simple cavalier, cela peut devenir très délicat. Une des situations les plus douloureuses se produit quand l'un des deux imagine qu'une relation sérieuse est engagée, tandis que l'autre n'y voit qu'une convenance sociale.

Voici donc quelques conseils. Tout d'abord, tenez compte de votre âge. En règle générale, un adolescent ne devrait pas chercher à « éveiller des désirs émotionnels et physiques ne pouvant être comblés que bien plus tard » et de façon responsable, dans le cadre du mariage[166]. Pourtant, si vous êtes trentenaire et célibataire, vous devez comprendre que vouloir sortir avec quelqu'un de votre âge dans le seul but de vous divertir vous conduira souvent à jouer avec ses émotions. Plus on avance en âge, plus on « sort ensemble », plus vite chacun devra admettre que le mariage est envisagé.

Interdisez-vous de développer un lien émotionnel profond avec une personne non croyante. Cette exhortation est souvent controversée, mais aucun lecteur arrivé à ce point du livre ne devrait être surpris. La Bible part toujours du principe que les chrétiens devraient épouser d'autres chrétiens. Par exemple, dans 1 Corinthiens 7.39, Paul dit : « une femme demeure liée à son mari aussi longtemps qu'il vit ; mais si le mari vient à mourir, elle est libre de se remarier avec qui elle veut, à condition, bien entendu, que ce soit avec un chrétien. » D'autres passages, comme 2 Corinthiens 6.14, sont souvent cités, à juste titre, pour étayer ce principe. Les nombreux interdits de l'Ancien Testament concernant les mariages entre Juifs et non-Juifs semblent, au premier abord, imposer les mariages intracommunautaires. Cependant, des passages comme Nombres 12, où Moïse épouse une femme étrangère, montrent que le souci de Dieu ne concerne pas les mariages interraciaux, mais les unions où les conjoints n'ont pas la même foi.

Pour beaucoup, décourager les chrétiens de se marier avec quelqu'un dont les croyances sont différentes démontre une grande étroitesse d'esprit. Cette règle biblique a pourtant de très bonnes raisons d'être. Si votre partenaire ne partage pas votre foi chrétienne, il ne peut la comprendre comme vous, de l'intérieur. Si Jésus est au centre de votre vie, alors votre partenaire ne *vous* comprend pas vraiment. Il ne saisit pas quel est le ressort de votre vie, la motivation fondamentale de tout ce que vous faites. Comme nous l'avons vu dans les chapitres précédents, personne ne peut connaître parfaitement son conjoint avant le mariage. Mais quand les époux partagent la même foi chrétienne, chacun d'eux connaît quelque chose d'important sur les motivations fondamentales de l'autre et sur sa perception de la vie. Si, par contre, vous épousez quelqu'un qui ne partage pas vos valeurs et vos convictions fondamentales, vous prendrez régulièrement des décisions que votre partenaire sera dans l'incapacité totale de comprendre. Cette partie de votre vie, de loin la plus importante, lui demeurera toujours obscure et mystérieuse.

L'essence même de l'intimité du mariage est d'avoir finalement quelqu'un qui finira par nous comprendre et nous accepter tels que nous sommes. Un conjoint devrait être quelqu'un dont on n'a pas à se cacher, envers qui il n'est pas nécessaire de devoir s'expliquer ; ce devrait être quelqu'un qui vous comprend. Mais s'il s'agit d'un non-croyant, il ne peut comprendre qui vous êtes, votre cœur.

Si vous épousez malgré tout quelqu'un qui ne partage pas votre foi, deux options seulement s'offrent à vous. Dans la première, vous devrez peu à peu perdre votre transparence : au quotidien, dans une vie chrétienne saine, un chrétien relie Christ et l'Évangile à toute chose. Il pense à Christ devant un film, il base ses décisions sur des principes chrétiens, il médite ce qu'il a lu dans la Bible ce jour-là. Mais si vous parlez spontanément et franchement de ce genre de pensées, votre partenaire trouvera cela au mieux fastidieux ou agaçant, au pire offensant. Il finira par dire : « Je ne me rendais pas compte à quel point tu dépassais la mesure avec ta foi. » Il ne vous restera plus qu'à dissimuler vos pensées.

L'autre option, la pire, est d'écarter Christ du centre de vos pensées. Vous devrez refroidir votre ardeur pour Jésus. Vous devrez délibérément ne *pas* relier votre engagement à Christ à chaque domaine de votre vie. Vous devrez le dévaluer dans vos pensées et dans votre cœur, car s'il reste au centre, vous vous sentirez isolé de votre conjoint.

Ces deux résultats sont, bien sûr, épouvantables. Ils expliquent pourquoi vous ne devriez pas épouser quelqu'un qui ne partage pas votre foi chrétienne.

Ressentez « l'attirance » dans le sens le plus complet du terme. Un des passages les moins compris des écrits de Paul au sujet du mariage se trouve dans 1 Corinthiens 7.9, où il dit qu'il vaut mieux se marier « que de se consumer en désirs insatisfaits. » Ce verset est souvent perçu de façon négative, car Paul semble dire : « Si vous devez *absolument* vous marier parce que vous maîtrisez si mal vos pulsions, eh bien faites-le ! » Mais ce que dit Paul n'est absolument pas négatif. Il dit que s'il vous arrive de ressentir une attirance ardente pour quelqu'un, vous devez bien sûr l'épouser.

Il est également partisan du mariage « par amour ». Roy Ciampa et Brian Rosner, spécialistes bibliques, soutiennent que Paul rejette ici la vision des stoïciens de son époque, pour qui le mariage n'avait rien à voir avec la passion, mais qui se concluait exclusivement pour des raisons d'affaires, pour produire des enfants et des héritiers. Prenant également le contre-pied de la plupart des auteurs païens de l'époque, Paul réfute que l'on puisse soulager le désir sexuel par des liaisons hors mariage. Que votre désir trouve sa satisfaction dans le mariage, et uniquement là ! Il enseigne donc que l'attirance est un facteur important lorsqu'on choisit de se marier[167].

Mais faisons un pas de plus vers ce que nous avons évoqué dans ce livre sur la mission du mariage. L'attirance physique doit bien sûr grandir chez un couple marié, et elle grandira (plutôt que de diminuer) au fil du temps, si l'attirance du départ était plus profonde que purement physique. Appelons cela « l'attirance intégrale ». Qu'est-ce ?

C'est en partie être séduit par le « caractère », le fruit spirituel, de l'autre (Galates 5.22 ss). Jonathan Edwards, un des premiers philosophes américains, a dit que toute personne qui manifeste les « vertus véritables » (le contentement, la paix et la joie issus de l'Évangile), est belle. Nous avons étudié le mariage comme moyen de nous aider mutuellement à devenir les personnes uniques et glorieuses que Dieu veut faire de nous. Les conjoints peuvent se dire : « Je vois ce que tu deviens et ce que tu *seras* (même si, soyons francs, tu ne l'es pas encore). Ce que j'entraperçois de ton avenir me séduit. »

Au bout du compte, votre conjoint devrait faire partie de ce qu'on pourrait appeler votre « *mythos* ». C. S. Lewis parlait du « fil conducteur secret » qui relie les livres, la musique, les lieux et les loisirs d'un individu. Certaines choses déclenchent un « désir inconsolable » qui nous met en contact avec cette Joie qui est Dieu. Leonard Bernstein disait qu'en écoutant la Cinquième symphonie de Beethoven, il devenait certain de l'existence d'un Dieu (malgré son agnosticisme intellectuel). Elle n'a pas cet effet sur moi. Mais chacun est touché par quelque chose qui lui fait ardemment désirer le ciel ou le futur royaume de Dieu (même si beaucoup de non-croyants n'évoquent qu'une envie douce-amère pour « quelque chose de plus »).

On rencontre parfois quelqu'un qui partage si étroitement notre fil conducteur, le *mythos*, qu'il en devient partie intégrante. Bien évidemment, c'est très difficile à décrire.

Voilà le genre d'attirance intégrale que vous devriez rechercher chez votre futur partenaire. Tant de gens choisissent leur conjoint sur leur beauté et leur argent (plutôt que sur leur caractère, leur mission, leur futur moi et leur *mythos*), qu'ils se retrouvent mariés à quelqu'un qu'ils ne respectent pas vraiment. On commence à ressentir l'attirance intégrale envers quelqu'un quand on choisit d'enlever le filtre « argent, beauté, classe », qui est installé par défaut. Ce faisant, vous découvrirez peut-être (et sans doute avec horreur, pour commencer) que vous êtes séduit par des personnes qui n'auraient pas fait le poids avec votre ancienne batterie de tests.

Ne vous laissez pas trop vite emporter par la passion. Un des grands avantages de la cour d'antan était que l'homme et la femme pouvaient se côtoyer dans des cadres plus naturels : la vie de famille, d'Église et de communauté. L'évaluation du caractère de l'autre et l'attirance intégrale avaient le temps de se développer. Les relations modernes et les « coups d'un soir » tournent vite aux relations sexuelles et une obsession romantique peut surgir immédiatement. Comme nous l'avons vu, une telle expérience a tendance à évincer une évaluation réaliste de l'autre. Un amour qui dure toute la vie n'est pas qu'une question d'émotions. Il requiert un engagement suffisamment solide pour nous inciter au sacrifice pour l'autre, volontairement, sans rechigner, même durant ces périodes inévitables au cours desquelles les sentiments tiédissent ou se tarissent. Cet amour-là naît de cette « attirance intégrale » pour le caractère de l'autre, son avenir et sa mission sur terre. Parfois, dans les premiers temps d'une relation, on peut se laisser submerger par des émotions si fortes qu'elles peuvent ressembler à un amour profond. Lauren Winner l'exprime très bien :

> Lorsque nous sommes « amoureux », nous donnons souvent l'impression d'être remplis d'égards pour notre bien-aimé, quand en fait, nous faisons l'exact contraire. Nous sommes avides et non attentionnés. Nous utilisons l'autre pour notre propre gloire, nous nous délectons de sa présence, car nous aimons cette image de nous qu'il nous renvoie. [...] C'est le contraire de l'amour chrétien : tout tourne autour de moi. Même en idolâtrant mon bien-aimé (un réel danger pour ceux qui tombent sous le charme de l'autre), tout tourne autour de moi. Même si je feins de ne vivre que pour l'autre, il n'y en a que pour moi, car je ne pense pas à mon

bien-aimé comme à une personne créée et rachetée par Dieu, je l'imagine parfait, héroïque, sublime, et configuré pour répondre à mes besoins[168].

Quand le charme se rompt et se transforme, parfois rapidement, en hostilité et en amertume, la preuve est faite que l'attirance intégrale et l'amour n'étaient pas au rendez-vous. De nos jours, il n'est pas rare de voir des relations basculer de l'aveuglement à l'égard des graves défauts de l'autre, à la colère, la désillusion et l'aveuglement à l'égard de ses qualités.

Que faire ? Aujourd'hui, lors des séances de conseiller auprès de nombreux jeunes adultes, je les entends souvent s'accrocher à l'idée qu'il n'est pas raisonnable de se marier avant d'avoir vécu ensemble pendant quelques années. Ils ont du mal à me croire quand je leur explique ce dont nous avons parlé jusqu'ici : les statistiques montrent que les divorces sont plus nombreux chez ceux qui ont vécu ensemble avant de se marier. Mais aujourd'hui, « sortir ensemble » se résume à une série de soirées variées et de rencontres sexuelles. J'ai fini par comprendre que, pour beaucoup d'entre eux, vivre ensemble est le seul moyen dont ils disposent pour partager le quotidien de l'autre et l'étudier suffisamment.

Par contre, quand deux chrétiens sont membres de la même communauté chrétienne, ils ne manquent pas d'occasions d'« entrer dans le monde » de l'autre, comme jadis. Servir les pauvres ensemble, faire partie du même groupe d'étude biblique ou d'amis, ou encore assister au même culte sont autant de moyens d'accéder aux « vérandas » et aux « petits salons » de l'autre, ce qui est difficile à reproduire en dehors d'une communauté de croyants.

Un bon moyen de savoir si vous avez dépassé le stade de l'engouement est de vous poser une série de questions. Vous êtes-vous heurté à quelques conflits importants et les avez-vous résolus ? Êtes-vous passé par la repentance et le pardon mutuel ? Chacun de vous a-t-il démontré qu'il pouvait changer par amour pour l'autre ? Deux catégories de couples répondront par la négative. La première comprend ceux qui ne sont jamais entrés en conflit. Ils n'ont peut-être pas passé le stade de la passion première. La deuxième catégorie regroupe les couples dont la relation est conflictuelle, où les mêmes disputes ressurgissent sans cesse. Ils n'ont toujours pas acquis les compétences rudimentaires de la repentance, du pardon et du changement. Il se peut qu'aucun de ces deux couples ne soit prêt pour le mariage.

Un des moyens les plus efficaces d'éviter l'aveuglement et les sautes d'humeur qui accompagnent une relation qui devient trop vite trop passionnée est de refuser d'avoir des rapports sexuels avant le mariage. Le chapitre suivant est entièrement consacré à la réflexion chrétienne et au fondement biblique qui appuient cette vieille éthique sexuelle. Dans les faits, l'activité sexuelle provoque chez vous des passions extrêmes pour votre partenaire avant que vous n'ayez eu l'occasion de l'apprécier réellement. Cultivez votre amitié, plutôt que votre idylle[169].

Néanmoins, ne devenez pas non plus un pseudo-conjoint pour quelqu'un qui n'est pas prêt à s'engager. Certains couples brûlent les étapes, alors que, chez d'autres, l'un des deux protagonistes est profondément réticent à l'idée de s'engager et de se marier. Quand une relation traîne en longueur pendant des années et ne montre aucun signe de développement ou de progression vers le mariage, il se peut qu'un des membres du couple ait atteint un niveau de relation (juste avant le mariage) où il reçoit tout ce qu'il désire sans éprouver le besoin d'officialiser son engagement.

Kathy et moi avions remarqué ce phénomène alors que nous étions encore à l'université. Nous l'avions baptisé « le syndrome de la copine pas chère » car, le plus souvent, c'était la fille qui s'intéressait au mariage, pas le garçon. Parfois, une femme et un homme passaient beaucoup de temps ensemble. Cet homme disposait donc d'une compagnie féminine pour sortir (quand il en voulait une), d'une jeune femme avec laquelle parler (s'il en ressentait le besoin) et qui l'écoutait patiemment (quand il avait des soucis ou des fardeaux). Si la relation n'était pas sexuelle, il affirmait à ses amis que la fille et lui ne sortaient même pas ensemble, qu'il n'y avait « rien » entre eux. Si elle osait protester, il pouvait très bien rétorquer : « Je n'ai jamais dit que nous étions plus que des amis ! », ce qui était déloyal, car ils *étaient* plus que des amis. Il obtenait d'elle bien plus qu'il n'aurait obtenu d'un copain. Il jouissait de beaucoup des avantages du mariage, sans pour autant devoir s'engager, alors que la fille se renfermait et dépérissait.

Nous étions très fiers de notre perspicacité, sans nous douter un instant que cela s'appliquerait à nous.

Pourtant, alors que nous nous fréquentions depuis plusieurs années, Kathy s'est rendu compte que c'était exactement ce qui nous était arrivé. C'est alors qu'elle m'a fait un discours que nous avons fini par appeler dans la famille « les perles aux pourceaux ». Même si nous étions des meilleurs amis et des âmes sœurs, je souffrais encore des séquelles d'une relation antérieure qui s'était mal terminée. Kathy a été patiente et compréhensive, jusqu'à un certain point. Mais un jour, elle m'a dit : « Écoute, je n'en peux plus. J'attends depuis longtemps d'être promue au rang de petite-amie. Je sais que ce n'est pas ce que tu souhaites, mais chaque jour qui passe où tu ne me choisis pas pour être plus qu'une amie, j'ai l'impression que tu m'as évaluée et décidé que je n'étais pas à la hauteur : je me sens rejetée. Je ne peux pas continuer comme ça, à espérer qu'un jour tu voies en moi plus qu'une amie. Je ne dirais pas que je suis une perle, ni toi un cochon, mais si Jésus a dit à ses disciples de ne pas jeter des perles aux pourceaux, c'est parce qu'un cochon est incapable de reconnaître la valeur d'une perle. Pour lui, ce n'est qu'un caillou. Si je ne suis pas assez bien pour toi, je ne vais pas continuer à m'investir dans notre relation, en espérant encore et encore. Je ne peux pas. Le rejet, intentionnel ou non, que je ressens, est simplement trop douloureux. »

C'est exactement ce qu'elle m'a dit. Je l'ai prise au sérieux. J'ai fait mon examen de conscience. Quelques semaines plus tard, j'avais pris ma décision.

Demandez des conseils à votre communauté et appliquez-les. Les anciennes formules de rendez-vous et de cour partaient du principe que les amis et la famille jouaient un rôle important dans le choix d'un conjoint. Dans quelques communautés chrétiennes récentes, certains cherchent à retrouver des pratiques qui exigent un tel contrôle des familles, surtout des pères, qu'ils en reviennent presque aux mariages arrangés. Mais même les communautés juives-orthodoxes se rendent compte que c'est impossible, surtout avec des adultes célibataires qui ont quitté la maison depuis des années. De plus, les parents de beaucoup de chrétiens célibataires ont une faible compréhension de leur foi chrétienne et seraient donc de piètre conseil. Le principe de base est néanmoins sain et important. La décision de se marier ne devrait pas être purement individuelle et unilatérale. Elle est trop sérieuse et notre point de vue individuel est trop facilement faussé. La communauté compte de nombreux couples mariés et leur sagesse serait utile aux célibataires. Ces derniers devraient leur demander conseil à chaque étape de leur cheminement vers le mariage.

En fait, j'irais encore plus loin : vous êtes l'avenir d'une communauté chrétienne qui a tout intérêt à conclure des mariages sains et heureux. Le mariage chrétien devrait être communautaire. Les couples chrétiens devraient rechercher des moyens de « partager » leurs mariages avec les célibataires et les autres couples de leur communauté. Les chrétiens sont exhortés à pratiquer l'hospitalité les uns envers les autres (1 Pierre 4.9), ce qui dépasse le simple fait d'inviter des gens *chez soi*. Selon Romains 12.10, nous devons considérer que nous sommes membres d'une même famille, ce qui veut dire que chacun peut lire dans nos vies. Nous sommes appelés à être transparents les uns envers les autres. « Les couples mariés peuvent, par exemple, montrer aux célibataires le quotidien réel de leur union : pas simplement les bons côtés [...] mais aussi les grandes difficultés[170]. » Songez à l'impact que cela aurait ! Les célibataires doivent voir que le mariage est difficile *et* glorieux, et qu'il ne donne pas juste satisfaction. Ce n'est possible que si les couples mariés partagent leurs vies avec les célibataires afin qu'ils puissent réaliser ce qu'est réellement le mariage.

Le mariage est un don de Dieu à l'Église. Grâce aux mariages chrétiens, l'histoire de l'Évangile, du péché, de la grâce et de la restauration, est vue et entendue dans l'Église et dans le monde. Les mariages chrétiens sont une proclamation de l'Évangile, telle en est l'importance. Il est de l'intérêt de la communauté chrétienne de favoriser des mariages réussis et solides. Les célibataires ne peuvent pas agir comme si le choix de leur conjoint ne concernait qu'eux.

Chapitre 8

Les relations sexuelles et le mariage

C'est pourquoi l'homme quittera son père et sa mère pour s'attacher à sa femme et les deux ne seront plus qu'une seule chair.

Éphésiens 5.31

Il est impossible de parler de mariage sans parler de sexe, mais cette interaction comporte deux niveaux. D'emblée, nous devons comprendre le principe fondamental de l'éthique sexuelle biblique : pourquoi Dieu limite-t-il strictement l'activité sexuelle au mariage ? Une fois le raisonnement biblique compris et accepté, nous pouvons alors nous demander comment nous, chrétiens, pouvons l'appliquer, que nous soyons célibataires ou mariés.

L'acte sexuel n'est qu'un appétit : faux.

Du point de vue historique, les opinions sur les relations sexuelles sont innombrables. La première les définit comme un appétit naturel. Cette conception dit plus ou moins : faire l'amour était jadis entouré de tabous, mais aujourd'hui, nous prenons conscience que c'est aussi ordinaire que le fait de manger ou de satisfaire tout autre appétit sain et naturel. Nous devrions donc nous sentir libres de satisfaire cet appétit quand nous en ressentons le besoin. Et rien n'interdit de goûter plusieurs plats et de rechercher constamment de « nouvelles saveurs ». Interdire la satisfaction d'un appétit naturel ou le restreindre pendant des années est aussi malsain (et franchement, tout aussi impossible) que d'essayer de ne pas manger pendant des années.

Une autre vision de la sexualité, plus négative, est profondément ancrée dans certains courants philosophiques de l'Antiquité. Les rapports sexuels y sont perçus comme partie intégrante de ce que notre nature physique a de plus bas, par opposition à notre nature élevée, rationnelle, plus « spirituelle ». De ce point de vue, faire l'amour est sale et dégradant, un mal nécessaire pour la reproduction de la race humaine. Cette opinion est encore très répandue.

Aujourd'hui, un troisième principe a vu le jour. Quand le premier voit dans les rapports sexuels une pulsion inévitable et le deuxième un mal nécessaire, ce dernier le présente comme une forme vitale d'expression personnelle, une façon « d'être soi-même » et de « se trouver ». Un individu *peut* donc souhaiter vivre sa sexualité dans le mariage et bâtir une famille, mais c'est un choix personnel. Les rapports sexuels sont donc principalement un vecteur d'épanouissement et de réalisation de l'individu, quel que soit le cadre choisi.

Il est communément admis que la Bible prône la deuxième attitude et considère que la sexualité est dégradante et sale. C'est absolument faux. La Bible prend le contrepied de chacune de ces perspectives.

Les relations sexuelles ne sont-elles qu'un appétit ? Certes, elles le sont mais elles n'entrent pas dans la même catégorie que nos besoins de nourriture et de sommeil. D'ailleurs, même nos désirs ne peuvent être comblés automatiquement, aussi forts soient-ils. La plupart des gens s'imposent une discipline alimentaire, car leur appétit ne correspond presque pas aux besoins réels de leur organisme. Mais l'appétit sexuel nécessite plus encore d'être encadré. Le sexe influence notre cœur, notre être intérieur, pas seulement notre corps. Puisqu'il est avant tout une maladie du cœur, le péché joue donc un grand rôle dans la sexualité. Nos passions, nos pulsions sont à présent très faussées. Le sexe est conçu pour le don de soi, à vie. Pourtant, notre cœur rempli de péché veut l'utiliser pour des raisons égoïstes, pas pour le don de soi. La Bible met donc en place plusieurs règles pour nous apprendre à l'utiliser à bon escient[171].

Pour résumer l'éthique chrétienne sur la sexualité, je dirais que les relations sexuelles se pratiquent entre un homme et une femme qui sont mariés.

L'acte sexuel est sale : faux.

L'acte sexuel est-il sale et dégradant, comme certains l'ont prétendu? Non. Le christianisme biblique a probablement la conception du corps la plus positive du monde. Il enseigne que Dieu a créé la matière et les corps physiques et qu'il a trouvé que c'était bon (Genèse 1.31). Il dit qu'en Jésus-Christ, Dieu lui-même s'est revêtu d'un corps humain (qu'il porte toujours, dans sa forme glorifiée) et qu'un jour, il va nous donner à tous des corps parfaits, des corps de résurrection. Il enseigne que Dieu a créé la sexualité et qu'au commencement il a donné l'homme et la femme l'un à l'autre. La Bible contient de la poésie romantique magnifique qui célèbre la passion et le plaisir sexuels. Que quiconque dise que le sexe est, par essence, sale ou dégradant, et il a la Bible entière pour le contredire.

Non seulement Dieu autorise les rapports sexuels dans le mariage, mais il les ordonne (1 Corinthiens 7.3-5). Dans le livre des Proverbes, les maris sont encouragés à se laisser combler de plaisir par les seins de leur femme et de s'enivrer de leur amour sensuel (Proverbes 5.19 – *TOB*; voir aussi Deutéronome 24.5). Le Cantique des cantiques est une ode aux délices de l'amour sexuel dans le mariage. Tremper Longman, spécialiste de l'Ancien Testament écrit :

> D'un bout à l'autre du Cantique, le rôle de la femme est assurément renversant, surtout à la lumière des origines anciennes de ce texte. C'est la femme et non l'homme, qui domine dans les poèmes qui constituent le cantique. Elle est celle qui cherche, qui explore, qui initie. Elle proclame hardiment son désir (5.10-16). [...] « Son corps est d'ivoire poli émaillé de saphirs. » (v. 14) [...] La plupart des traductions hésitent sur ce verset. L'hébreu est très érotique, et beaucoup de traducteurs ne peuvent se résoudre à en donner la signification évidente. [...] C'est un prélude à leur rapport sexuel. Il n'y a aucune timidité, aucune honte, aucun geste mécanique sous les draps. Au contraire, ils sont l'un en face de l'autre, passionnés, sans aucune honte, simplement heureux d'une sexualité partagée[172].

La Bible met les personnes prudes très mal à l'aise !

L'acte sexuel est une affaire strictement privée : faux.

L'acte sexuel est-il avant tout un moyen d'atteindre le bonheur et l'épanouissement personnels ? Non, mais cela ne veut pas dire qu'il n'a rien à voir avec la joie ou qu'il n'est qu'un devoir. Le christianisme enseigne que le sexe est d'abord un moyen de connaître Dieu et de bâtir une communauté et que, si nous l'utilisons à ces fins *plutôt* que pour notre satisfaction personnelle, il nous procurera un épanouissement plus grand que nous ne pouvons l'imaginer[173].

La Bible mentionne explicitement les rapports sexuels, pour la première fois, dans le passage bien connu de Genèse 2.24. Paul le reprend dans Éphésiens 5. L'homme et la femme sont censés « ne faire qu'un », devenir « une seule chair ». À première lecture, cette phrase ne semble parler que d'union physique, sexuelle. Et si cette phrase n'en dit pas moins, elle en dit bien plus. Quand la Bible dit que « toute chair » avait une conduite corrompue sur la terre (Genèse 6.12 – *Colombe*) ou que Dieu répandrait son Esprit « sur toute chair » (Joël 3.1 – *Colombe*) cela ne signifiait pas que seuls les corps péchaient, ou que Dieu donnait son Esprit à tous les corps. Il donnait son Esprit à tout le monde. « Chair » est une synecdoque, une figure de style qui nomme la partie pour définir le tout (comme quand on dit : « compter les têtes »).

Autrement dit, le mariage est une union entre deux personnes, d'une intensité telle qu'elles deviennent pratiquement une seule nouvelle personne. Le terme de « s'attacher » (« coller » dans la traduction Chouraqui) signifie « conclure une alliance ou un contrat qui lie les parties ». Cette alliance unit chaque aspect de la vie de ces deux personnes. Elles fusionnent en une seule entité légale, sociale et économique. Elles perdent beaucoup de leur indépendance. Par amour, elles se donnent entièrement l'une à l'autre.

Dire du mariage qu'il produit « une seule chair » revient à dire que le rapport sexuel est à la fois un signe de cette union personnelle et légale et un moyen de la réaliser. La Bible dit de ne pas nous unir physiquement à quelqu'un à moins d'être également prêts à nous unir à cette personne émotionnellement, personnellement, socialement, économiquement et légalement. Ne devenez, littéralement, ni nu ni vulnérable vis-à-vis de l'autre, avant de l'avoir été de toutes les autres manières, en abandonnant votre liberté et en vous liant par le mariage.

Ensuite, quand vous avez fait don de vous-mêmes en vous mariant, la sexualité est un moyen de maintenir et d'approfondir cette union au fil des ans. L'Ancien Testament est riche de « cérémonies de renouvellement de l'alliance ». Quand Dieu établissait une relation d'alliance avec son peuple, il ordonnait que celui-ci ait régulièrement l'occasion de se remémorer les termes de l'alliance, par une lecture collective suivie d'un nouvel engagement, indispensable pour que le peuple entretienne sa fidélité à Dieu.

L'alliance du mariage fonctionne sur le même modèle. En vous mariant, vous concluez une alliance solennelle avec votre conjoint, que la Bible appelle « partenaire d'alliance » (Proverbes 2.17). C'est un grand jour, vos cœurs débordent de joie. Mais plus le temps passe, plus vous avez besoin de raviver la flamme et de renouveler l'engagement. Vous devez avoir l'occasion de vous remémorer tout ce que l'autre représente pour vous et de vous donner à nouveau à lui. Le rapport sexuel entre un mari et une femme en est l'unique moyen.

Oui, le rapport sexuel est peut-être le moyen le plus puissant que Dieu ait créé pour nous permettre de nous donner entièrement à un autre être humain. Dieu l'a choisi comme moyen, pour deux personnes, de se dire : « Je t'appartiens complètement, exclusivement et à vie. » Notre rapport sexuel ne devrait exprimer rien de moins que cela.

Donc, selon la Bible, une alliance est nécessaire pour les rapports sexuels. Elle crée un abri pour la vulnérabilité et l'intimité. Mais de même qu'une alliance de mariage est nécessaire pour les rapports sexuels, ceux-ci sont également nécessaires au maintien de l'alliance. C'est notre cérémonie de renouvellement de l'alliance.

L'acte sexuel : un acte qui unit

S'il est un auteur biblique que l'on taxe généralement d'avoir une vision négative de la sexualité, c'est bien Paul. Et pourtant, une lecture attentive de ce qu'il en dit, rend ce jugement caduc.

Dans 1 Corinthiens 6.16 ss, Paul interdit aux chrétiens d'avoir des rapports sexuels avec des prostituées. Mais son raisonnement est remarquable :

Ou bien, ignorez-vous qu'un homme qui s'unit à une prostituée devient un seul corps avec elle ? Car il est écrit : Les deux ne feront plus qu'un [Colombe : les deux deviendront une seule chair]. [...] C'est pourquoi, fuyez les unions illégitimes. [...] Vous ne vous appartenez donc pas à vous-mêmes. Car vous avez été rachetés à grand prix. Honorez donc Dieu dans votre corps (1 Corinthiens 6.16 ; 18 ; 19-20).

Quel en est le sens ? Pour Paul, « une seule chair » signifie clairement davantage qu'une simple union sexuelle, sinon ce serait un pléonasme : « Ne sais-tu pas qu'en t'unissant physiquement à une prostituée, tu t'unis physiquement à une prostituée ? » Il est évident qu'en parlant de « devenir une seule chair », Paul exprime l'idée de devenir une seule personne. Une seule chair se rapporte à l'union personnelle d'un homme et d'une femme sur *tous* les plans. Ainsi, Paul décrie la monstruosité de l'union physique indépendamment de toutes les autres facettes de l'union que chaque acte sexuel devrait incarner[174].

D. S. Bailey, auteur de l'ouvrage magistral *The Man-Woman Relation in Christian Thought* [*La relation homme-femme dans la pensée chrétienne*], explique que la vision paulinienne des relations sexuelles a été révolutionnaire et sans précédent dans l'histoire de la pensée humaine :

> Dans ce passage, la pensée [de Paul] ne doit rien aux concepts antérieurs ; elle témoigne d'une perspicacité psychologique tout à fait exceptionnelle à l'égard de la sexualité humaine, par rapport à la norme en vigueur au premier siècle après Jésus-Christ. L'apôtre réfute l'idée que le coït [...] ne soit qu'une utilisation appropriée des organes génitaux. Il soutient en revanche que c'est un acte qui [...] implique et exprime la totalité de l'individu, de manière à représenter un mode unique de dévoilement et d'engagement de soi[175].

Bref, selon Paul, avoir des relations sexuelles avec une prostituée est mauvais, car *chaque* acte sexuel est censé être un *acte d'union*. Paul soutient que donner son corps à quelqu'un sans lui offrir sa vie entière est tout à fait malséant. C. S. Lewis a comparé l'acte sexuel hors mariage à goûter de la nourriture sans l'avaler ni la digérer. L'analogie est pertinente.

L'acte sexuel comme dispositif d'engagement

La révolution sexuelle moderne trouve que l'idée d'abstinence sexuelle jusqu'au mariage est irréaliste, voire grotesque[176]. Beaucoup l'estiment même malsaine et nuisible. Pourtant, malgré l'incrédulité de nos contemporains, cette position représente l'enseignement incontesté et partagé par toutes les Églises chrétiennes, qu'elles soient orthodoxes, catholiques ou protestantes.

La Bible préconise l'abstinence avant le mariage non parce qu'elle le déconsidère, mais parce qu'elle le tient en haute estime. La vision biblique laisse entendre que les relations sexuelles hors mariage ne sont pas seulement moralement répréhensibles, mais aussi personnellement nuisibles. Si l'acte sexuel est conçu comme un élément de la signature d'une alliance et comme le moyen de la renouveler, nous devons donc comprendre l'acte sexuel comme un « dispositif d'engagement » émotionnel.

Si l'acte sexuel est un moyen inventé par Dieu pour confier sa vie entière et faire un don de soi, nous ne devrions pas être surpris qu'il nous donne le sentiment d'être profondément liés à l'autre, même quand il est utilisé à mauvais escient. S'il n'est pas freiné volontairement ou si l'impulsion originale n'est pas émoussée par l'habitude, l'acte sexuel donne le sentiment d'être personnellement entrelacé, lié à un autre être humain, comme si vous lui étiez littéralement jumelé. Au plus fort du désir sexuel, il est naturel de vouloir dire des choses extravagantes, telles que « Je t'aimerai *toujours* ». Même si vous n'êtes pas légalement marié, vous risquez très vite de ressentir des liens similaires à ceux du mariage, de sentir que l'autre a des obligations envers vous. Mais l'autre n'a aucune obligation légale, sociale ou morale envers vous, pas même celle de vous téléphoner le lendemain. Cette absurdité conduit à de la jalousie, du ressentiment et de l'obsession, si l'acte sexuel a lieu hors mariage. Rompre la relation devient alors bien plus délicat que ça ne devrait l'être. De nombreux couples poursuivent alors une relation bancale, à cause du sentiment de s'être (d'une manière ou d'une autre) liés à l'autre.

Ceux qui ont des relations sexuelles hors mariage doivent donc s'endurcir contre ce pouvoir qu'a l'acte sexuel d'attendrir le cœur et de faire davantage confiance. Le problème est que l'acte sexuel finira par perdre sa force de forger une alliance, même si un mariage se concrétise un jour. Ironie du sort, l'acte sexuel en dehors du mariage finit par fonctionner à l'envers, en *diminuant* la capacité de dévouement et de confiance envers quelqu'un d'autre.

La chasteté mise en pratique

Et si, célibataire, vous décidiez de mettre en pratique l'éthique chrétienne de la chasteté ? Ce sera sans aucun doute difficile, surtout dans une culture qui ne vous y encourage pas. Mais vous pouvez réussir, si vous vous appuyez sur les ressources qui suivent.

Vous avez avant tout besoin de « l'amour conjugal » de Jésus dans votre vie. L'acte sexuel est réservé à un engagement relationnel total car c'est un avant-goût de la joie d'une union complète avec Dieu à travers Christ. L'amour le plus fervent, sur cette terre, entre un homme et une femme n'est qu'un pâle reflet de ce à quoi il ressemblera (Romains 7.1-6 ; Éphésiens 5.22 ss). Le savoir aide énormément. Nous brûlons parfois d'un désir sexuel qui semble incontrôlable, parce qu'à cet instant précis, nos cœurs croient au mensonge qu'une expérience romantique, sensationnelle et sexuelle, nous comblera enfin jusqu'aux tréfonds de notre âme.

Pour résister à la tentation, nous devons dire la vérité à notre cœur et lui rappeler que la relation sexuelle ne peut absolument pas combler le besoin universel d'intimité que notre âme recherche dans l'amour romantique. Rencontrer Christ face à face est le seul moyen de combler le vide de notre cœur, que le péché a créé quand nous avons perdu la relation permanente que nous partagions avec lui. Mais la Bible ne nous demande pas de vivre l'amour complet de Christ dans le futur. Elle nous dit qu'aujourd'hui même, nous pouvons croire à son amour sur le plan intellectuel, mais plus encore, nous pouvons le vivre (Romains 5.5 ; Éphésiens 3.17 ss). La prière nous en ouvre les portes.

Les célibataires ont besoin d'une communauté chrétienne pour marcher sur ce sentier-là.

Dans leur assemblée, ils devraient vivre avec d'autres célibataires qui ne soient ni trop pressés ni trop effrayés de se marier, et qui ne se basent pas sur les normes en vigueur (beauté et richesse) pour choisir un partenaire. Il importerait également qu'ils y fréquentent des familles chrétiennes qui n'idolâtrent pas la famille et qui n'amènent pas non plus les célibataires à se sentir de trop.

Leur assemblée se singulariserait aussi par une liberté de parole sur la façon de vivre sa sexualité au quotidien et dans les relations, en s'appuyant sur la Bible. Plus les chrétiens, célibataires et mariés, méditeront cet enseignement biblique, plus les célibataires se sentiront soutenus dans leur choix de le respecter. Et par-dessus tout, ceux d'entre eux qui souhaitent s'engager dans une relation romantique sans rapport sexuel auront besoin d'une assemblée suffisamment grande, avec des célibataires poursuivant le même but.

Certains reliront ces deux derniers paragraphes et s'exclameront : « Mais des Églises comme ça, ça n'existe pas ! ». C'est assez vrai et, puisque je suis pasteur, j'avoue franchement que, par moments, ma propre Église prend bien en charge ses célibataires, mais que, le plus souvent, elle ne sait pas leur offrir le genre de communauté que je viens de décrire. Je lance un défi à mes lecteurs : prenez l'initiative de créer ces caractéristiques dans vos Églises ou implantez de nouvelles Églises dans lesquelles ce genre de communauté sera une priorité.

Finalement, trouvez un équilibre concernant vos désirs et pensées sexuels. Certains chrétiens se sentent profondément impurs et salis par toute pensée marquante ou rêverie à connotation sexuelle. D'autres s'y adonnent. L'Évangile ne relève ni du légalisme ni de l'anarchie. Obéir à Dieu ne sauve pas, alors que le vrai salut conduira à obéir à Dieu, par reconnaissance. Cette vérité devrait permettre d'aborder le problème des pensées et des tentations de façon équilibrée. Martin Luther était connu pour ces propos au sujet des désirs sexuels : « Vous ne pouvez pas empêcher les oiseaux de tourner au-dessus de votre tête, mais vous pouvez les empêcher de faire leur nid dans vos cheveux. » Par cette image il sous-entendait que nous ne pouvons empêcher les pensées sexuelles, elles sont naturelles et inévitables. Par contre, nous sommes responsables de ce que nous en faisons : nous ne devons pas les entretenir, ni les ressasser.

Et si nous agissons mal sur le plan sexuel, nous devons utiliser l'Évangile de la grâce pour libérer notre conscience. L'Évangile ne minimisera jamais notre péché, mais il ne nous demandera pas de nous flageller, ou de nous rouler dans une culpabilité perpétuelle. Il est vital d'obtenir le pardon et la purification de l'Évangile lorsque l'on pèche. Souvent, une honte non réglée pour avoir violé la loi dans le passé est à l'origine de fantasmes obsessionnels dans le présent.

Le dialogue intérieur

En fin de compte, les théories ne permettront pas aux chrétiens célibataires d'appliquer l'éthique sexuelle chrétienne. Il leur faudra des convictions. Dans le roman classique, *Jane Eyre*, l'héroïne tombe amoureuse de M. Rochester mais elle apprend également qu'il est marié et que sa femme, malade mentale, vit dans une chambre, au troisième étage de son domaine. Il la presse néanmoins d'être sa maîtresse, ce qui déclenche en elle une tempête intérieure, un énorme conflit dans son cœur :

> [...] pendant qu'il parlait, ma raison et ma conscience se tournaient traîtreusement contre moi ; elles criaient presque aussi haut que mon cœur, et tous ensemble me disaient : « Oh ! cède, cède ! Pense à sa souffrance, pense au danger où tu le laisses ; regarde dans quel abattement il tombe lorsqu'il se voit abandonné. Souviens-toi que sa nature est impétueuse ; songe aux suites du désespoir ; console-le, sauve-le, aime-le ! Dis-lui que tu l'aimes et que tu seras à lui. Qui est-ce qui s'inquiète de toi dans le monde ? Qui est-ce qui sera offensé ou attristé par ce que tu feras ?

Jane découvre plusieurs zones, plusieurs penchants, dans son âme. La conscience, la raison, et les sentiments. Tous se dressent pour la convaincre de céder à la demande de M. Rochester. Il est seul et malheureux, elle peut le réconforter. Il est riche et il l'adore. Après une vie d'épreuves, elle le mérite bien. Pourtant, elle résiste à la voix de ces sirènes :

> Et, malgré tout, je continuais à me dire : « Je me dois à moi-même ; plus je suis isolée, moins j'ai d'amis et de soutiens, plus je dois me respecter. Je garderai les lois données par Dieu et sanctionnées par l'homme ; je serai fidèle aux principes que j'ai acceptés lorsque j'étais raisonnable et non pas folle comme maintenant. Les lois et les principes ne nous ont pas été donnés pour les jours sans épreuves ; ils ont été faits pour des moments, comme celui-ci, alors que le cœur et l'âme se révoltent contre leur sévérité. Ils sont durs, mais ils ne seront pas violés ; si je pouvais les briser à ma volonté, de quel prix seraient-ils ? Ils ont une grande valeur, je l'ai toujours cru ; et si je ne puis plus le croire maintenant, c'est parce que je suis insensée, que du feu coule dans mes veines, et que mon cœur bat trop pour que je

puisse en compter les palpitations. À cette heure je
dois m'en tenir aux opinions préconçues, et c'est sur ce
terrain solide que je poserai mes doux pieds ! »
Je le fis [...].

Jane Eyre a été adapté pour le cinéma et la télévision et, à ma
connaissance, aucune des versions filmées n'insère ce dialogue intérieur. Jane résiste à la supplication de M. Rochester
en disant simplement: « Je dois me respecter ». Les specta-
teurs modernes restent donc probablement sur l'illusion que
Jane est capable de résister à la tentation par sa seule volonté
de garder une haute opinion d'elle-même. Elle semble dire
que devenir la maîtresse de M. Rochester serait humiliant,
plutôt qu'immoral. Tous les films que j'ai vus donnent l'impression qu'elle puise en elle l'assurance et le respect d'elle-
même qui lui permettent de refuser une position sociale de
second ordre.

Mais voyez la manière dont elle résiste, dans le roman.
Elle ne puise aucune force dans son cœur, il n'est que tempête. Elle *repousse* ce que lui dit son cœur et se tourne vers ce
que dit Dieu. À ce moment précis, les lois morales de Dieu
n'ont aucune prise sur son cœur et ses pensées. Elles ne lui
paraissent ni raisonnables ni justes. Mais, dit-elle, si elle pouvait les briser au moment où elles lui semblent inopportunes,
quelle serait leur valeur ? Si vous n'obéissez à la Parole de
Dieu que quand elle vous paraît logique ou bénéfique, et bien,
cela n'a rien à voir avec l'obéissance. Obéir signifie se soumettre à une autorité reconnue, même lorsqu'on n'est pas d'accord. Les lois de Dieu sont justement faites *pour* les moments
de tentation, quand « le cœur et l'âme se révoltent contre leur
sévérité ».

Jane prend donc appui sur la Parole de Dieu et non sur
ses passions et ses émotions. Je n'ai trouvé nulle part ailleurs
exemple plus clair ou plus éloquent de ce que devrait être le
dialogue intérieur d'un chrétien célibataire en proie à la tentation. Apprenez à choisir le bon appui.

L'importance de l'amour érotique dans le mariage

Puisque la Bible limite les relations sexuelles au mariage, découvrir que plusieurs passages ordonnent aux couples mariés d'apprécier le sexe et de le pratiquer fréquemment, n'a rien de surprenant. Nous avons déjà noté les passages révélateurs du Cantique des Cantiques et de Proverbes 5.19, qui exhortent les maris à se réjouir du corps de leur femme. Dans 1 Corinthiens 7.3-5, Paul parle, avec une franchise surprenante, de l'importance et des réalités des rapports sexuels conjugaux :

> Que le mari accorde à sa femme ce qu'il lui doit et que la femme agisse de même envers son mari. Car le corps de la femme ne lui appartient plus, il est à son mari. De même, le corps du mari ne lui appartient plus, il est à sa femme. Ne vous refusez donc pas l'un à l'autre. Vous pouvez, certes, en plein accord l'un avec l'autre, renoncer pour un temps [...].

À une époque où les femmes étaient légalement considérées comme la propriété de leurs maris, Paul affirme, de façon révolutionnaire, que « le corps du mari ne lui appartient plus, il est à sa femme ». « Le premier verbe, à la forme négative, avertit le mari de s'abstenir de rapports sexuels avec qui que ce soit d'autre que sa femme et le deuxième verbe, à la forme affirmative, lui signifie son obligation d'accomplir le devoir conjugal en procurant à sa femme plaisir et satisfaction sexuelle[177]. » Il s'agit là d'un coup fatal porté au double principe traditionnel : on attendait d'un homme qu'il ait plusieurs partenaires sexuelles, alors qu'une femme qui agissait de même était méprisée. En rapprochant cette affirmation de la précédente, sur le fait que le corps de la femme appartient également à son mari, Paul enseignait que les relations sexuelles étaient réciproques et partagées, que l'on soit homme ou femme. Personne n'avait jamais rien dit de tel auparavant.

Les lecteurs contemporains trouveront que ce texte correspond à notre vision occidentale actuelle des droits humains, mais l'argument principal de Paul est ailleurs. Il nous donne une vision remarquablement positive du plaisir sexuel dans le mariage. Les chrétiens corinthiens baignaient dans l'atmosphère de la culture romaine selon laquelle « les hommes se mariaient pour s'assurer des héritiers légaux, alors que le plaisir sexuel, s'ils le recherchaient, relevait de l'extraconjugal. » Cependant, les historiens indiquent que « Paul redéfinit le mariage comme le lieu de satisfaction mutuelle des désirs érotiques, en opposition avec la philosophie païenne selon laquelle le mariage ne servait qu'à engendrer des héritiers légitimes qui seraient garants du nom, des biens, et des rites familiaux sacrés[178]. » En d'autres termes, Paul dit aux couples chrétiens que des relations sexuelles mutuelles et satisfaisantes doivent avoir une grande part dans leur vie commune. En fait, ce passage montre que les rapports sexuels devraient être fréquents et réciproques. Un conjoint n'a pas le droit de se refuser à l'autre.

Le mariage érotique

Je suis convaincu que cette portion de 1 Corinthiens 7 est un outil important. Chaque conjoint doit se soucier de *donner* du plaisir avant de chercher à en obtenir. Votre plus grand plaisir devrait donc être de voir votre conjoint en éprouver. Quand votre plus grande jouissance est de faire jouir, vous appliquez ce principe.

En effectuant des recherches pour écrire ce chapitre, j'ai retrouvé de vieux commentaires que Kathy et moi avions rédigés. J'avais oublié certaines de nos difficultés de départ et ces notes m'ont rappelé qu'à l'époque, nous commencions à redouter l'idée des relations sexuelles. Kathy avait noté que si elle n'avait pas d'orgasme en faisant l'amour, nous nous sentions tous deux en échec. Si je lui demandais : « Comment c'était? » et qu'elle répondait: « J'ai eu mal », ça m'anéantissait et elle aussi. Nous avons rencontré pas mal de difficultés, jusqu'à ce que nous comprenions une chose. Kathy l'explique dans ses notes:

> Bien que l'orgasme soit sensationnel, surtout quand il est simultané, nous nous sommes rendu compte que le respect, l'émerveillement, le sentiment de sécurité et la joie de ne faire qu'un sont déjà émouvants et bouleversants par eux-mêmes. Quand nous avons cessé de vouloir être performants et que nous avons simplement cherché à nous prouver notre amour, les choses ont commencé à progresser. Nous avons arrêté de nous soucier de nos exploits; nous avons cessé de nous préoccuper du résultat et avons commencé à dire: « Que pouvons-nous faire pour donner quelque chose à l'autre? »

Ce concept a aussi des incidences sur un problème commun à de nombreux couples: l'un d'eux veut faire l'amour plus souvent que l'autre. Si votre objectif est de donner du plaisir plutôt que d'en obtenir, celui dont la libido est moindre peut se donner à l'autre, comme un cadeau. C'est un acte d'amour tout à fait légitime et qui ne devrait pas être dénigré en disant: « Non, non. Si tu n'en as pas vraiment envie, ne le fais pas! » Faites-le comme un don.

Dans le même ordre d'idées, tous les conjoints n'ont pas la même notion de ce que peut être la meilleure ambiance susceptible de favoriser l'acte sexuel. Je n'énonce pas une loi universelle, mais pour ma part, je me soucie fort peu du contexte. Pour dire crûment les choses, ça peut bien être n'importe où, n'importe quand. Toutefois, j'ai fini par me rendre compte qu'en agissant ainsi, je passais à côté de quelque chose de très important pour ma femme. Une ambiance? Ah, tu veux dire des bougies et tout ça? Et bien sûr, comme tant de femmes, Kathy ne voulait *pas* dire « des bougies et tout ça ». Elle voulait dire se préparer émotionnellement. Elle pensait à la tendresse, à la conversation, et des choses comme ça. J'ai appris, mais lentement. Nous avons ainsi appris à être très patients l'un avec l'autre, concernant le sexe. Il nous a fallu des années pour savoir nous satisfaire mutuellement en faisant l'amour. Mais la patience a payé.

Le sexe : un test

La Bible nous donne une haute idée des relations sexuelles. Elles scellent notre union l'un avec l'autre et avec Dieu. Voir certains problèmes, qui seraient passés inaperçus autrement, « se manifester au lit » n'a donc rien de surprenant. Il peut s'agir de culpabilité, de colère ou de crainte par rapport à d'anciennes relations. De la méfiance, une perte du respect pour l'autre ou des différends non réglés dans votre relation actuelle ont pu se développer. Les relations sexuelles sont une chose si puissante et si sensible, qu'il vous sera impossible de faire comme si de rien n'était. Si votre relation conjugale est bancale, vous n'arriverez pas à faire l'amour. Soyez donc attentif à chercher en profondeur. Un manque de « compatibilité sexuelle » n'est probablement pas une question de compétences. Cela révèle peut-être des problèmes relationnels plus sérieux. Il arrive souvent qu'une fois ces problèmes résolus, l'intimité sexuelle s'améliore.

Voici une règle fondamentale du mariage : le temps passe. Comme l'a dit Lewis Smedes, on n'épouse pas une femme ou un homme mais plusieurs. Les années, les enfants, la maladie et l'âge s'accompagnent tous de changements qui peuvent demander des réponses originales et méthodiques pour reconstruire une intimité sexuelle qui était plus spontanée autrefois. Si vous n'affrontez pas ces changements et ne vous y adaptez pas, ils finiront par détériorer votre vie sexuelle. Kathy et moi comparons souvent les relations sexuelles dans le mariage à de l'huile dans un moteur : sans huile, la friction entre les pièces finit par gripper le moteur. Les conflits dans le mariage engendreront colère, rancœur, insensibilité et déception si les conjoints font l'amour sans joie ni tendresse. Au lieu d'être le ciment qui réunit, l'acte sexuel peut devenir une force qui divise. Ne cessez jamais de travailler à votre vie sexuelle.

La gloire des relations sexuelles

Faire l'amour est magnifique. Nous le savons même sans la Bible. Cela nous inspire des paroles d'adoration et évoque littéralement des cris de joie et de louanges. Grâce à la Bible, nous savons pourquoi c'est le cas. Jean 17 nous apprend que depuis toute éternité, le Père, le Fils et le Saint-Esprit s'adorent et se glorifient mutuellement, qu'ils sont profondément attachés l'un à l'autre et remplissent mutuellement leurs cœurs d'amour et de joie (voir Jean 1.18 ; 17.5, 21, 24-25). Le rapport sexuel entre un homme et une femme renvoie à l'amour entre le Père et le Fils (1 Corinthiens 11.3). C'est un reflet du don de soi joyeux et du plaisir de l'amour au cœur même de la vie du Dieu trine.

Faire l'amour est glorieux parce que cela reflète la joie de la Trinité, mais aussi parce que c'est un aperçu de la joie éternelle de l'âme que nous aurons au paradis, dans nos tendres relations avec Dieu et les uns avec les autres. Dans Romains 7.1 ss, nous apprenons que les meilleurs mariages sont des repères qui indiquent l'union profonde, infiniment satisfaisante et ultime, que nous aurons avec le Christ et son amour.

Comme l'ont dit certains, que le rapport sexuel entre un homme et une femme puisse être une sorte d'expérience métaphysique incarnée n'a rien de surprenant. Il s'agit de l'aperçu le plus extatique, audacieux, à couper le souffle, à peine imaginable, de la gloire que sera notre avenir.

Épilogue

Le mariage n'est pas uniquement composé d'une seule forme d'amour. Ce n'est pas seulement la passion romantique, ou juste l'amitié, ou les devoirs et les obligations. C'est tout cela et plus encore. C'est écrasant. Où trouvons-nous la force de répondre aux exigences, apparemment impossibles à satisfaire, du mariage ?

George Herbert, poète du XVIIe siècle, a écrit trois poèmes sur l'amour, dont le plus célèbre est le dernier, intitulé, tout simplement, « Amour (III) ».

> L'Amour m'accueillit ; pourtant mon âme recula
> Coupable de poussière et de péché.
> Mais l'Amour clairvoyant, me voyant hésiter
> Dès ma première entrée,
> Se rapprocha de moi, demandant doucement
> S'il me manquait quelque chose.
>
> « Un invité, répondis-je, digne d'être ici. »
> L'Amour dit : « Tu seras lui. »

« Moi, le méchant, l'ingrat ? Ah ! Mon aimé,
Je ne puis te regarder. »

L'Amour prit ma main et répondit en souriant
« Qui a fait ces yeux sinon moi ?
 – C'est vrai, Seigneur, mais je les ai souillés ; que ma
honte aille où elle mérite.
 – Et ne sais-tu pas, dit l'Amour, qui en a pris sur lui le
blâme ?
 – Mon aimé, alors je servirai.
 – Il faut t'asseoir, dit l'Amour, et goûter à mes mets. »
Ainsi je m'assis et je mangeai[179].

L'Amour l'accueille mais, parce qu'il est conscient de sa culpabilité et de son péché, le poète « hésite » et recule. Mais l'Amour voit tout. Il remarque l'hésitation et avance avec des mots doux, comme un maître-aubergiste : « Que vous manque-t-il ? ». L'invité reconnaît qu'il lui manque quelque chose d'essentiel, mériter d'être aimé. Avec réalisme et confiance, son hôte répond qu'il va lui donner cette dignité. Il n'aime pas l'invité parce qu'il est digne d'être aimé, mais parce qu'il va l'en rendre digne.

Peu convaincu, l'invité rétorque qu'il ne peut lever les yeux sur l'Amour.

Le mystérieux personnage se dévoile alors : « Je suis Celui qui a fait tes yeux, sais-tu ? Et je peux faire qu'ils se lèvent vers moi. » L'invité sait maintenant qui est l'Amour, puisqu'il l'appelle Seigneur, mais il est toujours sans espoir.

« Laisse ce misérable partir dans la honte. »

« Mais ne sais-tu pas que j'ai pris sur moi ton blâme ? »

Même les peurs et les doutes les plus profonds de l'invité ne trouvent rien à répondre. Alors, le Seigneur lui dit tendrement, mais fermement de s'asseoir. Et le Seigneur de l'univers, celui qui a humblement lavé les pieds de ses disciples, sert l'homme indigne mais aimé.

« Tu dois goûter à mes mets. »
Alors, je m'assis et mangeai.

Simone Weil, philosophe, écrivaine et militante française était une Juive agnostique (N.D.É. : à ne pas confondre avec Simone Veil, la femme politique). En 1938, alors qu'elle méditait sur ce poème de George Herbert, elle a fait une expérience puissante et bouleversante de l'amour de Christ. « Le Christ est descendu et m'a prise » dit-elle, en décrivant cet instant[180]. À partir de ce moment, elle est devenue chrétienne. Elle n'attendait ni ne recherchait une telle expérience. Elle n'avait jamais rien lu sur les expériences mystiques. En tant que Juive agnostique, elle ne comptait certainement pas sur Christ pour en vivre une. Pourtant, dans ce poème, le sacrifice de Christ sur la croix est devenu une réalité pour elle. « Dans cette soudaine emprise du Christ sur moi [...] j'ai senti, au cœur de mes souffrances, la présence d'un amour analogue à celui qu'on lit dans le sourire d'un visage aimé[181]. »

Quand nous avons parlé de la conversion de Louis Zamperini et vu que la vague de l'amour de Jésus qui l'a submergé lui a immédiatement donné la capacité de pardonner à ceux qui l'avaient torturé pendant des années, nous avons dit que la croissance spirituelle n'advenait pas toujours ainsi. C'est la même chose pour Simone Weil. Le poème d'Herbert est un chef-d'œuvre d'art sacré. Il produira une infinité de petites révélations et il a profondément marqué mon cœur, mais si vous en attendez une rencontre spirituelle définitive, qui efface tous doutes et craintes, vous serez probablement déçu.

Quoi qu'il en soit, l'amour de Christ est la base solide d'un mariage rayonnant. Parmi ceux qui se tournent vers Christ, certains reçoivent son amour comme une vague qui inonde d'emblée le sol dur de leur cœur. D'autres sentent son amour les toucher d'une façon tendre et progressive, comme une pluie légère ou même une bruine. Mais dans tous les cas, le cœur devient un sol irrigué par l'amour de Jésus, qui permet à toutes les formes humaines d'amour d'y pousser.

Mes chers amis, aimons-nous les uns les autres, car l'amour vient de Dieu. [...] Qui n'aime pas n'a pas connu Dieu, car Dieu est amour. [...] Voici en quoi consiste l'amour : ce n'est pas nous qui avons aimé Dieu, mais c'est lui qui nous a aimés ; aussi a-t-il envoyé son Fils pour apaiser la colère de Dieu contre nous en s'offrant pour nos péchés. Mes chers amis, puisque Dieu nous a tant aimés, nous devons, nous aussi, nous aimer les uns les autres. Dieu, personne ne l'a jamais vu. Mais si nous nous aimons les uns les autres, Dieu demeure en nous et son amour se manifeste pleinement parmi nous (1 Jean 4.7, 8, 10-12).

Les rôles homme-femme dans la prise de décision

Tim et moi (Kathy) avons appliqué les principes suivants pour nous aider à prendre des décisions, banales voire plus complexes. Ces quatre principes nous ont été utiles et j'espère donc qu'ils le seront aussi pour vous.

- *Le mari (à la manière du Fils envers nous) ne fait jamais état de son autorité pour son plaisir, mais uniquement pour servir les intérêts de sa femme.* Être le chef ne signifie pas que le mari se contente de « prendre toutes les décisions », ni qu'il fait prévaloir son point de vue à chaque dispute. Pourquoi ? Jésus n'a jamais fait quoi que ce soit pour lui-même (Romains 15.2-3). Un serviteur-chef doit sacrifier ses désirs et ses besoins pour le plaisir et l'édification de son conjoint (Éphésiens 5.21 ss).

- *La femme ne doit jamais être seulement conciliante, elle doit tout mettre en œuvre pour valoriser son mari.* Elle doit être l'amie fidèle et la conseillère la plus proche de son mari, comme il doit l'être pour elle (Proverbes 2.17). Se compléter en accueillant l'Autre exige beaucoup de compromis. Chacun doit laisser l'autre s'exprimer et présenter ses arguments. Se compléter est un travail difficile qui demande des propos remplis d'amour (Proverbes 27.17) et de tendresse (1 Pierre 3.3-5), qui affûtent, enrichissent et renforcent mutuellement. La femme doit engager chacun de ses dons et de ses ressources dans le dialogue et l'homme, comme tout bon gestionnaire, doit savoir quand céder à l'opinion experte de sa femme, plutôt que d'imposer la sienne, quand elle est moins bien étayée.

- *Une femme ne doit pas une obéissance inconditionnelle à son mari.* Aucun être humain ne devrait obéir aveuglément à un autre être humain. Comme l'a dit Pierre : « Il faut obéir à Dieu plutôt qu'aux hommes » (Actes 5.29). Autrement dit, une femme ne devrait pas obéir à son mari ou l'aider à commettre des actes interdits par Dieu, comme vendre de la drogue ou abuser d'elle physiquement. S'il la frappe, par exemple, elle devrait lui être « l'aide puissante » prévue par Dieu en l'aimant, en lui pardonnant du plus profond d'elle-même, mais aussi en le faisant arrêter par la police. Faciliter la tâche de quelqu'un qui agit mal n'est jamais une manifestation de gentillesse ou d'amour.

- *Endosser le rôle de chef a pour seul but de servir votre femme et votre famille.* On entend parfois : « Dans la vision biblique, la femme comme l'homme sont appelés à se servir mutuellement de façon désintéressée, alors où est la différence ? » Il est clair que le Fils *obéit* à son chef, le Père, et que nous *obéissons* au nôtre, le Christ[182]. Mais comment cette autorité s'applique-t-elle à des personnes qui se servent mutuellement, égales en dignité et en identité ? Eh bien, le chef ne peut l'emporter sur sa femme que s'il est sûr qu'elle a fait un choix destructeur pour elle-même ou la famille. Il n'exerce pas son autorité de façon égoïste, n'en faisant qu'à sa tête concernant la couleur de la voiture qu'ils achètent, la possession de la télécommande ou en décidant de sortir pour une « soirée entre copains » alors que sa femme lui a demandé de rester à la maison pour l'aider à s'occuper des enfants.

C'est dans ce domaine que les malentendus sont le plus fortement ancrés, chez les hommes comme chez les femmes. Certains hommes, inconscients ou peu désireux d'assumer leur rôle de serviteur-chef, croient que le simple fait d'être un mâle leur donne tous les droits. Et les femmes, souvent victimes d'une telle mauvaise compréhension, ne veulent pas d'un enseignement qui les relèguerait à un statut inférieur.

Pourtant, dans un mariage, où il n'y a que deux voix, comment dépasser cette difficulté sans que l'un des deux cède ? Dans la grande majorité des cas, chaque conjoint cherchera à faire plaisir à l'autre, permettant ainsi de sortir de l'impasse. La femme cherchera à respecter l'autorité de son mari qui, à son tour, tentera de plaire à sa femme. Dans un mariage sain et biblique, quand une telle relation est établie, une quelconque suprématie sera rarissime.

Mais qu'en est-il si une décision s'impose et qu'aucun accord commun n'est possible ? Quelqu'un doit avoir une voix prépondérante et assumer de ce fait la responsabilité finale de son choix.

C'est ici que celui que la Bible appelle le « chef » endosse la responsabilité. À ce moment, chaque conjoint se « soumet » à son rôle. Il arrive souvent qu'un mari intelligent le refuse et que la femme intelligente l'accepte ! Comme la situation risque alors de devenir chaotique, mais c'est là que nous sommes appelés à vivre l'histoire de la rédemption, dans laquelle le Fils accorde de son plein gré le rôle de chef à son Père, en disant « que ta volonté soit faite, et non la mienne ».

Vers la fin des années 1980, Tim avait un poste de professeur à plein temps dans une banlieue tout à fait tranquille de Philadelphie et notre famille y vivait confortablement. C'est alors qu'on lui a proposé de déménager à New York pour y implanter une Église. L'idée l'a emballé alors que j'étais horrifiée. Élever nos trois enfants habitués au grand air en les enfermant à Manhattan était impensable ! De plus, parmi ceux qui connaissaient un peu Manhattan, presque personne ne pensait que le projet avait une chance de réussir. Je savais également que ce ne serait pas quelque chose que Tim pourrait accomplir avec des semaines de trente-cinq heures. Toute la famille et pratiquement tout notre temps seraient engloutis dans l'affaire.

Je voyais bien que Tim voulait répondre à cet appel, mais je doutais sérieusement de la pertinence de son choix. Comme j'exprimais mes doutes à Tim, il a répondu : « Eh bien, si tu ne veux pas y aller, nous n'irons pas. » Mais j'ai répliqué : « Ah non ! Tu ne vas pas te défausser de la décision sur moi. Ça s'appelle fuir ses responsabilités. Si tu crois que c'est la bonne chose à faire, fais valoir ta qualité de chef et prends toi-même la décision. C'est à toi de résoudre le dilemme. Mon rôle est de lutter avec Dieu jusqu'à ce que je puisse soutenir ton appel avec joie. »

Tim a décidé de venir à New York, et d'y implanter l'Église presbytérienne Redeemer. Toute la famille, y compris nos fils, considère que c'est l'une des choses les plus « viriles » qu'il ait jamais accomplies, car il avait peur mais sentait un appel de Dieu. À ce moment-là, Tim et moi avons tous deux endossé nos rôles respectifs, avec lesquels nous n'étions pas parfaitement à l'aise, mais il est évident que Dieu a œuvré en nous et à travers nous quand nous les avons acceptés comme un don de l'architecte de nos cœurs.

Pourquoi une femme doit-elle se soumettre en de telles occasions ? Il faut rejeter la réponse « traditionaliste » selon laquelle « les femmes sont trop indécises ». En réalité, beaucoup de femmes sont plus déterminées que leurs maris. Pourquoi sont-elles donc appelées à la soumission ? Comme je l'ai dit, la réponse à cette question est une autre question : « Pourquoi Christ a-t-il abandonné son autorité au Père ? »

Nous ne le savons pas mais c'est un signe de sa grandeur, pas de son indécision ! Les femmes sont appelées à suivre Jésus sur ce point. Mais n'oubliez pas qu'exercer son autorité correctement est aussi difficile que de s'en dépouiller.

Remerciements

Comme toujours, je remercie David McCormick et Brian Tart, dont les compétences éditoriales et littéraires appuient une fois encore mon travail d'écriture. Je veux aussi remercier Janice Worth, ainsi que Tim et Mary Courtney Brooks, qui nous ont permis, à Kathy et moi, de prendre du temps pour finir ce livre. Merci également à Jennifer Chan, Michael Keller, Martin Bashir et à John et Sarah Nicholls qui ont lu et commenté le manuscrit avant sa publication.

Un énorme merci à Laurie Collins, qui a mis d'abord par écrit le contenu des enregistrements, et à Marion Gengler Melton qui les a rédigés, ainsi qu'à tous ceux qui nous ont donné une version papier dans l'espoir qu'il en sortirait un livre.

Merci aussi à Susie Case et à Dianne, qui ont financé la transcription de Laurie et l'ont retravaillée. Bien que mon style narratif décousu ait conduit à l'échec, ce fut une noble tentative.

Au cours des années, beaucoup de ceux qui ont écouté les sermons de 1991, qu'on appelait alors simplement « les cassettes sur le mariage », nous ont apporté force et encouragements. Pendant longtemps, des auditeurs nous ont écrit ou appelés, nous suppliant de les utiliser pour écrire un livre. Merci à tous ceux qui nous ont harcelés avec tant d'amour pour que nous l'écrivions. Finalement, le voici !

Pour conclure, toute notre reconnaissance va vers ceux qui sont cités dans la dédicace. Les années d'amitié et le temps passé ensemble à piloter nos mariages dans toutes sortes de situations ont produit du fruit dans la vie de chacun. Beaucoup de cette sagesse, acquise dans les difficultés, apparaît dans ce volume. Merci, mes amis, pour tout ce que vous représentez pour Kathy et moi.

Remerciement de l'éditeur de la version française

Les Éditions Clé remercient également pour leur aide précieuse lors de la réalisation de la version française de cet ouvrage : Marlyse Français, Mireille Muller, Dominique Frochot, Élisabeth Crème, Martine Morel, Richard Martel, Marion Robin, Jean Louis de Neuchatel, Christian Mary et Maria Piaget.

Quelques mots sur les auteurs

Timothy Keller est né et a grandi en Pennsylvanie. Il a ensuite étudié à l'Université Bucknell, à la faculté de théologie Gordon-Conwell et à la faculté de théologie de Westminster. Il a servi comme pasteur à Hopewell en Virginie. Puis, en 1989, il a implanté l'Église presbytérienne du Rédempteur à Manhattan, avec sa femme Kathy, et leurs trois fils. Aujourd'hui, l'Église du Rédempteur est régulièrement fréquentée par plus de cinq mille personnes. Elle compte plus de deux cents nouvelles églises-filles dans le monde entier. Timothy Keller est aussi l'auteur de plusieurs livres : *Le Dieu prodigue* (Maison de la Bible) et *Les idoles du cœur* et de *La Raison est pour Dieu*, bestseller du *New York Times*. Il vit à New York avec sa famille.

Kathy Keller a grandi dans la banlieue de Pittsburgh, en Pennsylvanie. Elle a étudié à l'université d'Allegheny, où elle a animé des groupes chrétiens, puis à la faculté de théologie Gordon-Conwell. C'est là qu'elle a rencontré puis épousé Timothy Keller au début de dernier semestre. Elle a obtenu sa maîtrise de théologie à Gordon-Conwell en 1975. Kathy et Tim ont ensuite déménagé en Virginie. Tim a démarré l'Église presbytérienne de Hopewell, et leurs trois fils sont nés. Après neuf ans, Kathy et sa famille ont déménagé à New York pour implanter l'Église presbytérienne du Rédempteur.

Notes

Introduction

1. Je me fais ici mon propre porte-parole car la majeure partie de ce livre s'appuie sur une série de 9 sermons que j'ai prêchés à l'automne 1991, pendant les premiers temps du ministère de l'Église presbytérienne Redeemer à New York. Néanmoins, ce livre est bien le produit de l'expérience de *deux* personnes et de conversations, réflexions, études académiques, enseignements et entretiens de relation d'aide que nous avons eus au fil de 37 ans de vie commune. Kathy et moi sommes arrivés ensemble à la compréhension du mariage. Même ces 9 sermons sont principalement le fruit de nos efforts partagés pour comprendre le mariage en Christ. Je n'ai fait que le retranscrire.

2. À l'âge de 12 ans, Kathy a écrit à C.S. Lewis, qui lui a répondu. Elle a collé ces réponses à l'intérieur des couvertures de ses exemplaires des *Chroniques de Narnia*. Ces 4 lettres de Lewis (à « Kathy Kristy ») se trouvent dans *Letters to Children* [*Lettres aux enfants*] et dans le troisième volume de *Letters of* C.S. *Lewis* [*Lettres de C.S. Lewis*].

3. LEWIS C.S., *Le problème de la souffrance*, Le Mont-Pèlerin : éditions Raphaël, 2001, p. 206-207. Il est amusant de remarquer que Lewis faisait partie du « fil conducteur » que nous partagions.

4. *Quel solide fondement*, de John Rippon, 1787, traduction Éditions Clé.

5. Ce livre devra nécessairement traiter deux des problématiques les plus controversées aujourd'hui dans l'Église et dans notre société, à savoir la distinction des rôles en fonction du sexe, et la sexualité. Les deux passages bibliques principaux que nous allons étudier ensemble (Éphésiens 5 et Genèse 2) sont aujourd'hui, dans le monde théologique, de véritables champs de bataille : on y trouve des termes comme « chef » et « aide » qui font l'objet de grands et longs débats quant à leur signification et leur importance aujourd'hui. Les questions spécifiques sont les suivantes : y a-t-il une distinction des rôles entre l'homme et la femme dans un couple marié et la femme devrait-elle se placer sous l'autorité finale de son mari ? Une deuxième problématique concerne le mariage entre deux personnes du même sexe. Sur cette question, les textes bibliques laissent beaucoup moins de place au débat. La Bible soutient fermement l'hétérosexualité et interdit l'homosexualité. En effet, comme nous allons le voir, un des buts du mariage selon la Bible est de créer une profonde relation d'amitié entre les deux sexes. Pourtant, dans notre société actuelle, l'idée que deux personnes de même sexe devraient avoir le droit de se marier gagne de plus en plus d'influence et de pouvoir.

    Il est impossible d'écrire un livre sur le mariage sans être arrivé à quelques hypothèses de travail sur ces questions. La neutralité est impossible. Nous sommes donc arrivés à la position chrétienne traditionnelle, que nous expliquons soigneusement pour éviter tout malentendu ou sentiment de manque de respect, sur l'autorité de l'homme dans le couple, les rôles homme-femme et l'homosexualité. Nous prenons le temps, dans les notes de fin, de présenter les arguments bibliques justifiant nos prises de position mais nous ne pouvons entrer dans les détails. Ce livre n'a pas pour but d'étayer une défense de nos convictions ou de fournir des réponses aux meilleures objections, mais plutôt de présenter au mieux ces convictions et de les *utiliser*, afin de montrer, de façon pratique, comment elles sont vécues dans un mariage. Nous encourageons donc les lecteurs à nous le concéder et à « essayer » ces points de vue, en prenant en considération la vision du mariage que nous présentons dans ce volume.

6. Nous étudierons les problématiques mentionnées dans ce paragraphe plus tard, particulièrement aux chapitres 7 et 8.

7. Je suis conscient que la conviction que je viens d'exprimer (l'enseignement biblique sur les rapports sexuels et le mariage est à la fois cohérent et profondément sage) a été fortement attaquée dans la culture populaire. Nous en avons un exemple avec le livre de Jennifer Knust intitulé *Unprotected Texts: The Bible's Surprising Contradictions About Sex and Desire* [*Écritures sans protection : les surprenantes contradictions de la Bible sur les rapports sexuels et le désir sexuel*] (éditions HarperOne, 2011). Knust soutient que la Bible autorise la polygamie et la prostitution (dans certains passages de l'Ancien Testament) pour les interdire ensuite (dans des passages du Nouveau Testament). Elle en conclut donc que la Bible prise dans son ensemble n'offre aucun conseil cohérent et uniforme sur le sexe et le mariage.

Dans son introduction, par exemple, elle écrit : « La Bible ne s'oppose pas à la prostitution, du moins pas de façon cohérente. Par exemple, le patriarche Juda n'avait aucun problème à recourir aux services d'une prostituée alors qu'il était en voyage d'affaires. [...] Ce n'est que plus tard, quand il apprend que cette « prostituée » était en fait sa belle-fille Tamar, qu'il se fâche. [...] La Bible est-elle contre la prostitution ? Pas nécessairement... » (p. 3). Pourtant, un auteur biblique qui rapporte ces comportements n'en fait pas nécessairement la promotion. Mme Knust devrait être au courant de la recherche de Robert Alter, spécialiste en littérature hébraïque. Dans son classique, *The Art of Biblical Narrative* [*L'art du récit biblique*] (éditions Perseus Books 1981), il démontre par le détail que Genèse 38 est étroitement lié au chapitre suivant, qui montre Joseph refusant de coucher avec la femme de son maître. Alter conclut : « Lorsque nous passons de Juda à l'histoire de Joseph (Genèse 39), nous observons ce contraste catégorique entre le récit d'un homme démasqué à cause de sa propre incontinence sexuelle, et l'histoire d'une défaite apparente mais d'un triomphe ultime grâce à la continence sexuelle d'un autre homme, Joseph, face à l'épouse de Potiphar » (p. 9-10). Alter, probablement le doyen des experts en récit hébraïque, ne croit en aucun cas que l'auteur de la Genèse « n'a aucun problème avec les prostituées ». Au contraire, le narrateur oppose délibérément le comportement de Juda à celui de Joseph au chapitre suivant, qualifiant le sexe hors mariage d'« acte abominable » et de « péché contre Dieu » (Genèse 39.9). En disant que la Genèse autorise la prostitution, ou la polygamie, quand le récit montre que ces deux actes ne font qu'entraîner leurs adeptes dans la misère la plus atroce, Mme Knust montre, je pense, un défaut primordial dans sa connaissance des méthodes de lecture.

Ces 40 dernières années, j'ai étudié et enseigné tous les textes analysés par Mme Knust. Des tonnes de recherches académiques, et le bon sens, s'opposent à sa compréhension de chacun de ces textes. Il est curieux de voir que Mme Knust n'en informe jamais ses lecteurs. Dans certains passages (comme dans son interprétation de Genèse 38), la quasi-totalité de la recherche académique biblique, tant libérale que conservatrice, étant opposée à ses déclarations, elle n'inclut même pas une note de bas de page le mentionnant. J'ai remarqué que ce comportement est récurrent chez presque tous les orateurs, auteurs et journalistes qui attaquent la sagesse biblique concernant la sexualité.

Chapitre 1 : Le secret du mariage

8.   Quand Adam voit Ève, il devient lyrique. Cette réaction vraiment surprenante désigne l'importance de l'événement ainsi que la force de la réaction intérieure d'Adam. Ses premières paroles sont difficiles à traduire. Littéralement, il dit : « Ça – cette fois ! » Toutes les traductions françaises le rendent par « cette fois, voici » ou « voici cette fois ». La BFC ajoute ce « Ah ! » qui exprime sa joie et sa stupeur. La Semeur exprime assez bien cet

aboutissement final : « Voici bien cette fois celle qui est os de mes os, chair de ma chair », mais il manque cette notion de : « Enfin ! »

9. Les statistiques de ce paragraphe sont tirées de WILCOX W. Bradford, éditeur, *The State of Our Unions: Marriage in America, 2009* [*L'état de nos unions : le mariage aux États-Unis, 2009*] (The National Marriage Project [Le projet national sur le mariage], University of Virginia) et *The Marriage Index: A Proposal to Establish Leading Marriage Indicators* [*L'indice du mariage : une proposition pour établir les principaux indicateurs sur le mariage*] (Institute for American Values [l'Institut pour les valeurs américaines] et The National Center on African American Marriages and Parenting [le Centre national pour les mariages et le comportement parental des afro-américains], 2009). Les deux rapports se trouvent en format pdf en ligne, respectivement sur les sites <www.stateofourunions.org> et <www.americanvalues.org> (Wilcox), et <www.hamptonu.edu/ncaamp> (American Values).

10. En 1970, 77 % des premiers mariages étaient intacts contre 61 % aujourd'hui (*The marriage index, p. 5*). Exprimé différemment, aujourd'hui 45 % de l'ensemble des mariages aboutissent à un divorce (*The state of Our Unions*, 78).

11. *The Marriage Index*, p. 5.

12. « The Decline of Marriage and the Rise of New Families » [« Le déclin du mariage et la montée des nouvelles familles »] (Pew Research Center Report, 18 novembre 2010). Disponible en ligne sur <www.pewsocialtrends.org/2010/11/18/the-decline-of-marriage-and-rise-of-new-families/2/>.

13. WILCOX, *The State of Our Unions*, p. 84.

14. SCOTT Mindy E., et al, « Young Adult Attitudes about Relationships and Marriage: Times May Have Changed, but Expectations Remain High » [« Les attitudes des jeunes adultes à l'égard des relations et du mariage : les temps ont peut-être changé, mais les attentes demeurent élevées »], in *Child Trends: Research Brief* [*Tendances sur les enfants : dossier de recherche*], juillet 2009, #2009-30, page de couverture. Disponible sur

<www.childtrends.org/Files/Child_Trends-2009_07_08_RB
_YoungAdultAttitudes.pdf>.

15. POPENOE David, DAFOE WHITEHEAD Barbara, *The State of Our Unions: 2002 – Why Men Won't Commit* [*L'état de nos unions : 2002 – Pourquoi les hommes ne s'engagent pas*] (National Marriage Project), p. 11.

16. *Ibid.*, p. 85.

17. *Ibid.* Le taux de divorce de ceux qui vivent en concubinage avant leur mariage est finalement plus élevé que le taux de personnes qui ne vivent pas ensemble avant. La raison n'en est toutefois pas clairement définie. D'aucuns soutiennent que l'expérience de cohabitation est source de mauvaises habitudes qui nuiront ensuite au couple, une fois marié. D'autres estiment que ceux qui choisissent le concubinage avant le mariage présentent des caractéristiques différentes de ceux qui attendent. Ces caractéristiques préexistantes mènent finalement à la séparation du couple marié, indépendamment du fait d'avoir vécu ensemble avant. Ces théories n'ont pas vraiment d'impact sur les résultats de la recherche : le désir de cohabiter est associé à une future faiblesse conjugale. Indépendamment des causes, le désir et le choix de vivre ensemble réduisent les chances d'un mariage ultérieur solide.

18. « Your Chances of Divorce May Be Much Lower than You Think » [« Votre risque de divorcer pourrait être bien inférieur à ce que vous croyez »], in Wilcox, *The State of Our Unions*, 2009, p. 80.

19. POPENOE, *The State of Our Unions*, p. 7. Une des dix raisons que donnent les hommes pour leur préférence du concubinage au mariage est qu'ils « veulent être propriétaires avant d'avoir une femme » (numéro 9).

20. « The Surprising Economic Benefits of Marriage » [« Les surprenants avantages économiques du mariage »], in WILCOX, *The State of Our Unions*, p. 86.

21. Disponible sur <answers.yahoo.com/question/index?qid=200 90823064213AAoKwvq>. Traduction Édition Clé.

22. STERNBURGH Adam, « A Brutally Candid Oral History of Breaking Up » [« Une histoire orale extrêmement honnête sur la rupture », *New York Times Magazine*, 11 mars 2011.

23. *Ibid.*

24. WAITE Linda, *et al.*, *Does Divorce Make People Happy? Findings from a Study of Unhappy Marriages* [*Le divorce rend-il heureux ? Résultats d'une étude sur des mariages malheureux*] (American Values Institute, 2002). Disponible sur <www.americanvalues.org/UnhappyMarriages. pdf>.

25. « L'étude a montré qu'en moyenne, les adultes mariés et malheureux qui divorçaient n'étaient en aucune façon plus heureux que ceux qui restaient mariés, quel que soit le facteur abordé parmi les douze mesures de bien-être psychologique. Le facteur de divorce ne réduisait pas les symptômes de dépression, n'augmentait pas l'estime de soi et ne donnait pas plus d'impression de maîtriser la situation peu importe les critères de race, d'âge, de sexe et de revenus. [...] De tels résultats semblent indiquer que les avantages du divorce ont été exagérés », a dit Linda J. Waite. Tiré du communiqué de presse pour son travail sur *Does Divorce Make People Happy ?*, disponible sur <www.americanvalues.org/r-unhappy_ii.html>.

26. « The Decline of Marriage » [« Le déclin du mariage »] (rapport 2010 du Pew Center). Ce rapport conclut que 84 % des personnes mariées sont très satisfaites de leur vie de famille, contre 71 % de ceux qui vivent avec leur partenaire, 66 % des célibataires et 50 % des personnes divorcées ou séparées.

27. WILCOX, *The State of Our Unions*, p. 101.

28. Voir « Teen Attitudes about Marriage and Family » [« Postures des adolescents sur le mariage et la famille »] in WILCOX, *The State of Our Unions*, p. 113. Et pourtant, il est surprenant de voir qu'après avoir augmenté pendant plusieurs années, le nombre d'adolescents qui pensent que le concubinage avant le mariage est « une bonne idée » a commencé à diminuer. Le rapport constate : « Les garçons comme les filles sont devenus plus tolérants envers des styles de vie alternatifs, particulièrement sur le fait d'avoir un enfant hors mariage, bien que les données les plus récentes montrent une baisse surprenante de leur accepta-

tion de la cohabitation avant le mariage » (p. 112). Traduction Édition Clé.

29. WITTE John, Jr., *From Sacrament to Contract: Marriage, Religion, and Law in the Western Tradition* [*Du sacrement au contrat : le mariage, la religion et le droit dans la tradition occidentale*], Louisville : John Knox Press, 1997, p. 209. Traduction Édition Clé.

30. Voir son article « God's Joust, God's Justice: An Illustration from the History of Marriage Law » [« La joute de Dieu, la justice de Dieu : une illustration à partir de l'histoire de la loi sur le mariage »] in *Christian Perspectives on Legal Thought* [*Perspectives chrétiennes sur la pensée juridique*], sous la direction de McConnell M., New Haven : Yale University Press, 2001, p. 406.

31. Voir WILCOX W. Bradford, *Why Marriage Matters: Twenty-Six Conclusions from the Social Sciences* [*Pourquoi le mariage est important : vingt-six constatations des sciences sociales*], 3ème édition, (Institute for American Values, 2011). Cet ouvrage constate, entre autres, que « le mariage semble être particulièrement important dans son action civilisatrice sur les hommes, détournant leur attention d'activités dangereuses, antisociales ou égocentriques et les amenant à se focaliser sur les besoins d'une famille ». Disponible sur <www.americanvalues.org/html/r-wmm.html>.

32. PARKER-POPE Tara, « The Happy Marriage Is the "Me" Marriage » [« Le mariage heureux est le "mariaJE" »], *New York Times*, 31 décembre 2010, disponible sur <www.nytimes.com/2011/01/02/weekinreview/ 02parkerpope.html>. Traduction Édition Clé.

33. Étude du National Marriage Project menée par Barbara Dafoe Whitehead et David Popenoe, *The State of Our Unions*. Disponible sur <www.virginia.edu/marriageproject/pdfs/SOOU2002.pdf>.

34. STERNBURGH, « A Brutally Candid Oral History of Breaking Up ». Traduction Édition Clé.

35. POPENOE et WHITEHEAD, *The State of Our Unions*, p. 12.

36. *Ibid.*, p. 15. Traduction Édition Clé.

37. *Ibid.*, p. 17.

38. *Ibid.*, p. 17.

39. LIPTON Sara (professeur d'histoire à l'université SUNY Stony Brook de New York), « Those Manly Men of Yore » [« Ces hommes virils d'antan »], *New York Times*, 17 juin 2011. Traduction Édition Clé.

40. POPENOE et WHITEHEAD, *The State of Our Unions*, p. 14. Disponible sur <www.virginia.edu/marriageproject/pdfs/SOOU 2004.pdf>.

41. *Ibid.*

42. TIERNEY John, « The Big City: Picky, Picky, Picky » [« La grande ville : difficile, difficile »], *New York Times*, 12 février 1995. Traduction Édition Clé.

43. LASCH Christopher, *Haven in a Heartless World: The Family Besieged* [*Un havre dans un monde cruel : la famille assiégée*], New York : Basic Books, 1997. Lasch fut l'un des premiers à opposer la compréhension traditionnelle du mariage en tant que moyen de forger le caractère, et de développer la communauté à la vision « thérapeutique » du mariage comme moyen de satisfaire tous les besoins personnels de personnes autonomes.

44. TIERNEY, « Picky, Picky, Picky ».

45. LEWIS C. S., *Les quatre amours*, Le Mont-Pèlerin : éditions Raphaël, 2005, p. 205.

46. HAUERWAS Stanley, « Sex and Politics: Bertrand Russell and "Human Sexuality" » [« Le sexe et la politique : Bertrand Russell et la "sexualité humaine" »], *Christian Century*, 19 avril 1978, p. 417-422. Disponible sur <www.religion-online.org/showarticle.asp?title=1797>. Traduction Édition Clé.

47. Terme latin signifiant littéralement « recourbé en soi-même », utilisé par Martin Luther pour décrire la nature humaine pécheresse. Voir ses homélies sur Romains, où il utilise ce terme à plusieurs reprises pour décrire le péché originel et les tendances pécheresses ordinaires. Voir le chapitre 2, « Le pouvoir nécessaire au mariage », pour en savoir plus sur le sujet de l'égoïsme en tant que problème principal du mariage.

48. ROUGEMONT Denis de, *L'amour et l'occident*, Paris : librairie Plon, édition 1972, p. 324. Cité dans ALLEN Diogenes, *Love: Christian Romance, Marriage, Friendship* [*L'amour : la romance,*

le mariage et l'amitié du chrétien], Eugene, Oregon : Wipf and Stock, 2006, p. 96.

49. BECKER Ernest, *The Denial of Death* [*Le déni de la mort*], New York : Free Press, 1973, p. 160. Traduction Édition Clé.

50. *Ibid.*, p. 167. Dans mon livre *Les idoles du cœur* (Clé, 2012), j'applique l'analyse de Becker à une lecture détaillée de l'histoire de Jacob, Rachel et Léa. Voir chapitre 2, « L'amour ne suffit pas ».

51. Les exemples de couples mariés que je cite dans cet ouvrage, comme celui-ci, sont tirés de mon expérience personnelle mais ne sont pas des cas tirés de mon ministère de relation d'aide au sein des églises dans lesquelles j'ai servi.

52. Voir, à titre d'exemple, JAYSON Shayne, « Many say Marriage is Becoming Obsolete » [« Beaucoup disent que le mariage devient obsolète »], *USA Today*, 11 novembre 2010.

53. JONES Rashida, en parlant à E!, publié dans <http://ohnothey-didnt.livejournal.com/57296861.html>.

54. *Marriage Confidential: The Post-Romantic Age of Workhorse Wives, Royal Children, Undersexed Spouses, and Rebel Couples Who Are Rewriting the Rules.*

55. Non seulement rien ne prouve que les « mariages ouverts » fonctionnent mieux pour la majorité des gens, mais une pléthore de preuves anecdotiques montrent que c'est exactement le contraire. Ce message a été transmis quand Nena O'Neill est morte. Elle était co-auteur du livre qui a marqué son temps, *Le Mariage open : le couple, un nouveau style de vie* (Hachette, 1972), et s'est vendu à 35 millions d'exemplaires et en 14 langues. L'ouvrage proposait timidement : « Nous ne recommandons pas les expériences sexuelles hors mariage mais nous ne disons pas de les éviter. Le choix appartient à chacun ». Cette déclaration, ainsi que la célèbre phrase : « La fidélité sexuelle est le faux dieu d'un mariage fermé », soutenues par une grande partie de la psychologie populaire des années 1970 a donné une excuse à beaucoup de lecteurs pour avoir des relations sexuelles avec d'autres partenaires que leurs conjoints. L'avis de décès d'O'Neill dans le *New York Times* mentionnait que « les suggestions les plus audacieuses [de ce livre, aujourd'hui], plus qu'osées, paraissent lamentablement naïves ». Quelques années

après la publication du *Mariage open*, O'Neill a dit au *New York Times* : « Cette question des relations sexuelles hors mariage est très délicate. Je ne pense pas avoir compris ça comme un concept applicable à la majorité des gens, et cela n'a certainement pas été le cas. » Son idée était que beaucoup de ceux ayant tenté de l'appliquer ont trouvé ses effets dévastateurs, introduisant dans leur couple des sentiments de jalousie et de trahison qui ont fini par détruire leur intimité. (Ces citations sont tirées de FOX Margalit, « Nena O'Neill, 82, an Author of "Open Marriage", Is Dead » [« Nena O'Neills, un des auteurs du "Mariage open", est morte à 82 ans »], *New York Times*, 26 mars 2006.) Autrement dit, malgré la popularité du concept de mariage non-monogame, aucune preuve empirique ou anecdotique ne démontre que cela fonctionne. Traduction Édition Clé.

56. STRAUSS Elisa, « Is Non-Monogamy the Secret to a Lasting Marriage ? » [« La non-monogamie : le secret d'un mariage durable ? »]. Publié en ligne le 1er juin 2011, disponible sur <www.slate.com/blogs/ xx_factor/2011>.

57. Par exemple, dans son article du *New York Times Magazine* du 30 juin 2011, intitulé « Married, with Infidelities » [« Marié, avec des infidélités »], Mark OPPENHEIMER cite le journaliste Dan Savage, rédacteur d'une rubrique de conseils sexuels, qui dit : « Je reconnais les avantages de la monogamie [...] pour ce qu'il en est de la santé sexuelle, des infections, de la sécurité émotionnelle, des garanties sur la paternité. Mais les monogames doivent aussi en admettre, ne serait-ce qu'en petite partie, les désavantages [...] ».

58. Voir par exemple, D. WARREN Neil Clark, « On Second Thought, Don't Get Married » [« En y repensant, ne vous mariez pas »], disponible sur <www.huffingtonpost.com/dr-neil-clark-warren/on-second-thought-dont-ge_b_888874.html>.

59. Cette affirmation semble discutable, mais elle ne l'est pas. Comme vous le dira n'importe quel livre d'histoire sociale, le mariage trouve ses origines dans la préhistoire. Autrement dit, l'humanité ne connaît pas d'époque à laquelle le mariage n'existait pas. D'aucuns ont tenté de soutenir que telle ou telle culture isolée ou petit groupe ethnique a existé sans mariage, mais au-

cune de ces tentatives n'a eu de succès notoire. Un exemple est celui des Mosuo (ou « le peuple Na »), petit groupe ethnique du sud de la Chine. Dans cette société, les couples mariés ne vivent pas sous le même toit. Frères et sœurs forment la famille et élèvent les enfants des sœurs ensemble. Les hommes sont essentiellement responsables de l'éducation et du soutien des enfants de leurs sœurs, leurs neveux et nièces donc, et non de leurs enfants biologiques. Cette organisation familiale est fort inhabituelle. Cela n'implique pas pour autant que le mariage et les valeurs familiales ne soient pas présents ; ils sont en effet rigoureusement appliqués. Les pères font tout à fait partie de la vie de leurs enfants, même s'ils ne vivent pas dans la même maison. Les femmes établissent des relations à long terme avec leurs partenaires et certains couples mariés vivent également ensemble. Voir le rapport de 2009 de BLUMENTHAL Tami, *The Na of Southwest China: Debunking the Myths* [*Les Na du sud-ouest de la Chine : démystifier les faux acquis*], disponible en ligne sur <web.pdx. edu/~tblu2/Na/myths.pdf>.

60. O'BRIEN P.T., *The Letter to the Ephesians* [*La lettre aux Éphésiens*], Grand Rapids, Michigan : Eerdmans, 1999, p. 109-110. Dans cet ouvrage, je me base sur l'exégèse d'Éphésiens 5 faite par O'Brien. En particulier, je crois qu'il a raison quand il soutient que, dans les lettres de Paul « il n'est pas question de plusieurs mystères mais de divers aspects d'un seul mystère » (p. 433-434). « Le mystère [secret] n'est pas [...] le mariage en soi-même, mais l'union de Christ et de l'Église reflétée dans le mariage. [Le mariage] reproduit en miniature la beauté que partagent l'Époux et l'Épouse. Par son biais, tout le mystère de l'Évangile est révélé » (p. 434).

61. KNIGHT G.W., « Husbands and Wives as Analogues of Christ and the Church: Ephesians 5:21-33 and Colossians 3:18-19 » [« Maris et femmes en tant qu'analogues de Christ et l'Église : Éphésiens 5.21-33 et Colossiens 3.18-19 »], in *Recovering Biblical Manhood and Womanhood: A Response to Evangelical Feminism* [*Retrouver l'identité biblique des hommes et des femmes : une réponse au féminisme évangélique*], édité par PIPER J. et GRUDEM W., Wheaton, Illinois : Crossway, 1991, p. 176. Cité par

O'Brien dans *The Letter to the Ephesians*, p. 434, note. Traduction Édition Clé.

62.   LETHAM Robert, *The Holy Trinity: In Scripture, History, Theology, and Worship* [*La Sainte Trinité : dans les Écritures, l'histoire, la théologie et le culte*], Phillipsburg, New Jersey : Presbyterian and Reformed, 2004, p. 456. Traduction Édition Clé.

63.   O'BRIEN, *The Letter to the Ephesians*, p. 434. Traduction Édition Clé.

Chapitre 2 : La puissance pour le mariage

64.   Est-ce une interprétation correcte d'Éphésiens 5.21 de dire que chaque croyant est appelé à se soumettre à tout autre croyant sans exception ? Ou est-ce plutôt une phrase destinée à introduire la suite, et donc une déclaration générale sur l'idée que les chrétiens doivent se soumettre à ceux qui ont une autorité sur eux, en fonction des rôles et des conventions sociales ? P.T. O'Brien (*The Letter to the Ephesians* [*La lettre aux Éphésiens*], Grand Rapids, Michigan : Eerdmans, 1999, p. 436) fait partie de ceux qui présentent une bonne argumentation pour la deuxième interprétation de ce verset. Le verset 21 est une affirmation introductive concise, que Paul développe ensuite en donnant des directives spécifiques pour les relations entre conjoints, entre parents et enfants, ainsi qu'entre maîtres et serviteurs. En effet, si le verset 21 introduit la section sur la relation entre mari et femme (versets 22-23), il précède également celle de la relation entre parents et enfants. Or, il est clair que les parents ne sont pas appelés à se soumettre à leurs enfants de la même manière que ces derniers doivent se soumettre à leurs parents. Par cet exemple, nous voulons montrer qu'il ne faut pas utiliser le verset 21 pour « aplanir » les distinctions qui existent entre les responsabilités des femmes et celles des maris. Ces derniers ne doivent pas être soumis à leurs femmes de la même manière que les femmes à leurs maris (voir chapitre 6).

Il faut cependant éviter l'erreur inverse qui consiste à ne pas remarquer la nature mutuelle et réciproque des obligations des maris et des femmes. Philippiens 2.1-3 enseigne à tous les chrétiens de ne pas rechercher leurs propres intérêts mais ceux des autres et de toujours soumettre leurs propres désirs au bien des autres et de la communauté. Plusieurs autres textes bibliques font référence à l'attitude de tous les chrétiens, qui agissent en serviteurs les uns envers les autres et se soumettent les uns aux autres. Lisez Galates 5.13, où Paul appelle tous les chrétiens à être des *douloi* les uns des autres, littéralement des esclaves à vie et par choix. Paul va plus loin avec cette métaphore en disant que nous avons une sorte de « dette » d'amour les uns envers les autres (Romains 13.8). Au vu de ces exhortations, même si, dans Éphésiens 5.22-31, les femmes ne sont pas appelées à aimer leurs maris, et si les maris ne sont pas appelés à servir et à se soumettre à leurs femmes, il serait erroné de croire qu'un amour et un service mutuels ne sont pas implicites. Au final, les hommes *comme* les femmes doivent « se donner » et faire des sacrifices les uns pour les autres.

65. Pour être précis, les apôtres sont les bénéficiaires principaux de ce ministère du Saint-Esprit dont parle Jésus. Dans son dernier discours, de Jean 13 à 17, Jésus préparait ses apôtres pour leur ministère. Ils allaient le représenter après sa mort et sa résurrection. Jésus leur assure que l'Esprit leur permettra tout particulièrement de se souvenir des choses qu'il leur a dites lors de son ministère sur terre avec eux (Jean 14.26), puisqu'ils ont été à ses côtés dès le début (Jean 15.27). Le témoignage oculaire des apôtres et leur enseignement ont servi de base pour la rédaction du Nouveau Testament. Néanmoins, « dorénavant, l'Esprit de vérité conduira les disciples dans toutes les implications de la vérité, de la révélation intrinsèquement liée à Jésus-Christ. » (CARSON D.A., *Évangile selon Jean*, Charols : Éditions Excelsis, 2011, p. 711). D'autres textes bibliques confirment que l'œuvre du Saint-Esprit envers les chrétiens est de révéler à leurs cœurs et à leurs intelligences la gloire de Jésus, comme le dit Jean 14-17. Voir Éphésiens 1.17, 18-20 ; 3.14-19 ; 1 Thessaloniciens 1.5.

Il faut garder à l'esprit que Jésus promet cette œuvre de l'Esprit-Saint principalement aux apôtres, dans Jean 14-17, afin de ne pas perdre de vue le moyen principal qu'utilise l'Esprit pour agir en nous : les Écritures. Normalement, l'Esprit glorifie

Jésus dans notre cœur alors que nous lisons, étudions, ou écoutons la parole apostolique, l'Évangile, qui nous a été révélée dans les documents du Nouveau Testament, et qui éclaircit l'Ancien Testament. En conclusion, la plénitude du Saint-Esprit nous est habituellement apportée par son illumination de notre esprit pour comprendre la Parole.

66. Le sujet de l'autorité du mari est repris et traité de façon plus détaillée au chapitre 6.

67. Pour une argumentation classique sur le sujet de l'égocentrisme, lire « le grand péché », un chapitre court des *Fondements du christianisme* de C.S. Lewis (Valence : Ligue pour la lecture de la Bible, 1997).

68. Pour être au clair, ceci ne signifie pas qu'on ne peut avoir un bon mariage si l'on n'est pas chrétien. Cela veut dire que toute personne qui vit de façon désintéressée et dont le mariage se porte de mieux en mieux reçoit l'aide de Dieu, qu'elle le sache ou non (Jacques 1.17). Je fais référence à ce que les théologiens ont appelé la « grâce commune » : la notion selon laquelle Dieu octroie généreusement vérité, moralité, sagesse et beauté à tout type de personne, même à ceux qui ne le reconnaissent pas. Il agit par miséricorde, afin de limiter et de modérer les effets du péché et de l'égoïsme humains dans le monde. Jacques 1.17 et Romains 2.14-15 nous amènent à cette conclusion. À maintes reprises, la Bible décrit comme bonnes et justes des actions et des œuvres d'hommes et de femmes non croyants (2 Rois 10.29-30 ; Luc 6.33). Elle soutient en parallèle que Dieu est à l'origine de cette bonté.

69. LEWIS C.S., *Le problème de la souffrance*, Le Mont-Pèlerin : éditions Raphaël, 2001, p. 215. Lewis cite George MacDonald.

70. LEWIS C.S., *Les fondements du christianisme*, p. 226.

71. Cela ne veut pas dire qu'il n'existe pas de situations dans lesquelles le divorce soit permis, voire sage (voir chapitre 3 et note 5).

72. KIDNER Derek, *Les psaumes : introduction et commentaire* (Paris : Éditions Farel, 1983-84). Traduction Clé.

73. Ces citations et ce récit sont tirés des trois derniers chapitres de l'ouvrage de Laura HILLENBRAND, *Unbroken: A World War II Story of Survival, Resilience, and Redemption* [*Brisé ? Non !* – Un

récit de survie, détermination et rédemption dans la Seconde Guerre mondiale] : Random House, 2010. Les chapitres susmentionnés sont les 37 : « Cordes entortillées », 38 : « Un sifflement entraînant », et 39 : « L'aube ». Traduction Édition Clé.

74.   « La crainte de l'Éternel » est la principale façon dont l'Ancien Testament parle de l'expérience spirituelle, alors que l'expression est rarement usitée dans le Nouveau Testament. Inversement, la plénitude de l'Esprit est une expression souvent utilisée dans le Nouveau Testament, alors qu'elle l'est bien peu dans l'Ancien. John Murray a fait un bon traitement d'ensemble du premier concept dans son livre *Principles of Conduct: Aspects of Biblical Ethics* [*Principes déontologiques : les divers aspects de l'éthique biblique*] au chapitre intitulé « The Fear of God » [« La crainte de Dieu »] (Grand Rapids, Michigan : Eerdmans, 1957). Murray y démontre que, selon l'Ancien Testament, la croyance et l'obéissance dépourvues de cette dimension et de cette motivation sont assimilées à de la fausse religion. Il existe bien plus de ressources écrites sur le Saint-Esprit. Puisque le Saint-Esprit a été donné de façon plus forte par le Christ, dire que la crainte de Dieu dans l'Ancien Testament est identique à la plénitude de l'Esprit du Nouveau Testament serait faire une généralisation trop hardie. Néanmoins, les deux expressions décrivent la même réalité fondamentale.

Chapitre 3 : L'essence du mariage

75.   Deutéronome 10.20, 11.22, Josué 22.5, 23.8. Voir surtout Deutéronome 10.20 : « C'est l'Éternel ton Dieu que tu révéreras, c'est à lui que tu rendras un culte, à lui seul que tu t'attacheras, et si tu prêtes serment, c'est par son nom que tu le feras. »

76.   Tiré de RUSSELL Bertrand, *Le mariage et la morale*, 1957, cité in HAUERWAS Stanley, « Sex and politics: Bertrand Russell and "Human Sexuality" » [« Le sexe et la politique : Bertrand Russell et la "sexualité humaine" »] in *Christian Century*, 19 avril, 1978, p. 417-422.

77.   Ce dont j'ai témoigné devient de plus en plus typique. À l'adresse « Vœux de mariage » de Wikipedia, dans la section anglophone

du site (<http://en.wikipedia.org/wiki/Wedding_vows>), consultée le 3 février 2011, on lit, entre autres : « Beaucoup de couples choisissent aujourd'hui d'écrire leurs propres vœux, en s'inspirant souvent de poésies, de films et de chansons. Normalement, les vœux parlent des caractéristiques que les époux font ressortir l'un de l'autre, de moments futurs dont ils se réjouissent, et de la façon dont leur vie a changé quand ils se sont rencontrés. Les promesses durent environ deux à trois minutes et par elles, le couple exprime publiquement son amour ». Remarquez que l'accent est placé sur l'idée d'une déclaration d'amour dans le présent et non sur une promesse d'amour futur.

78. WAITE Linda, *et al.*, *Does Divorce Make People Happy? Findings from a Study of Unhappy Marriages* [*Le divorce rend-il heureux ? Résultats d'une étude sur des mariages malheureux*] (American Values Institute, 2002). Disponible sur <www.americanvalues.org/UnhappyMarriages. pdf>.

79. Le sujet du mariage, du divorce et du remariage est énorme ; ceux qui cherchent à faire l'exposé des principes bibliques dans ce domaine doivent faire une quantité de travail exégétique qui va bien au-delà de la portée de ce livre. Néanmoins, voici un résumé de mes propres conclusions, après des années de réflexion et de recherche.

    Je crois qu'il existe, pour un chrétien, deux raisons bibliques qui justifient le divorce : (a) Si le conjoint a commis l'adultère, le/la croyant(e) peut intenter une procédure de divorce. Le texte qui nous le dit se trouve dans Matthieu 19.3-9. (b) Si un conjoint abandonne l'autre et refuse de revenir. Dans un tel cas, le chrétien peut consentir au divorce (1 Corinthiens 7.15). Dans ce deuxième cas, le texte indique que le conjoint qui abandonne l'autre est un « non-croyant ». (Celle ou celui qui agit ainsi se désigne peut-être déjà personnellement comme non-croyant, sinon le processus de discipline ecclésiastique peut le désigner comme tel. C'est-à-dire, si la personne n'agit pas comme elle le devrait en tant que chrétien et refuse de se repentir, une assemblée d'Église peut exclure le fautif, selon le processus décrit dans Matthieu 18.15-18.) Dans les deux cas, le conjoint ayant subi le tort et qui est désormais divorcé, « n'est pas lié » selon Paul (1 Corinthiens 7.15). L'utilisation de ce verbe serait une tautologie inutile, si Paul ne disait pas que cette personne était libre de se remarier.

Il serait raisonnable alors de poser la question suivante : « Abandonner, qu'est-ce que cela inclut ? » Le texte biblique indique que le conjoint doit « [consentir] à rester avec [l'autre] » (1 Corinthiens 7.12 et 13). Mais qu'en est-il de la violence conjugale ? Ne pourrait-on pas dire que l'homme qui frappe sa femme l'a plus ou moins abandonnée, puisqu'il ne veut plus rester *avec* elle ? Personnellement, je dirais que oui. Mais c'est bien cette question qui nous mène à une conclusion importante, à savoir que les chrétiens qui songent au divorce, s'ils veulent vivre la conscience tranquille et avec leur Dieu pour le reste de leurs jours, ne devraient pas prendre seuls ces décisions. Dans Matthieu 18.15 et plus loin, on lit que si quelqu'un pèche contre nous (et l'adultère, l'abandon et la violence physique sont des péchés graves), « dis-le à l'Église ». La plupart des commentateurs l'interprètent comme la nécessité d'en parler au moins avec les responsables de l'Église.

Une dernière question : « Celui qui n'a pas obtenu un divorce en accord avec la Bible, pourra-t-il se remarier un jour ? » Les pasteurs et les experts bibliques ne s'accordent pas vraiment sur cette question, et toute réponse est complexe, mais je dirais que la réponse courte est « oui, dans certains cas », quand la repentance sincère s'accompagne d'une confession publique du péché. En fin de compte, la réponse est « oui » car, comme l'a dit Jay Adams, pourquoi le divorce serait-il le seul péché impardonnable ? (Voir ADAMS Jay E., *Mariage, divorce et remariage selon la Bible*, Nîmes : éditions Vida, 1997.)

80.   Ce passage est un discours dans lequel Dieu exprime son chagrin et sa colère de voir qu'Israël s'est détourné de lui pour adorer d'autres dieux. Spirituellement parlant, il s'agit d'adultère. Le peuple se donne à un nouveau partenaire par alliance, un nouvel amant. Dieu réagit en disant que : « [...] J'ai répudié Israël-l'infidèle et que je lui ai donné sa lettre de divorce à cause de tous les adultères qu'elle avait commis [...] ». Selon ce texte, Dieu

connait la douleur de la trahison et du divorce. C'est un réconfort pour ceux qui ont vécu cette même expérience.

81. Cité dans THOMAS Gary, *Sacred Marriage* [*Mariage sacré*], Grand Rapids, Michigan : Zondervan, 2000, p. 11.

82. Controlling the Unpredictable – The Power of Promising, publié in *Christianisme aujourd'hui* [N.D.É : édition américaine], 21 janvier 1983.

83. BAEHR Peter, *The Portable Hannah Arendt* [*Le recueil Hannah Arendt de poche*], New York : Penguin Classics, 2003, p. 181. Également cité dans l'article de Smedes.

84. PLUMP Wendy, « A Roomfull of Yearnings and Regret » [« Une pièce remplie d'aspirations et de regrets »], *New York Times*, 9 décembre 2010. Disponible sur <www.nytimes.com/2010/12/12/fashion/12Modern.html>.

85. TOLKIEN J.R.R., *Le Seigneur des Anneaux : Le Retour du Roi*, p. 1011, chapitre 8, Les maisons de guérison. Pocket, 2010, p. 1011.

86. Kierkegaard traite de la nature de l'amour romantique et du mariage dans plusieurs de ses ouvrages. Voir « La validité esthétique du mariage » in *Ou bien… ou bien, Post-scriptum définitif et non-scientifique aux miettes philosophiques*, et « À l'occasion d'un mariage », in *Trois discours sur des circonstances supposées*. Je me base sur le travail d'ALLEN Diogenes, qui a condensé la pensée de Kierkegaard dans son ouvrage *Love: Christian Romance* [*L'amour : la romance chrétienne*], à partir de p. 68.

87. ALLEN, p. 69.

88. *Ibid.*, p. 15.

89. LEWIS, *Les fondements du christianisme*, Valence : Ligue pour la lecture de la Bible, 1997, p. 138-139

90. *Ibid.*, p. 139

91. Il faut mentionner ici que les « mariages arrangés » des cultures traditionnelles peuvent aller de pair avec le modèle biblique, et peuvent en effet très bien correspondre. Ma grand-mère est née dans une famille italienne qui venait d'immigrer aux États-Unis à la fin du XIXᵉ siècle. Son mariage avec mon grand-père a été arrangé par ses parents, elle n'a pas choisi son mari mais, m'a-t-elle dit : « Je savais qu'il était un homme bien. Je n'étais pas amoureuse de lui au début, mais j'ai appris à l'aimer. C'est

comme ça que ça fonctionnait à l'époque ». Les actes d'amour l'ont conduite aux sentiments d'amour.

92. LEWIS, *Les fondements du christianisme*, Livre III, chapitre 6, « Le mariage chrétien », p. 118.

93. *Ibid.*, p. 119.

94. *Ibid.*, p. 120.

Chapitre 4 : La mission du mariage

95. La répétition de l'expression « c'était bon », dans Genèse 1 montre que le monde matériel, la réalité physique, est intrinsèquement bon. Les Grecs croyaient que le monde physique avait été créé par accident, ou même comme acte de rébellion de la part de divinités inférieures. Ils enseignaient que la matière était une prison pour l'âme, qu'elle était fondamentalement mauvaise, sale et qu'elle abrutissait l'esprit/âme. Selon cette perspective, il fallait transcender le corps pour atteindre une élévation spirituelle. Par conséquent, dans la société gréco-romaine, beaucoup croyaient que le plaisir sexuel était soit avilissant, soit simplement sans importance. S'opposant à ce point de vue, Genèse 1-2 nous montre un Dieu qui se « salit les mains » en créant le monde et en plaçant délibérément un esprit dans un corps. Si l'on ajoute à cela l'incarnation du Christ et la résurrection du corps, le christianisme est probablement la croyance la plus pro-matière du monde. Même notre existence future sera matérielle ! Aucune autre religion ne conçoit la matière et l'esprit vivant unis pour l'éternité. On peut soutenir que les Juifs et les chrétiens avaient une morale sexuelle plus stricte que celle de la société païenne parce qu'ils considéraient le corps comme plus important, et donc les rapports sexuels comme un bien supérieur.

96. Si le lecteur désire lire de bonnes analyses de ce sujet, je lui suggère de lire BERKHOF Louis, *Systematic Theology* [Théologie systématique], Grand Rapids, Michigan : Eerdmans, 1949, deuxième partie, chapitre III, Man: The Image of God [L'homme : l'image de Dieu] ; BAVINCK Herman, *Reformed Dogmatics: God and Creation* [Théologie systématique réformée :

Dieu et la création], Volume 2, Grand Rapids, Michigan, Baker, 2004, partie V, The Image of God [L'image de Dieu] ; HORTON Michael, *The Christian Faith: A Systematic Theology for Pilgrims on the Way* [*La foi chrétienne : une théologie systématique pour les pèlerins sur le chemin*], Grand Rapids, Michigan : Zondervan, 2011, troisième partie, chapitre 12, Being Human [Être humain] ; BERKOUWER G. C., *Man: The Image of God* [*L'homme : l'image de Dieu*] Grand Rapids, Michigan : Eerdmans, 1962.

97. Le mot *'ezer* vient d'un verbe qui signifie « entourer et protéger ». Le gros du débat concernant la signification de ce terme est rattaché aux conséquences que cette dernière a sur la conception du genre et des rôles homme-femme. Nous développerons ce sujet plus loin dans ce livre. Pour le moment, nous nous limitons à indiquer que les premiers conjoints n'étaient pas uniquement amants, mais amis.

98. Voir note au chapitre 1.

99. MULOCK CRAIK Dinah Maria, *Une vie pour une vie*, Liège : Desoer, 1862.

100. Ralph Waldo Emerson, dans son essai sur l'amitié, soutient que les meilleures amitiés se nouent entre ceux qui sont profondément semblables *et* différents mais qui ont néanmoins une vision commune et s'y dirigent ensemble : « L'amitié demande ce rare milieu entre la ressemblance et la dissemblance [...]. Mieux vaut être une ortie auprès de votre ami que son écho. [...] Il faut d'abord qu'il y ait deux êtres vrais avant qu'il puisse y avoir une association vraie. [...] Que ce soit une alliance de deux vastes, formidables natures qui se sont mutuellement considérées, mutuellement craintes, avant de reconnaître la profonde identité qui les unit sous ces dissemblances. » Disponible sur <http://gallica.bnf.fr/ark:/12148/bpt6k5518181r/>, consulté le 20 septembre 2012. [N.D.É. : Il existe également une nouvelle édition de ce texte, publiée et vendue sur internet].

101. LEWIS C. S., *Les quatre amours*, Le Mont-Pèlerin : éditions Raphaël, 2005, p. 116, 118-119.

102. Peter O'Brien soutient que la « purification » à laquelle Jésus soumet l'Église n'est pas un long processus de sanctification progressive, mais une action unique de ce que les théologiens

appellent la « sanctification définitive ». Dans la Bible, le terme de « sanctification » peut parfois faire référence au processus progressif, graduel par lequel un homme ou une femme sont renouvelés pour devenir glorieux et similaires au Christ, mais il est plus souvent utilisé pour parler de ce moment où un homme ou une femme sont « mis à part », lorsqu'ils placent leur foi en Christ. O'Brien soutient que le terme qu'utilise Paul pour dire « purifier » est dans sa forme aoriste, ce qui traduit une action ponctuelle et passée plutôt qu'un long processus (O'BRIEN P. T., *Letter to the Ephesians*, Grand Rapids, Michigan : Eerdmans, 1999, p. 422). Néanmoins, comme le dit O'Brien dans son commentaire sur Philippiens 1.6, il y a effectivement un processus progressif de sanctification que Jésus suit dans nos vies, où son but, en tant que notre mari spirituel dans Éphésiens, est de nous rendre « glorieuse » (verset 27, *endoxan* en grec). Ceci est une référence claire à la future « perfection spirituelle et morale » (O'Brien, *Ephesians*, p. 425). Pour en savoir plus sur Philippiens 1.6, voir O'BRIEN P. T., *The Epistle to the Philippians: The New International Greek Testament Commentary* [*L'épître aux Philippiens – série Nouveau commentaire international sur le testament grec*], Grand Rapids, Michigan : Eerdmans, 1991, p. 64-65.

103. Il faut de nouveau noter que dans Éphésiens 5.22 ss, Paul ne parle qu'aux maris quand il leur dit de s'engager à se sacrifier pour le développement spirituel de leurs femmes et de les accompagner jusqu'à voir leurs nouvelles natures glorieuses. Il ne donne pas la même responsabilité aux femmes, ce qui a provoqué la confusion de plusieurs lecteurs. Cependant, comme nous l'avons clairement indiqué, *tous* les chrétiens sont appelés à confesser leurs péchés les uns aux autres, à s'engager mutuellement à être moralement responsables de leur croissance et à se servir et s'exhorter mutuellement. Éphésiens 5 ne peut vouloir dire que les femmes chrétiennes sont censées agir ainsi envers tout chrétien, à l'exclusion de leurs maris. Bien que ce ne soit que spéculation, je soutiens que Paul mentionne tout particulièrement les maris dans ce passage pour deux raisons : (a) parce qu'ils sont moins enclins à s'acquitter de cette obligation que leurs femmes et/ou (b) parce que Paul les tient davantage res-

104. LEWIS C.S., *Les fondements du christianisme*, p. 207.

105. « Son amour pour son Église est le modèle pour tout mari, par son dessein et son but, ainsi que par son sacrifice personnel (v. 25). Au vu du don complet de lui-même que fait le Christ afin de sanctifier et de purifier l'Église, les maris doivent être totalement impliqués dans le bien-être total de leurs femmes, surtout sur le plan spirituel » (O'BRIEN, *Ephesians*, p.423). Traduction Éditions Clé.

106. Cette vérité est magnifiquement illustrée dans le film *La vérité sur les chats et les chiens* de 1996 avec Uma Thurman, Janeane Garofalo, Ben Chaplin et Jamie Foxx. Le personnage de Ben Chaplin tombe amoureux de l'intelligence de Garofalo (au téléphone) mais du corps d'Uma Thurman (en la rencontrant).

107. LEWIS C.S., *Le problème de la souffrance*, Le Mont-Pèlerin : éditions Raphaël, 2001, p. 73.

Chapitre 5 : Aimer l'étranger

108. HAUERWAS Stanley, « Sex and Politics: Bertrand Russell and "Human Sexuality" » [« Le sexe et la politique : Bertrand Russell et la "sexualité humaine" »], *Christian Century*, 19 avril 1978, p. 417-422.

109. CHAPMAN Gary, *Les langages de l'amour : les actes qui disent « je t'aime »*, Marne-la-Vallée : éd. Farel, 1997. Tiré du chapitre 3, « Le coup de foudre », p. 21. [N.D.É. : La présente citation provient de la version américaine pour hommes, non traduite en français.]

110. La citation dans sa totalité : « Ne sais-tu pas que vient l'heure de minuit où chacun doit lever le masque ; crois-tu que la vie entend toujours raillerie ; crois-tu qu'on peut se faufiler un peu avant les douze coups pour éviter ce moment ? Cette pensée ne t'effraie-t-elle pas ? » KIERKEGAARD Søren, *Ou bien... ou bien, La Reprise, Stades sur le chemin de la vie, La Maladie à la mort*, « La formation de la personnalité », Paris : Robert Laffont, 1993, p. 501.

111. Cette réponse à la question « Comment savoir si je dois l'épouser ? » est bien trop courte. Nous la développerons au chapitre 7.

112. Bien que cette séance de destruction de porcelaine ait été fort astucieuse, ce n'est ni la manière classique de résoudre les conflits ni celle par laquelle un couple échange des messages délicats. À propos de sa stratégie concernant la porcelaine de mariage, Kathy a souvent dit : « Ça ne marche qu'une fois. »

113. Pour beaucoup des idées développées ici, je remercie Arvin Engelson, « Le mariage comme moyen de sanctification. » (Tiré de son travail non publié du séminaire théologique Gordon-Conwell.) « Le mariage est l'occasion de découvrir la possibilité de racheter toute une vie, la guérison rétrospective de votre histoire personnelle. La troisième conversion d'une vie est une œuvre divine entamée de notre vivant, et il semblerait que Dieu ait chargé la relation conjugale de suffisamment de pouvoir émotionnel pour la rendre capable de défier le poids de tous les verdicts accumulés dans notre vie, rachetant ainsi notre passé. »

114. Les lecteurs remarqueront que cette illustration démontre non seulement l'importance des « monnaies d'amour » ou « langages d'amour » mais également de ce dont nous avons parlé au chapitre 4, à savoir « se séparer et s'attacher ». Tout mariage est une nouvelle communauté, dans laquelle il ne faut pas s'acharner à imposer des modèles qui nous viennent de la famille dans laquelle nous avons grandi. Kathy et moi avions omis de prêter attention à l'influence de nos modèles familiaux. Inconsciemment, chacun de nous partait du principe que notre mariage devait fonctionner selon les modèles de nos anciennes familles. Nous avons dû prendre une décision volontaire et consensuelle concernant notre vie commune. Cela a été une instance particulièrement importante, par laquelle nous nous sommes « séparés » de nos familles afin de nous « attacher » l'un à l'autre.

115. Ce récit est tiré du chapitre 10, « L'amour résulte d'une décision », du livre de Chapman, *Les langages de l'amour : les actes qui disent « je t'aime »*, Marne-la-Vallée : éd. Farel, 1997, p. 120-122.

116. *Ibid.*

117. Dans cette partie, je regroupe les expressions d'amour en trois catégories : la tendresse, l'amitié et le service. L'expression de l'amour par la romance et les relations sexuelles est traitée au chapitre 8.

Chapitre 6 : Accueillir l'Autre

118. Puisque c'est le sujet de cet ouvrage, nous nous limitons ici à étudier le fonctionnement des rôles homme-femme dans le mariage. Bien évidemment, ce sujet ne peut être séparé de celui, plus large, des genres en général, et de la façon dont cela influe sur les relations entre les hommes et les femmes, dans l'Église et dans le monde. Néanmoins, explorer chaque aspect de ces questions irait bien au-delà de la portée de ce livre.

119. « Dieu créa l'homme à son image :

Il le créa à l'image de Dieu,

Homme et femme il les créa.

Dieu les bénit et Dieu leur dit : Soyez féconds, multipliez-vous, remplissez la terre et soumettez-la. Dominez sur les poissons de la mer, sur les oiseaux du ciel et sur tout animal qui rampe sur la terre. » (Genèse 1.27-28 – *Colombe*)

120. Quand Dieu dit : « Faisons l'homme à notre image selon notre ressemblance » (Genèse 1.26 – *Colombe*), il ne s'agit pas d'une simple bizarrerie linguistique. Dieu ne parle de lui en utilisant « nous » ou « notre » (*sic.*) qu'une seule fois dans la Genèse : juste avant de nous créer homme et femme. Voilà un indice que la relation entre homme et femme est un reflet des relations qui ont lieu en Dieu lui-même, la Trinité. Les relations entre les sexes nous parlent des relations entre le Père, le Fils et le Saint-Esprit. Si Dieu est composé de trois personnes, Père, Fils et Esprit, il fallait au moins deux personnes (dotées des capacités pour une relation dans laquelle ils s'aiment, se servent, s'honorent, et se glorifient mutuellement) pour donner une image complète de Dieu. Plus important encore, ces deux personnes devraient endosser plusieurs rôles, puisque dans l'accomplissement de la Création et de la Rédemption, le Père, le Fils et le Saint-Esprit ont tous joué plusieurs rôles. Depuis les premiers

temps du christianisme, le Symbole de Nicée explique les rôles différents joués par Père, Fils et Esprit dans la Création et la Rédemption, tout en affirmant qu'ils sont de la même essence. Bien que tout humain, homme comme femme, soit porteur de l'image de Dieu et lui ressemble comme son enfant, reflétant sa gloire et agissant comme son représentant dans le rôle d'intendant de la nature, la relation d'amour au sein du Dieu trine est nécessairement représentée par l'union exclusive d'un homme et d'une femme qui, en se mariant, deviennent une seule chair.

121.   « L'Éternel Dieu dit : Il n'est pas bon que l'homme soit seul, je lui ferai une aide qui soit son vis-à-vis. Alors l'Éternel Dieu plongea l'homme dans un profond sommeil. Pendant que celui-ci dormait, il prit une de ses côtes et referma la chair à la place. » (Genèse 2.18, 21) L'importance de ce passage réside dans ce fait : jusqu'ici, toute chose, toute situation qui trouve son existence grâce à l'activité créatrice de Dieu est déclarée « bonne ». Apparaît ici, pour la première fois, quelque chose qui n'est *pas* bon, et ceci vient avant la Chute, avant le péché dans le jardin. Ce n'est « pas bon » parce que les êtres humains sont créés pour être en communion avec d'autres êtres humains. Mais cela signifie également que la masculinité ne peut aller sans la féminité. Ceci implique très fortement la complémentarité des sexes.

122.   Genèse 2.20, 3.20 : « L'homme nomma sa femme Ève (Vie) parce qu'elle est la mère de toute vie humaine. » On ne peut ignorer l'importance de « nommer ». C'est une preuve d'autorité. Nous n'avons le droit de donner son nom à quelqu'un que si nous en sommes responsables et avons autorité sur lui. Comparez avec Adam qui décide du nom des animaux, Dieu qui nomme Jean-Baptiste et Jésus plutôt que d'en laisser le soin à leurs parents, qui change le nom d'Abram, Saraï et Jacob, et ainsi de suite. Sur cette compréhension traditionnelle de l'acte de nommer, voir WALTKE Bruce, *Genesis: A Commentary* [*La Genèse : un commentaire*], Grand Rapids, Michigan : Zondervan, 2001, p. 89. Cependant, certains contestent toute idée d'autorité quand Adam nomme Ève, ne retenant que l'idée qu'il serait doté de discernement. Voir HAMILTON Victor, *The Book of Genesis: Chapters 1-17* [*Le livre de la Genèse : chapitres 1 à 17*], Grand Rapids, Michi-

gan : Eerdmans, 1990, p. 176. Le meilleur commentaire est probablement celui de Gerhard Von Rad, quand il associe ces deux idées, soutenant que l'acte de nommer est « une action de classification par l'appropriation ». C'est-à-dire que, quand Adam donne un nom, il perçoit que la nature, l'être et le nom qu'il lui attribue le met en relation appropriée avec lui. Mais c'est celui qui donne le nom qui classifie, pas celui qui le reçoit. Voir VON RAD Gerhard, *Genesis*, Philadelphia Westminster, 1961, p. 81.

123. Voir WENHAM Gordon J., *Genesis* 1-15, Waco, Texas: Word, 1987, p. 68. « Ailleurs, *'ezer* fait simplement référence à l'aide divine ; le terme est cependant utilisé dans trois messages prophétiques pour parler d'aide militaire (Ésaïe 30.5 ; Ézéchiel 12.14 ; Osée 13.9). Aider quelqu'un ne présuppose pas que celui qui aide soit plus fort [ou plus faible] que celui qui reçoit l'assistance, mais tout simplement que, seul, ce dernier n'aura pas la force adéquate. »

124. Gordon Wenham dit que ce syntagme exprime « la notion de complémentarité plutôt que d'identité. » Voir Wenham, *Genesis*, p. 68.

125. Quelques observations, plus ou moins évidentes, sont nécessaires. Que l'ensemble de ce passage explique pourquoi, dans le reste de la Bible, l'homosexualité est toujours interdite, est évident. L'idée que nous avons besoin, en dehors de notre mariage, d'un enseignement chrétien mixte l'est un peu moins. Cela veut dire que nous avons besoin de l'amitié et de la fraternité de personnes du sexe opposé, qu'ils soient parents plus ou moins éloignés, frères et sœurs chrétiens, amis, ou conjoint. Nous aurons toujours besoin, d'une manière ou d'une autre, de l'interaction entre homme et femme, cette expérience enrichissante et étendue. Certaines choses ne peuvent s'apprendre que du sexe opposé (à travers conseil ou exemple). Il ne faut pas croire qu'il soit nécessaire d'être marié pour avoir accès à cet enrichissement.

126. « Au moment de la brise du soir, ils entendirent l'Éternel Dieu parcourant le jardin. Alors l'homme et sa femme se cachèrent de l'Éternel Dieu parmi les arbres du jardin. Mais l'Éternel Dieu appela l'homme et lui demanda :

– Où es-tu ?

Celui-ci répondit :

– Je t'ai entendu dans le jardin et j'ai eu peur, car je suis nu ;
alors je me suis caché.

Dieu dit :

– Qui t'a appris que tu es nu ? Aurais-tu mangé du fruit de l'arbre dont je t'avais défendu de manger ?

Adam répondit :

– C'est la femme que tu as placée auprès de moi qui m'a donné du fruit de cet arbre, et j'en ai mangé.

L'Éternel Dieu dit à la femme :

– Pourquoi as-tu fait cela ?

– C'est le Serpent qui m'a trompée, répondit la femme, et j'en ai mangé. » (Genèse 3.8-13)

127. Dans les Évangiles, chaque rencontre de Jésus avec une femme est positive. Les femmes le comprenaient avant les hommes ; elles étaient dispensées de leurs obligations de femme au foyer afin de s'asseoir auprès de lui et d'apprendre, au même titre que les hommes (Luc 10.38 et suite). Ce sont elles qui sont restées auprès de lui à la croix, alors que ses disciples hommes s'étaient, pour la plupart, cachés ; c'est à des femmes que Jésus se montre en premier après sa résurrection et c'est une femme, Marie de Magdala qui, pendant un court moment, représente toute l'Église : Jésus lui confie la responsabilité de rapporter sa résurrection et ses commandements à ses disciples ; elle est la première chrétienne et la première évangéliste (Jean 20.1 et suite). Au cours de chaque échange avec des femmes, Jésus élève leur statut dans une société où elles étaient fortement considérées comme des créatures de seconde zone. L'Église primitive, ayant vu le Saint-Esprit tomber sur les femmes autant que sur les hommes au jour de la Pentecôte, a adopté une attitude tellement radicale envers elles que Paul a dû leur rappeler de ne pas adopter une démarche unisexe vis-à-vis du ministère. Même investies dans le même ministère que les hommes, elles sont appelées à le faire en affirmant leur rôle de femme, plutôt que de le nier. Voir 1 Corinthiens 11 et 14.

128. « Tendez à vivre ainsi entre vous, car c'est ce qui convient quand on est uni à Jésus-Christ. Lui qui, dès l'origine, était de condition divine, ne chercha pas à profiter de l'égalité avec Dieu, mais il s'est dépouillé lui-même, et il a pris la condition du serviteur. Il se rendit semblable aux hommes en tous points, et tout en lui montrait qu'il était bien un homme. Il s'abaissa lui-même en devenant obéissant, jusqu'à subir la mort, oui, la mort sur la croix. C'est pourquoi Dieu l'a élevé à la plus haute place et il lui a donné le nom qui est au-dessus de tout nom, pour qu'au nom de Jésus *tout être s'agenouille* dans les cieux, sur la terre et jusque sous la terre, et que *chacun déclare* : Jésus-Christ est *Seigneur* à la gloire de Dieu le Père. » (Philippiens 2.5-11)

129. 1 Corinthiens 11.3 : « l'homme est le chef de la femme, le chef du Christ, c'est Dieu. » Comme tous les textes ayant un lien avec les rapports homme-femme, celui-ci est sujet à bien des débats et des controverses. Le verset mentionne trois genres de « chefs », dont les caractéristiques ne sont visiblement pas identiques. Néanmoins, la soumission du Fils au Père, que l'on voit dans Philippiens 2, est rattachée, dans ce verset, à la relation homme-femme.

130. C.S. Lewis, « *Notes on the way* », Time and Tide, Vol XXIX, (14 août 1948).

131. Quand j'ai annoncé au consistoire de Pittsburgh ma décision de me retirer du parcours d'ordination que je suivais dans ma formation au séminaire, pour viser plutôt un statut non ordonné « parce que je crois que c'est ce qu'enseigne la Bible », une majorité des 350 pasteurs et anciens présents se sont mis à me huer et à siffler !

132. Marc 10.32-45 ; voir également Matthieu 20.17-28 : « Si quelqu'un veut être grand parmi vous, qu'il soit votre serviteur, si quelqu'un veut être le premier parmi vous, qu'il soit votre esclave. Car le Fils de l'homme n'est pas venu pour se faire servir, mais pour servir lui-même et donner sa vie en rançon pour beaucoup. »

133. Marietta Cheng, « When Women Make Music », [« Quand les femmes font de la musique »], *New York Times*, 19 avril 1997.

134. Voir GILLIGAN Carol, *Une voix différente : pour une éthique du care*, Paris : Flammarion, 2008. Dans son ouvrage, Mme Gilligan se base sur le travail extrêmement suivi de Laurence Kohlberg, qui a remarqué les « stades du développement moral ». Ce dernier conclut que les hommes atteignent généralement un niveau de développement moral plus élevé que les femmes, mais Mme Gilligan soutient que les définitions de M. Kohlberg privilégient le genre de raisonnements moraux propres aux hommes par rapport à ceux des femmes. Selon M. Kohlberg, le niveau de développement moral le plus élevé est un « système moral personnel basé sur des principes abstraits. » Mme Gilligan soutient que cela exclut les femmes, car effectivement, les hommes ont tendance à nourrir leur jugement du « bien » et du « mal » à partir d'un raisonnement basé sur des principes abstraits, alors que les femmes, elles, ont tendance à se baser sur des relations personnelles, la compassion et l'empathie. Certains l'ont appelé « le féminisme de la différence ».

135. Mme Gilligan demande une nouvelle définition du développement de l'adulte, qu'elle appelle « la maturité de l'interdépendance » (p. 155). Tout comme Marietta Cheng, Mme Gilligan perçoit le chemin du développement adulte féminin comme supérieur, ce qui a beaucoup fait débat. En effet, pour parler en termes chrétiens, cela voudrait dire que les femmes sont moins « déchues » que les hommes, ce qui n'est pas cohérent avec l'enseignement biblique. Néanmoins, le travail de Mme Gilligan a exposé de très bons arguments en faveur d'une profonde différence entre les hommes et les femmes dans leur constitution et leur développement psychologique et psychosocial.

136. Un homme peut faire un très mauvais mari ; tenter d'inverser les rôles ne réglera pas le problème. Il peut aussi être un piètre partenaire de danse. Il s'améliorera en suivant assidûment des cours, et non pas parce que la salle de bal choisira d'ignorer les distinctions de sexe et considérera que tous les danseurs sont neutres. La neutralité serait bien entendu éminemment raisonnable, civilisée et éclairée mais, une fois de plus, « bien loin de ressembler à un bal. » C.S. Lewis, « *Notes on the Way* », in Time and Tide, Volume XXIX (14 août 1948).

137. Les philosophes européens Jacques Lacan et Emmanuel Levinas ont rendu célèbres les termes « autre » et « différence » par opposition au « semblable ». Miroslav Wolf en a rédigé un compte-rendu facilement lisible du point de vue chrétien ainsi qu'une réponse chrétienne à la question ; voir WOLF Miroslav, *Exclusion and Embrace: A Theological Exploration of Identity, Otherness, and Reconciliation* [*Exclusion et accueil : une exploration théologique de l'identité, l'autre et la réconciliation*], Nashville : Abingdon, 1996.

138. « Que toute créature se lève et présente au Roi ses honneurs particuliers. » (Isaac Watts, « Jesus Shall Reign » [« Jésus régnera »], 1719).

139. Voir la brève discussion sur l'homosexualité dans l'introduction.

140. VOLF, *Exclusion and Embrace* ; il cite Jurgen Moltmann, p. 23.

141. « Le mari jouit d'une préséance sur sa femme de la même manière que le Christ sur l'Église. Il doit l'aimer comme le Christ a aimé l'Église et [...] *"donner sa vie pour elle"* (Éphésiens 5.25). Cette préséance ne s'incarne donc pas pleinement dans le mari que nous souhaiterions tous être, mais dans Celui dont le mariage ressemble le plus à une crucifixion, Celui dont l'épouse reçoit le plus et donne le moins, Celui dont l'épouse est la moins digne de lui et la moins susceptible d'être aimée. » LEWIS C. S., *Les quatre amours*, Le Mont-Pèlerin : éditions Raphaël, 2005, p. 178.

142. Quand Adam et Ève tombent dans le péché, Dieu en explique les conséquences et dit à Ève : « Ton désir se portera vers ton mari, mais lui te dominera » (Genèse 3.16). Comme le dit Derek Kidner : « *"Aimer et chérir"* s'est transformé en *"désirer et dominer"* » (*Genesis: An Introduction and Commentary* [*La Genèse : introduction et commentaire*], Leicester, Royaume-Uni : Tyndale, 1967, p. 71).

143. Cet avertissement est apparemment nécessaire depuis qu'un enfant s'est pour la première fois attaché un torchon rouge sur les épaules et a voulu imiter Superman en se jetant d'une fenêtre, d'un toit ou d'un arbre.

144. Dans 1 Timothée 3.15, Paul parle de l'Église comme de la « famille de Dieu ». Cependant, comme nous l'avons déjà dit, un exposé sur les rôles homme-femme dans la vie de l'Église serait plus approprié dans un autre ouvrage. Nous nous limitons ici à une discussion sur le fonctionnement des rôles créés par Dieu, dans le mariage.

145. J'aimais tellement l'idée que mon mariage était une révélation de la rédemption de Dieu que j'avais initialement prévu que chacune de mes demoiselles d'honneur porterait une des couleurs du calendrier liturgique et que Tim et moi mimerions les rôles du Christ et de son épouse l'Église. En me disant que beaucoup des invités ne comprendraient pas le symbolisme et que les vérités que je cherchais à exprimer seraient mieux démontrées dans notre vie quotidienne de couple marié, ma mère a réussi à me persuader de choisir le style plus uniforme de robe de demoiselles d'honneur qui n'en flatte aucune ; Tim et ses garçons d'honneur ont porté des smokings bruns assortis. Je ne suis toujours pas convaincue que mon idée n'aurait pas été au moins un aussi bon choix.

146. Elisabeth Elliot, grâce à qui j'appris à voir les rôles homme-femme comme un don plutôt qu'une malédiction ou une source de gêne, parle de son expérience auprès de plusieurs cultures différentes. Vivant chez les Indiens Auca de l'Équateur, après qu'ils aient assassiné son mari et quatre autres missionnaires, elle a remarqué que chez eux, la notion de « masculin » comprenait l'écriture de poésies, ainsi que l'attachement aux arts décoratifs. Les femmes, seules responsables de nourrir leurs familles, supervisaient la récolte des racines et des baies, ainsi qu'une agriculture rudimentaire.

Chapitre 7 : Mariage et célibat

147. Cette citation de 1 Corinthiens 7 revient souvent dans les discussions chrétiennes sur le mariage et le célibat. Elle pose cependant plusieurs problèmes exégétiques. Dans ce chapitre, je me range du côté de deux commentaires bibliques : CIAMPA Roy et ROSNER Brian, *The First Letter to the Corinthians* [*La*

première lettre aux Corinthiens] (Grand Rapids, Michigan : Eerdmans, 2010) et THISTLETON Anthony, *The First Epistle to the Corinthians* [*La première épitre aux Corinthiens*] (Grand Rapids, Michigan : Eerdmans, 2000). Dans les versets 25 à 38, Paul transmet sa sagesse aux adultes célibataires vivant dans des « contextes urbains complexes » (Ciampa et Rosner, p. 328). Son idée de base est la suivante : le célibat est une bonne chose et, selon les circonstances, parfois même la meilleure. Ces circonstances sont les suivantes :

1. Dans les versets 25-28, il enseigne que le célibat est préférable, spécialement en période de crise. Paul dit que beaucoup de ceux qui s'abstiennent du mariage pendant les « détresses de l'heure présente » (v. 26) sont sages. Thistleton, tout comme Ciampa et Rosner, soutient que cette phrase est, le plus souvent, utilisée en référence à des périodes temporaires de crise, comme les famines, les guerres ou d'autres situations de bouleversement social. Ceci explique pourquoi, dans le conseil pastoral qu'il apporte aux Corinthiens, Paul semble légèrement moins enthousiaste au sujet du mariage qu'il ne l'est dans ses autres écrits.

2. Aux versets 29-31, il soutient que le célibat est bon parce que « le temps est limité » et que « le présent ordre des choses va vers sa fin ». Il entend ici que, puisque le monde présent cédera un jour sa place aux nouveaux cieux et à la nouvelle terre que Dieu inaugurera, nous n'avons pas besoin de nous attacher aux choses dans lesquelles les gens du monde trouvent leur sécurité, telles que l'argent, la famille et les héritiers. Beaucoup de gens se marient pour satisfaire un besoin profond de stabilité qui ne devrait être comblé que par Dieu. Puisque ce monde disparaîtra un jour, nous ne devrions pas nous marier par désespoir. Il laisse donc entendre que le célibat est un moyen de nous empêcher de fonder trop d'espoir spirituel dans les choses de ce monde, comme l'argent, les investissements, les biens immobiliers et le statut social.

Aux versets 32-35, Paul enseigne que les célibataires bénéficient de certains avantages pour répandre l'Évangile et accomplir l'œuvre de Dieu. La vie de famille est prenante et nous portons nécessairement le gros de notre attention et de notre temps sur un nombre réduit de personnes. La vie de célibataire nous donne la liberté de servir et de prendre soin de plus de gens. Paul trouve, là encore, une bonne raison de rester célibataire, pour ceux qui le peuvent.

148. Le consensus théologique au sujet de cet enseignement biblique est aujourd'hui si écrasant qu'il est difficile de se limiter à une ou deux sources bibliographiques. Parmi les ouvrages les plus connus, je cite CULLMAN Oscar, *Christ and Time: The Primitive Christian Conception of Time and History* [*Christ et le temps : la notion du temps et de l'histoire chez les chrétiens primitifs*] (Philadelphie : Westminster, 1962), ainsi que RIDDERBOS Herman, *The Coming of the Kingdom* [*La venue du royaume*] (Philadelphie : Presbyterian and Reformed, 1962) et *Paul: An Outline of His Theology* [*Paul : un exposé de sa théologie*] (Grand Rapids : Eerdmans, 1997).

149. Un passage en lien avec celui-ci se trouve dans Colossiens 3.1-4, où Paul écrit : « Mais vous êtes aussi ressuscités avec le Christ : recherchez donc les réalités d'en haut, là où se trouve le Christ, qui "siège à la droite de Dieu". De toute votre pensée, tendez vers les réalités d'en haut, et non vers celles qui appartiennent à la terre. Car vous êtes morts, et votre vie est cachée avec le Christ en Dieu. Le jour où le Christ apparaîtra, lui qui est votre vie, alors vous paraîtrez, vous aussi, avec lui, en partageant sa gloire. » Paul souligne qu'aucune chose terrestre n'est « votre vie ». Même pour ceux qui jouissent de la prospérité, du succès, d'une famille, leur sécurité, leur espoir et leur identité sont désormais « cachés avec le Christ » car ils sont unis à lui par la foi. Par conséquent, nos pensées ne sont pas fixées sur les choses « qui appartiennent à la terre ». Cela ne signifie pas que nous ne pensons pas à notre épargne, à notre vie familiale, à notre mariage ou aux choses ordinaires de la vie, comme manger, travailler et jouer. Cela signifie simplement que nos cœurs et nos esprits n'y trouvent ni leur repos ni leur espoir ultime.

150. HAUERWAS Stanley, *A Community of Character* [*Une communauté dotée de fibre morale*], South Bend, Indiana : University of Notre Dame Press, 1991, p. 174.

151. STARK Rodney, *The Rise of Christianity: A Sociologist Reconsiders History* [*La montée du christianisme : un sociologue réexamine l'histoire*], Princeton, New Jersey : Princeton University Press, 1996, p. 104.

152. « N'oublions pas que le "sacrifice" fait par les célibataires n'était pas [seulement] celui de "renoncer aux relations sexuelles", mais de renoncer à avoir des héritiers. Il ne pouvait être d'acte plus radical que celui-là ! C'était une façon claire d'exprimer que son avenir n'était pas assuré par sa famille mais par le [royaume de Dieu et par l'Église. [...] » (Hauerwas, *A Community of Character*, p. 190).

« [Or,] le célibat et le mariage sont *tous deux* des institutions symboliques servant à l'Église de témoignage du royaume. Aucun n'est valable sans l'autre. Si le célibat est un symbole de la confiance de l'Église dans le pouvoir de Dieu, qui peut la faire grandir par la conversion d'âmes, le mariage et la procréation sont un symbole de l'espoir de l'Église pour ce monde. » (Hauerwas, p. 191).

153. BENTON BROWN Paige, « Singled Out by God for Good ». Disponible sur plusieurs sites Internet, dont : <www.pcpc.org/ministries/singles/singledout.php>. N.D.T. : l'anglais joue sur les mots « singled out » (mis à part) et « single » (célibataire).

154. Sachant que nous affirmons le principe de l'homme en tant que chef dans le mariage (ce que nous avons expliqué au chapitre 6), il est normal de se demander comment le concept de chef s'exprime, dans l'Église, dans les relations entre hommes et femmes. La réponse est double. Pour commencer, si les anciens et les pasteurs d'une Église sont tous des hommes, c'est pour illustrer le principe de l'homme en tant que chef et, dans la communauté, les hommes comme les femmes vivent les principes de l'autorité par le service. Mais je dirais ensuite qu'il faut se garder de dire que, dans l'Église, chaque homme doit exercer son autorité sur chaque femme, d'une manière ou d'une autre. Dans un court essai intitulé « L'Égalité », C.S. Lewis montre pourquoi

il est si important de ne *pas* encourager toute femme à se soumettre à l'autorité de tout homme dans la société. Il nous demande de prendre au sérieux la réalité de la Chute : dans un monde pécheur et brisé, on abuse constamment de l'autorité. Genèse 3 nous dit clairement que les hommes auront tendance à tyranniser les femmes à cause du péché (voir 3.16). Lewis conclut donc que les chrétiens doivent soutenir le concept de « l'égalité des droits » et de la justice pour tout citoyen, toute personne, indépendamment de son sexe, afin de se protéger contre des abus de pouvoir endémiques. (LEWIS C.S., « Equality » in *Present Concerns* [*Préoccupations actuelles*], Londres : Fount, 1986.) Cette perspective, qui ne minimise pas la Chute de Genèse 3, est profondément biblique et chrétienne. Il faut décourager tout homme chrétien d'insinuer ou de croire qu'il a autorité sur toute situation, officielle ou officieuse (une assemblée ou un groupe d'amis cherchant où finir la soirée), simplement parce qu'il est un homme.

155. Cette expression est une référence à un grand nombre de passages du Nouveau Testament qui décrivent le genre de service mutuel que les chrétiens se doivent les uns aux autres. Ils forment plusieurs catégories : nous encourager les uns les autres dans les dons, les compétences et les points forts (Romains 12.10 ; Jacques 5.9 ; Romains 12.3-6) ; nous confirmer mutuellement notre égale importance en Christ (Romains 15.7 ; 1 Corinthiens 12.25 ; 1 Pierre 5.5) ; nous encourager mutuellement par des signes visibles d'affection (Romains 16.16 ; Jacques 1.19 ; 1 Thessaloniciens 3.12) ; partager nos maisons, nos biens et notre temps (Romains 12.10 ; 1 Thessaloniciens 5.15 ; 1 Pierre 4.9) ; partager nos problèmes et nos besoins (Galates 6.2 ; 1 Thessaloniciens 5.11).

Et encore : partager notre croyance, nos pensées, notre spiritualité (Romains 12.16 ; Colossiens 3.16 ; 1 Corinthiens 11.33 ; Éphésiens 5.19) ; nous servir mutuellement en nous rendant des comptes (Jacques 5.16 ; Romains 15.14 ; Hébreux 3.13 ; Éphésiens 4.25) ; nous servir mutuellement par le pardon et la réconciliation (Éphésiens 4.2, 32 ; Galates 5.26 ; Romains 14.19 ; Jacques 4.11 ; Matthieu 5.23 et suite ; 18.15 et suite) ; et servir les intérêts de l'autre plutôt que les nôtres (Romains 14.9 ; Hébreux 10.24 ; Galates 5.13 ; Romains 15.1-2).

156. On me demande souvent pourquoi, dans les grandes villes où les Églises sont remplies de célibataires, le mariage n'a pas plus de succès. Je pense que cette question appelle au moins trois réponses. Premièrement, la culture a un grand impact. La mentalité contemporaine concernant les rencontres sexuelles ou les sorties ensemble est que 1) on ne sort ensemble que pour s'amuser, pour faire l'amour et peut-être pour atteindre un statut social, alors que 2) vouloir se marier est optionnel, pour les courageux, et on ne se lance dans l'entreprise que pour l'épanouissement personnel, les relations sexuelles et la carrière. Les chrétiens se rendent peut-être compte que leurs relations devraient être différentes, mais le poids culturel tend à façonner notre comportement. Ces influences culturelles entraînent une baisse des mariages dans la société et, si elles sont adoptées par les chrétiens, elles mèneront à une baisse des mariages dans l'Église. Deuxièmement, certains accordent une grande importance à la liberté et l'autonomie individuelles. Les grandes villes les attirent en quantité disproportionnée, car ils peuvent y construire leur propre vie et style de vie, libérés des contraintes et des attentes qui pèsent sur eux presque partout ailleurs. La perte de liberté que symbolise le mariage les étouffe. Troisièmement, chaque génération a toujours compté un pourcentage important de gens effrayés par les relations et le mariage. Dans les milieux plus traditionnels, la communauté – essentiellement composée de couples mariés – et la culture qui entourent les célibataires leur prodiguent beaucoup de soutien et de conseils (et une certaine pression concernant le mariage !) Ce soutien communautaire et culturel est presque entièrement absent des grandes villes.

157. BENTON BROWN Paige, op. cit.

158. WINNER Lauren, « The Countercultural Path » [« Le chemin contre-culturel »] in *Five Paths to the Love of Your Life* [*Cinq chemins menant à l'amour de votre vie*], Chediak A. éditeur, Colorado Springs, Colorado : NavPress, 2005. Mme Winner présente un bref historique de l'histoire sociale des relations avant

le mariage, surtout sur la base de l'œuvre de BAILEY Beth L., *From Front Porch to Back Seat: Courtship in Twentieth Century America* [*De la véranda à l'arrière de la voiture : les relations romantiques aux États-Unis au XXe siècle*] (Baltimore : John Hopkins University Press, 1989).

159.   BAILEY, *Front Porch*, p. 15-20, cité in WINNER, « Countercultural Path », p. 22.

160.   BAILEY, *Front Porch*, p. 16.

161.   DENIZET-LEWIS Benoit, « Friends, Friends with Benefits and the Benefits of the Local Mall » [« Amis, amis et plus si affinités, et l'utilité du centre commercial du coin »], *New York Times Magazine* du 30 mai 2004. Cet article, légèrement modifié, a trouvé sa place comme chapitre d'un livre, sous le titre de « Whatever Happened to Teen Romance? » [« Mais qu'est-il donc arrivé aux amours adolescentes ? »] (*American Voyeur: Dispatches from the Far Reaches of Modern Life* [*Voyeur américain : nouvelles des terres lointaines de la vie moderne*], Denizet-Lewis éditeur, New York : Simon and Schuster, 2010).

162.   Voir l'opinion intéressante de Lauren Winner sur le concept des rencontres *chiddoukh* modernes (« Countercultural Path », p. 17-19). Voir également une description générale de la pratique sur le site <http://en.wikipedia.org/wiki/Shidduch> (la version française n'est pas complète).

163.   WINNER, « Countercultural Path », p. 25.

164.   *Ibid.*, p. 17 et suivantes. Winner parle du couple fictif du roman de MIRVIS Tova, *Le monde extérieur*, Paris : éd. de l'Olivier, 2005, 361 p.

165.   Pour Paul, un « don » est toujours une compétence à mettre au service des autres. Quand il qualifie son célibat de don, il ne parle donc pas d'un manque d'intérêt pour le mariage mais d'une opportunité de servir et de prendre soin des autres. « La question n'est donc pas de savoir si un individu a un vague don pour le célibat mais s'il est capable de se concentrer sur une vie digne de l'Évangile de la gloire de Dieu, sans être distrait par des désirs sexuels » (CIAMPA et ROSNER, *Corinthians*, p. 285).

166.   WINNER, « Countercultural Path », p. 45.

167.   CIAMPA et ROSNER, *Corinthians*, p. 289.

168. WINNER, « Countercultural Path », p.38.

169. Ne pas avoir de rapports sexuels avant le mariage est une idée inconcevable pour la majorité des jeunes adultes. Mais quand le concept chrétien (voir chapitre 8) est compris et adopté, les questions qui suivent naturellement sont : « Pouvons-nous vivre une intimité physique sans avoir de rapports sexuels ? Quels sont les moyens appropriés de l'exprimer ? » Lauren Winner raconte que son futur mari et elles ont posé cette question à leur dirigeant chrétien, à l'université, et qu'il leur a lancé malicieusement : « Ne faites rien de sexuel que vous n'oseriez pas faire sur les marches de la Rotunda » (le bâtiment central du campus de l'Université de Virginie). Le couple a décidé que ce conseil pratique leur paraissait tout à fait logique. En effet, plus tard, ils se sont assis sur les marches de la Rotunda et se sont embrassés passionnément en toute liberté mais ils ont remarqué qu'ils hésitaient à l'idée d'enlever leurs habits. Ils avaient leur réponse (WINNER, « Countercultural Path », p.30).

170. WINNER, « Countercultural Path », p.32-33.

Chapitre 8 : Les relations sexuelles et le mariage

171. Dans les années 1940, C.S. Lewis racontait que dans les milieux raffinés de la Grande-Bretagne et de l'Europe, on disait des relations sexuelles : « Le désir sexuel est le même que n'importe quel autre désir : si seulement nous abandonnions la vieille idée stupide de l'époque victorienne de le réduire au silence, tout serait délicieux ! » (*Les fondements du christianisme*, p. 108) Cependant, Lewis répond : « Ce n'est pas le cas. » Pour lui, faire l'amour peut être un appétit, mais cela n'a certainement rien à voir avec notre appétit pour la nourriture.

　　« On peut réunir une large audience pour voir une fille se déshabiller sur scène. Supposons maintenant que vous alliez dans un pays où, au lieu d'une séance de strip-tease, on remplisse un théâtre en présentant sur scène un plat recouvert. Le couvercle serait soulevé pour que chacun voie, avant l'extinction des feux de la rampe, une côtelette de mouton ou une tranche de rosbif : ne penseriez-vous pas que dans ce pays, la notion d'appétit est détraquée ? [...]

Un critique a déclaré que s'il découvrait un pays dans lequel de tels actes de strip-tease alimentaire étaient populaires, il en conclurait que le peuple de ce pays mourait de faim. » (*Les fondements du christianisme*, p. 106-10)

172. ALLENDER Dan B. et LONGMAN Tremper, *Alliés dans l'intimité : redécouvrir le dessein de Dieu dans le mariage et devenir partenaires pour la vie*, Québec : Éditions la Clairière, 1998, p. 194-196.

173. Dans son livre *Sex, Economy, Freedom and Community* [*Sexe, économie, liberté et communauté*] (New York : Pantheon, 1994), Wendell Berry, essayiste et critique, s'en prend à un postulat qui sous-tend une grande partie de l'hostilité envers l'éthique chrétienne : les rapports sexuels sont une question privée et ce que je fais en privé, dans ma chambre, avec un autre adulte consentant, ne regarde que moi. Des penseurs tels que M. Berry ripostent en disant que, sous une apparente ouverture d'esprit, cette affirmation est en fait très dogmatique. Elle s'appuie sur tout un jeu de présupposés philosophiques qui, loin d'être neutres, sont en fait semi-religieux et ont des implications politiques très importantes. Au premier chef, cette idée est basée sur une compréhension extrêmement individualiste de la nature humaine. M. Berry écrit : « L'acte sexuel n'est pas et ne peut pas être "l'affaire personnelle" de quiconque, ou une affaire d'ordre privé pour un couple. De même que tout autre pouvoir nécessaire, précieux et volatil, communément partagé, l'acte sexuel est une affaire qui concerne tout le monde. [...] » (p. 119).

Une communauté n'existe qu'au moment où deux personnes prennent la décision de s'unir par amour et de limiter ainsi leur liberté. Par le passé, l'intimité sexuelle entre un homme et une femme était perçue comme un moyen puissant de s'unir, de rester ensemble et de fonder une famille. M. Berry soutient que l'acte sexuel est la « disciple d'engagement » par excellence. Il s'agit d'une « colle relationnelle » qui crée l'unité profonde, donc la stabilité de la relation, nécessaire pour le développement des enfants mais qui est également indispensable au développement des communautés locales. Le coût social le plus évident de la pratique sexuelle en dehors du mariage est la propagation des maladies et le stress des enfants qui n'ont pas le soutien parental suffisant. Un coût moins évident mais bien plus grand concerne le nombre croissant de troubles psychologiques et du développement chez les enfants qui ne grandissent pas dans un cadre familial stable une grande partie de leur vie. Que ce qui est fait en privé forme le caractère et ait un impact sur les rapports qu'on a avec le reste du monde en est le fait le plus subtil. Lorsque quelqu'un utilise les rapports sexuels pour sa détente et sa satisfaction personnelle, il affaiblit la capacité de la société tout entière à vivre pour le bien des autres. Il apprend en effet à les voir comme des marchandises et à les traiter comme des moyens de satisfaire ses désirs éphémères. Il s'avère bien que l'acte sexuel n'est pas qu'une affaire personnelle : c'est bien celle de tout le monde.

174. Nous pourrions paraphraser ainsi cette déclaration de Paul : « Ne savez-vous pas que le but des relations sexuelles est toujours "une seule chair", ne faire qu'un avec une autre personne dans tous les domaines de la vie ? Est-ce donc ce que vous recherchez avec cette prostituée ? Bien sûr que non. Donc, ne couchez pas avec elle. »

175. BAILEY D.S., *The Man-Woman Relation in Christian Thought* [*La relation homme-femme dans la pensée chrétienne*] (Londres : Longmans, Green, 1959), p. 9-10.

176. Mark Regnerus et Jeremy Uecker ont récemment publié un livre important qui contient quantité de statistiques et d'observations empiriques accréditant les arguments et les positions de ce livre (particulièrement dans les chapitres 1, 7 et 8) au sujet des croyances erronées des jeunes adultes au sujet de la sexualité et du mariage (*Premarital Sex in America: How Young Americans Meet, Mate, and Think about Marrying*, Oxford, 2011). Le dernier chapitre du livre recense « les 10 mythes sur le sexe et les relations » que les jeunes adultes américains tiennent pour évidence, malgré le fait que « les preuves en leur faveur ne sont tout simplement pas là » (p. 240). Ces mythes comprennent : 1° « L'introduction de la sexualité est nécessaire pour soutenir une relation vacillante ou en difficulté » (p. 242). Au

contraire, les auteurs s'appuient sur l'observation empirique que plus une relation devient précocement sexuelle, plus les chances d'une rupture augmentent. 2° « La pornographie n'affecte pas vos relations » (p. 246). Les auteurs défendent que la pornographie « touche de nos jours quasiment toutes les relations ». Ceux qui l'absorbent peuvent développer des attentes irréalistes désespérantes quant à l'apparence physique et la performance sexuelle. Mais Regnerus et Uecker vont plus loin pour démontrer comment la pornographie est en train d'affecter toutes les relations, que les gens soient utilisateurs ou non. Un nombre important d'utilisateurs masculins de la pornographie expérimentent une diminution du désir pour de véritables relations et pour le mariage, ce qui diminue le nombre d'hommes accessibles aux femmes. Et toutes les femmes, affirment ces auteurs, sont de plus en plus forcées à s'inspirer du comportement sexuel, du style et des images pornographiques. 3° « Les relations sexuelles n'ont pas besoin d'avoir un sens » (p. 247). [C'est possible d'avoir des rapports sexuels sans en faire un truc énorme]. Les auteurs affirment qu'un certain pourcentage d'hommes peut avoir une relation sexuelle sans trop d'engagement et d'implication émotionnels. Et un nombre croissant de femmes, au nom de l'égalité des sexes, ont tenté de multiplier leurs partenaires à l'égal des hommes, mais au chapitre 5 ces auteurs défendent que peu de femmes peuvent ou veulent atteindre ce niveau de détachement. 4° « Aménager ensemble est évidemment un pas vers le mariage » (p. 249). En général, les gens qui cohabitent ensemble avant le mariage sont *davantage* sujets au divorce, ainsi que le démontrent les auteurs, et la cohabitation ne conduit pas généralement au mariage. Malgré ces statistiques, les jeunes adultes persistent dans leur croyance que vivre ensemble aide au bon développement des relations. « Celles [les cohabitations] qui se concluent par le mariage tendent à crédibiliser la sagesse populaire d'un premier pas au mariage, alors que les histoires qui se terminent par une séparation sont simplement ignorées ou oubliées. »

177. « La réciprocité marquée des déclarations de Paul (le mari a autorité sur le corps de sa femme qui a autorité sur celui de son mari) était, néanmoins, révolutionnaire dans l'Antiquité, où la norme était le patriarcat. [... Cela] indiquait clairement une res-

triction radicale et sans précédent de la liberté sexuelle du mari. À notre connaissance, le seul autre texte dans lequel une notion similaire serait exprimée, datant d'avant Paul, se trouve dans les commentaires poétiques d'appartenance mutuelle du Cantique des Cantiques (2.16a ; 6.3a ; 7.11) : "Mon bien-aimé, il est à moi, et moi, je suis à lui". » (CIAMPA et ROSNER, *Corinthians*, p. 280-281.)

178. Les citations de ce paragraphe sont tirées de CIAMPA et ROSNER, *Corinthians*, p. 278-279.

Épilogue

179. On a beaucoup dit que ce texte était une référence à Jésus, se ceignant pour servir ses disciples et leur laver les pieds (Jean 13) mais il a peut-être un lien plus évident avec cette promesse étonnante que fait Jésus au sujet du dernier banquet, à la fin de l'histoire de l'humanité : il se ceindra pour nous servir et venir satisfaire nos désirs les plus profonds, par son pouvoir infini (Luc 12.37).

180. WEIL Simone, *Attente de Dieu*, Paris : Éditions Fayard, 1966, p. 37. (Disponible en format numérique sur le site de l'Université du Québec à Chicoutimi : <http://classiques.uqac.ca/classiques/weil_simone/attente_de_dieu/attente_de_dieu.html>, consulté le 17 décembre 2012.)

181. *Ibid.* Cette expérience subjective de Mme Weil a changé sa compréhension du monde. Dans son « Autobiographie spirituelle » (contenue dans l'ouvrage *Attente de Dieu*), elle raconte que, dans sa jeunesse, l'existence de Dieu était pour elle un problème philosophique insoluble. Elle ne pouvait trouver suffisamment de preuves ou d'arguments concrets pour prouver l'existence ou la non-existence d'un Dieu. Mais, écrit-elle : « [...] je n'avais pas prévu la possibilité de cela, d'un contact réel, de personne à personne, ici-bas, entre un être humain et Dieu. » (p. 37).

Appendice : Les rôles hommes-femmes dans la prise de décision

182. 1 Corinthiens 11.3.

Table des matières

Du même auteur

www.ingramcontent.com/pod-product-compliance
Lightning Source LLC
LaVergne TN
LVHW050551200726
843508LV00010B/1604